新时代高质量教师培训研究丛书·第

肖韵竹　张永凯　汤丰林◎主编

教师培训模式创新

张金秀　等◎著

北京出版集团
北京教育出版社

图书在版编目（CIP）数据

教师培训模式创新 / 张金秀等著 . -- 北京 ：北京教育出版社，2023.10

（新时代高质量教师培训研究 / 肖韵竹，张永凯，汤丰林主编；第三卷 ）

ISBN 978-7-5704-5969-8

Ⅰ . ①教… Ⅱ . ①张… Ⅲ . ①教师培训—培训模式—研究—中国 Ⅳ . ① G451.2

中国国家版本馆 CIP 数据核字 (2023) 第 203602 号

新时代高质量教师培训研究丛书 · 第三卷

教师培训模式创新

张金秀 等 著

出 版 北京出版集团
北京教育出版社
地 址 北京北三环中路 6 号
邮 编 100120
网 址 www.bph.com.cn
总发行 京版北教文化传媒股份有限公司
经 销 全国各地书店
印 刷 北京九州迅驰传媒文化有限公司
版印次 2023 年 10 月第 1 版第 1 次印刷
开 本 787 毫米 ×1092 毫米 1/16
印 张 16
字 数 310 千字
定 价 52.00 元

如有印装质量问题，由本社负责调换
质量监督电话 (010)58572740 (010)58572393

新时代高质量教师培训研究丛书

主　　编： 肖韵竹　张永凯　汤丰林

副 主 编： 张金秀　钟亚妮　余　新　王　军　李　军

著　　者： 于晓雅　王　丁　王　军　王志明　王希彤　王淑娟
石双华　白永然　吕　蕾　刘勇霞　许　甜　孙翠松
李　军　李怀源　李　玮　李爱霞　吴呈苓　何　冲
余　新　邸　磊　沈彩霞　张庆新　张金秀　金　颖
孟　彦　胡春梅　胡淑均　柳立涛　钟亚妮　徐　超
徐慧芳　黄琳妍　常洁云　梁文鑫　靳　伟　谭文明
潘建芬　薛　野

本卷作者： 张金秀　胡春梅　谭文明　刘勇霞　潘建芬　张庆新
王淑娟　王　丁　李怀源

总 序

2023 年，北京教育学院迎来七十华诞。作为北京市专门设置的以首都基础教育干部教师继续教育为使命的成人高等师范院校，经过七十年的艰苦奋斗，学院在人才培养、学科建设、科学研究、队伍建设等方面取得了显著成绩，核心竞争力和综合办学实力不断提高，培养了大批优秀干部、教师、学科带头人及教育专家，为首都基础教育干部教师队伍建设做出了应有的贡献，成为深度支撑首都教育现代化发展战略需求、引领和支持京津冀基础教育协同发展的重要基地，在全国基础教育干部教师培训领域发挥了示范表率作用。本套丛书在深入总结学院七十年干部教师培训经验的基础上，以“高质量教师培训”为主题，围绕培训理论、培训课程、培训模式、培训质量评价等干部教师培训的核心问题，既做了必要的理论提升与建构，又针对实践中的一些难题做了必要的回应，希望在新时代推动教育高质量发展的新征程中，能够为干部教师培训的实践者和研究者提供有益的启示。

丛书以北京教育学院干部教师培训长期积淀和凝练的宝贵经验为出发点，展开理论与实践的反思、研究与写作。

第一，以政治建设为统领，全面加强党的领导。北京教育学院长期以来一贯重视党建和思想政治工作。坚持以马克思列宁主义、毛泽东思想、邓小平理论、“三个代表”重要思想、科学发展观、习近平新时代中国特色社会主义思想为指导，统一全院党员干部思想、意志和行动。坚持和加强党对学院工作的全面领导，坚定落实党委领导下的校长负责制，推动学院党建与主责主业深度融合，为教育事业发展提供坚强的政治保证。学院多年发展的经验告诉我们，只有始终坚持党的全面领导，坚决扛起管党治党、办学治校主体责任，切实发挥党委“把方向、管大局、作决策、抓班子、带队伍、保落实”的作用，才能确保学院事业发展蓬勃向上。七十年来，围绕提高党的建设科学化水平，学院持续加强党的政治建设、思想建设、组织建设、作风建设和纪律建设，不断推进基层党组织全面进步、全面过硬，着力打造忠诚干净担当的干部队伍，深入推进党风廉政建设和反腐败工作。特别是我国发展进入新时代以来，学院坚持以党的政治建设为统领，把政治标准和政治要求贯穿到管党治党与办学治校全过程；坚持不懈用习近平新时代中国特色社会主义思想武装头脑，牢牢掌握党对意识形态工作的领导权；深入落实新时代党的组织路线，大力加强学院领导班子建设，健全完善党委职能部门，优化基层党组织设置，加强党支部标准化、规范化建设，增强党支部战斗堡垒作用；推进全面从严治党向纵深发展，认真落实党委主体责任和纪委监督专责，形成党委纪委同向发力、齐抓共管的工作格局，学院风清气正的政治生态和育人环境得到进一步巩固和提升。坚定的政治方向是我们开展高质量干部教师培训研究的基本遵循。

第二，恪守职责使命，服务首都教育发展。学院只有恪守职责，胸怀教育大局，心系服务对象，通过有效培训架起衔接政府需要与教师需求之间的桥梁，才能凭借优势为首都基础教育发展提供贴心支持。多年来，学院精心设计与组织实施的一系列重大培训项目，得到各级领导与基层学校的充分肯定与好评，也印证了始终坚持服务首都基础教育是学院事业发展基本遵循的宝贵经验。学院从诞生之日起就同首都基础教育改革与发展的大局息息相关，也因此长期坚持了紧跟时代需求的办学理念。学院为大局服务的重要方式就是通过提供专业的培训，建立社会、政府需要与校长、教师自身发展需求有机结合的纽带，保证政府公共教育政策的落实，同时促进培训对象自身的发展。学院广大教职工透彻理解教育公共政策的核心价值目标，准确分析政策实施中的重点难点问题，深入了解培训对象的现状与教育方针政策实施之间的差距，在培训的设计与实施中，努力探寻缩小这一差距的最有效方式，想政府之所想，急基层之所急，解校长、教师之所需。七十年来，学院始终坚持深入基层学校、深入教学一线、深入教师生活的工作作风。早在二十世纪五六十年代，学院教师就形成了“系统进修与中学教学实际相结合”的教学特点。七十年代末之后，“下校听课”以切实了解一线教学状况成为学院的一项常规制度。近些年来，学院精心设计并组织实施的一系列新项目，如“农村中小学教师研修工作站”“北京市中小学校本研修与整校推进培训项目”“支持通州教师素质提升专项计划”“房山北沟美丽乡村教育项目”等，因扎根一线又深度契合学员需求，获得了北京市中小学校和培训学员的一致好评。密切联系学校教育教学实际、深入了解校长教师需求，是学院培训工作质量不断提升的“传家宝”，也是高质量培训研究的重要基础。

第三，坚持守正创新，科学定位学院发展。坚守是发展之魂，创新是发展之源。坚守是为了履行使命，永葆学院特色；创新是为了紧跟时代潮流，与时俱进。在“变”与“不变”的对立统一中，学院只有科学定位，才能保持自身发展的定力与活力，在传承中创新，在创新中传承。七十年来，学院心无旁骛地牢牢坚守为基础教育改革发展服务的信念，专心致志从事干部教师教育培训事业，形成了独特的发展优势，也获得了广阔的发展空间。七十年来，学院深刻领会市委、市政府坚持独立设置北京教育学院的战略意义和教育部的相关精神，不跟风、不浮躁、不摇摆，以“心系首都教育，造就首都教育家；情系学院发展，营造教师发展摇篮”作为全院共同的目标追求，始终坚持造就首都教育家的教育使命，做首都教育事业的“奠基石”决不动摇。在坚守办学方向的同时，学院努力在创新中实现超越。从建院初期的“教什么，学什么；缺什么，补什么”，到之后的教材教法培训和学历补偿教育，再到近年来大规模的干部教师专业培训，无不体现出学院办学的与时俱进，体现了学院对教育改革与发展趋势的准确研判，以及对一线学校和干部教师发展需求的及时把握，确保了培训的前瞻性和引领性。随着学院培训专业建设与内涵发展的深入，新的培训模式不断涌现，如名校长工作室“开放式主题合作研究”模式、骨干教师工作室“主题驱动合作研修”模式、“祥云行动”的现场学习模式、国内访学“研究性访学”模式、“反思性实践”培训模式、“导师带教”“带薪脱产”培训模式、线上与线下相结合的混合式培训模式等。此外，学院还成功举办了多元智能国际研讨会、教师培训国际论坛、海峡两岸教育论坛、教师学习与专业发展等影响较大的学术活动。这样的坚守与创新也是我们开展高质量干部教师培训的根本动力。

第四，遵循教育规律，促进培训模式升级和转型。只有遵循规律，潜心钻研探索，塑造精准、专业的品质，学院的干部教师教育培训事业才能实现长足发展，保持领先地位。遵循规律是发展之规，专业品质是发展之果。实践证明，以研促训，研训一体，在丰富的培训实践中开展研究，同时以研究的态度和方法促进培训质量的提升，是学院实现专业化发展的必由之路。其中，最重要的是对校长教师成长规律的研究，对教师培训科学规律的探寻，以及对从根本意义上的学科建设规律的遵循。对规律的遵循也是学院培训工作不断升级转型的前提。七十年来，学院在培训实践中不断深入理解教师作为培训主体、培训是实现教师自身生命成长的内涵，促进了培训方式由教师被动参与培训向构成学习共同体的研修形态转变，推动了学院在教师培训理论上的新发展，不断实现从工作走向学术、从经验走向理论的跃迁。对规律的系统总结与梳理，是我们开展高质量干部教师培训研究的宝贵财富。这些规律主要体现在如下三个方面。

一是校长教师成长规律。在丰富的培训实践中开展校长教师成长规律的研究，是学院的优良传统。学院所倡导的校长教师研究不仅仅是纯学理性的研究，更是将先进理论与教育教学实践有效衔接的实践性、应用性、对策性、操作性的研究。在探寻规律的道路上，学院取得了一系列卓有成效的成果。比如，二十世纪八十年代编著了国内第一部《学校管理》专业教材和第一部《中国教育管理史》，推出了全国第一套较为系统的教师继续教育课程指南，出版了在全国影响广泛的由教师、校长著书立说的《北京教育丛书》，等等。在新世纪课程改革的挑战面前，学院启动了新课程理念转化为优质教学行为的过程研究、教师专业发展的理论与实践研究、借鉴多元智能理论开发学生潜能等实践研究。学院的学科创新团队和学科带头人在这样的研究与实践中成长起来，学院也因此拥有一批又一批实践性、综合性与辐射性较强的研究成果，核心竞争力大大增强。

二是教师培训科学规律。干部教师培训是一种具有专业性的教育实践，有其自身的规律与特点。七十年来，学院未曾改变过校长、教师教育“专门”学院的性质，在丰富的培训实践中认真研究培训。依据成人学习规律努力更新培训内容，创新培训模式，提升专业品质，已经成为全院教师的共识。学院陆续开展了“中小学教师专业标准”“中小学教师培训课程指南”“中小学教师教学技能测试”“中小学校长任职资格培训课程体系建设”“中小学校长任职资格培训必修课程标准”“中小学校长培训效果追踪”“中小学校长教师培训评价体系建设”“中小学新任教师培训标准与规范化培训”等领域的研究；在全国率先实行校长岗位任职合格培训制度，创立了中小学校长持证上岗制度；创新并逐步完善了在职教师继续教育与培训制度。从建立标准、建构课程到科学评估，学院对培训开展的专业研究有条不紊地进行并持续开展。学院还特别注重以科研促进培训课程资源建设，先后组织出版了“绿色耕耘”丛书、“校长研修”丛书、“学校诊断”丛书、“学习与思维”教学指导丛书等，在全国干部教师教育培训领域产生了较大影响。

三是学科建设规律。学科建设是学院事业发展的根基。自“十一五”以来，学院通过选聘学科带头人、探索重点学科建设、开展学科创新平台建设等方式，积极推进成人高等教育学校的学科建设，并积累了宝贵的经验。近年来，学院通过推进学科创新平台建设，努力把学术研究、人才培养、队伍建设、实践基地建设和社会服务等有机结合起来，构建了以教师教育为核心的四大学科图谱，特色学科建设模式更加清晰。

学院统筹设置了33个非实体性学术研究平台，跨学科、跨专业、跨院系的科研攻关机制更加完善，有组织的科研有了更加强有力的组织保障。

第五，坚持人才强院，造就“师者之师”。学院发展的历史，是几代培训人创业、奉献，在促进学院发展的基础上实现自身发展的历史。只有锤炼队伍，培养顶天立地，教学、科研、管理“三位一体”的人才，学院的事业才能蒸蒸日上、永葆活力。随着时代的发展，人才是立院之本、教师是学院发展的第一资源的理念愈加深入人心。学院坚信，只有始终坚持人才强院，构建“顶天立地”的人才发展格局，为教职工创造发挥潜能、成就事业的体制机制，才能永葆事业发展的活力。作为“师者之师”，一是要有专业情怀，形成对干部教师教育培训事业价值的高度认同。学院始终重视党建和思想政治工作，坚持“师者之师”标准，加强师德师风建设，常态化推进师德培育涵养，举办青年教师启航成长营，建立新教师入职宣誓制度和师德承诺制度。二是要具备深厚的专业理论功底，深谙中小学教育教学实践。学院一方面加强学科带头人队伍建设，发挥他们在学科建设、科学研究和培训工作中的示范引领作用；另一方面，强化“欲为人师先拜师，欲强培训先下校”的人才培养理念，积极促进青年教师的专业发展。学院通过举办青年教师教学比赛、先锋博士论坛等活动，安排新入院教师到一线学校锻炼，持续提升教师教书育人能力水平。学院实施“优教优才发展工程”，深入开展优秀教师与团队选树表彰，引育并举加强教师队伍建设。学院持续性的培训者队伍建设，为开展高质量干部教师培训研究奠定了重要的人才基础。

基于以上经验，本套丛书结合国内外对教师职后教育、在职教师专业发展的最新研究成果，集学院专业力量对如何做好高质量教师培训工作进行了系统研究。“新时代高质量教师培训研究丛书”由四卷构成，分别对培训理论、培训课程、培训模式、培训质量评价进行研究。

第一卷《教师培训理论研究》主要从教师培训哲学、教师培训伦理、教师培训心理、教师培训设计、教师培训机构管理、教师培训文化与教师培训政策七个方面对高质量教师培训进行理论建构。全书以“教师发展”作为逻辑起点，从本体论、认识论和实践论三个层面对高质量教师培训进行哲学探讨，并尝试建构了“教师培训的生命增值理论”，同时，对教师培训中应有的价值伦理、心理场域、设计思维、管理治理及文化与政策等问题进行了阐释。

第二卷《教师培训课程建构》聚焦教师培训课程问题，从社会学、心理学、哲学等学科基础及课程与教学论的视角，基于教师专业标准、教师生涯发展和问题解决等维度建构教师培训课程体系，从教师培训目标确定与主题内容选择、教师培训课程实施与评估、教师培训课程管理、教师培训课程资源建设等方面对培训课程建设的具体流程和环节进行分析，为教师培训课程设计与有效实施提供了理论支撑和实践参考。

第三卷《教师培训模式创新》聚焦教师培训模式创新，基于成人学习、建构主义等理论，对教师培训模式创新的目标、内容、方式、评价的一体化以及模型运行机制进行分析，重点对新手型教师（新教师）、熟练型教师（优秀青年教师）、胜任型教师（区级骨干教师）、成熟型教师（市级骨干教师）、专家型教师（特级教师与正高级教师）以及协同创新型校本教师研修（UDS）等模式进行了创新性探索。

第四卷《教师培训质量评价》基于教师培训质量评价的内涵与要素，分析了培训质量评价体系构建的价值取向与目标体系、原则与结构等基本问题，重点从培训需求分析评价、培训项目设计评价、培训课程资源评价、培训绩效评价、培训组织机构评价等方面建构了系统的教师培训质量评价体系，为实践者与研究者提供了涵盖培训全过程与全要素的丰富案例与评价方法。

新时代是加快建设教育强国的关键时期，也是首都教育全面开启建设高质量教育体系和实现高水平教育现代化的新阶段。面对新的发展形势，我们将站在历史发展的新基点上，继续坚持“献身终身教育，培育育人之师”，全面贯彻党的教育方针，将高质量教师队伍建设作为教育强国建设的基础工程，以更高远的历史站位、更宽广的国际视野、更深邃的战略眼光，持续探索高质量教师培训体系的理论与实践建设新路径。我们期待与全国基础教育干部教师培训的研究者与实践者携手同行，开创更加美好的未来！

肖韵竹　张永凯　汤丰林

2023 年 9 月 10 日

序

深化教师培训研究　健全中国特色教师教育体系

教师培训是中国特色教师教育体系中的重要组成部分，是促进教师从资格走向合格、从合格走向卓越的有效途径，是教师提升素质能力的重要环节和不断实现专业成长的根本需要。新中国成立以来，随着社会经济和教育事业的不断发展，国家在各历史发展阶段持续制定了一系列教师培训政策，各地各校也在工作中积累了经验。进入新时代，踏上新征程，一些培训主体提高站位，适应时代，守正创新，开展了一系列卓有成效的理论研究和实践探索，取得了丰富的研究成果，赋能了广大教师的专业成长，为我国建成国家、省、地市、区县、学校较为完备的五级教师培训体系做出了贡献。

北京教育学院创建于中华人民共和国成立之初的1953年。作为北京市专门设置的以基础教育干部教师继续教育为使命的高等师范院校，学院70年的发展历程，是中国特色教师教育体制不断健全、教师培训制度不断完善的生动记录和发展缩影。近年来，学院胸怀教育大局，笃信建设教育强国，基础在教师，以构建中国特色教师教育体系为抓手，切实把强师工程作为建设教育强国的战略基础抓实抓好，在全国基础教育干部教师培训领域发挥了示范表率作用，为我国教师教育体系建设和中国特色教师培训体系贡献了首都样本和北京方案，在承担“国培计划”、落实国家脱贫攻坚和乡村振兴教育支援过程中成效卓著，在教师队伍政策研究、教师素养研究、教师专业发展研究方面成果不凡。

“新时代高质量教师培训研究丛书”是学院在教师培训研究领域多年砥砺深耕的代表性成果。在北京教育学院建院70周年之际推出的这套丛书，聚焦教师培训领域的核心问题，对教师培训理论、培训课程建构、培训模式创新与培训质量评价等重要议题进行了深入研究，为教师培训高质量发展提出了政策梳理、理论思考、实践策略与未来建议，具有非常重要的时代意义。

“新时代高质量教师培训研究丛书”认为，教师是兴教之本、强教之源。中共中央多次部署，强国兴师势在必行。教师是人类灵魂的工程师，是人类文明的传承者，承载着传播知识、传播思想、传播真理，塑造灵魂、塑造生命、塑造新人的时代重任。进入新时期新征程，党中央将教师工作摆在前所未有的重要地位，教师队伍建设迎来了新的历史机遇和发展契机。作为中华人民共和国成立以来首份关于教师工作层级最高的里程碑式文件，2018 年 1 月 20 日中共中央、国务院印发的《关于全面深化新时代教师队伍建设改革的意见》，从党和国家事业全局和战略高度，深刻系统回答了新时代教师队伍建设的一系列重大理论和实践问题，明确了新时代教师队伍建设改革的战略方向。2018 年 9 月 10 日，全国教育大会在北京召开，习近平总书记强调，全党全社会要弘扬尊师重教的社会风尚，努力提高教师政治地位、社会地位、职业地位，让广大教师享有应有的社会声望，在教书育人岗位上为党和人民事业作出新的更大的贡献。2019 年 3 月 18 日，习近平总书记主持召开学校思想政治理论课教师座谈会，希望思政课教师以及全国广大教师政治要强、情怀要深、思维要新、视野要广、自律要严、人格要正。 2021 年 4 月 19 日，习近平总书记考察清华大学时指出，教师要成为大先生，做学生为学、为事、为人的示范，促进学生成长为全面发展的人。2023 年 5 月 29 日，习近平总书记在中共中央政治局第五次集体学习时指出：强教必先强师，要把加强教师队伍建设作为建设教育强国最重要的基础工作来抓，健全中国特色教师教育体系；健全中国特色教师教育体系，大力培养造就一支师德高尚、业务精湛、结构合理、充满活力的高素质专业化教师队伍。2023 年 9 月 9 日在第 39 个教师节到来之际，习近平总书记为参加优秀教师座谈会的同志们写来贺信，指出教师群体中涌现出一批教育家和优秀教师，他们具有心有大我、至诚报国的理想信念，言为士则、行为世范的道德情操，启智润心、因材施教的育人智慧，勤学笃行、求是创新的躬耕态度，乐教爱生、甘于奉献的仁爱之心，胸怀天下、以文化人的弘道追求，展现了中国特有的教育家精神。上述重要论断，既为全面加强教师队伍建设注入了强劲动力，也为教师培训工作提供了根本指引。有了“尚方宝剑”，有了持之以恒，有了五级体系，教师培训更具中国特色、中国品质，体现独特性。

“新时代高质量教师培训研究丛书”认为，回顾过往，教师培训成绩巨大，问题仍存，亟待突出精准培养，体现提质增效。在过去十年里，中央和地方一度加大培训力度。为主动适应深化基础教育课程改革、全面实施素质教育的需求，教育部于2013年发布《关于深化中小学教师培训模式改革 全面提升培训质量的指导意见》（教师〔2013〕6 号），希望教师培训工作由规模发展向质量提升转型。自此，各地以满足教师专业发展个性化需求为工作目标，引领教师专业成长，在培训规划、项目设计、组织实施、质量监控等方面逐步完善，教师培训进一步规范化和专业化。各级培训机构以服务基础教育干部教师终身学习为使命，培养了一批又一批优秀教师、优秀教育管理者和教育专家，用专业力量助力干部教师成长与学校发展，书写了与时代同步伐的教育篇章。然而，在教师培训领域也存在着针对性不强、内容泛化、方式单一、质量监控薄弱等问题。"新时代高质量教师培训研究丛书"聚焦精准培训、落实提质增效，这是培训"专业化、标准化"必须攻坚克难的问题。教育部、财政部印发《关于实施中小学幼儿园教师国家级培训计划（2021—2025年）的通知》及附件《"国培计划"示范项目指导方案》中，两处强调"精准培训"，一是在目标任务上强调"实行分层分类的精准培训"，二是在重点改革方面提出"完善高质量精准化的培训机构"。针对现实情况，根据中共中央、国务院印发的《关于全面深化新时代教师队伍建设改革的意见》，2022年教育部等八部门联合出台《新时代基础教育强师计划》。"强师计划"强调了"深化精准培训改革"，因此教师培训必须更加注重内涵发展、全面提质增效。精准培训不仅是教师培训改革的重要抓手，还是深化教师培训改革的行动自觉和内在追求。所以，要以精准培训为抓手推进教师培训改革，让教师培训赋能队伍发展，让受训的每位教师都能受益，体现精准性。

"新时代高质量教师培训研究丛书"发现，教师培训必须胸怀大局，遵循规律，把握教育改革态势，提高教师培训质量。高质量教师教育体系建设是新形势下教师队伍建设的重要任务之一。随着国家教育领域综合改革的持续推进，"双减""双新"等政策对教师专业素养提出新要求。高质量落实教育改革，关键在教师。为了将国家政策有效转化为教师实践策略，亟待发挥培训的专业引领和支撑作用。随着信息技术的飞速发展，人工智能方兴未艾，教育数字化战略行动亦需要切实落实到教师培训中。教师培训需要提质增效再出发，数字化转型背景下教师培训工作需要创新发展，培训实践与理论研究工作任重道远。教师培训要以新科技变革为动能，依据科学研究与实践论证，重视方向引领，突显示范效应。要实现从教育大国到教育强国是系统性跃升和质变，必须以改革创新为动力，让教师培训与时俱进，体现时代性。

"新时代高质量教师培训研究丛书"认为，教师培训应当对照首善标准，勇担强师重任，服务教育强国建设。锚定2035年，面向2050年，应当发挥专业培训院校的独特优势，加强教师培训机构的协同联动，聚焦培训制度与管理、培训课程与模式、培训质量评价等核心问题开展深化研究，为高质量教师培训体系建设提供有力支撑。要看到，从“四有好老师”“四个引路人”和“四个相统一”，到做学生为学、为事、为人的大先生，到弘扬教育家精神，既一脉相承，又层层递进。那么，高质量的教师培训也要按照首善标准，提升培训品质和质量，不断发力，述而有作，实现卓越。在全员培训的同时，组织卓越培训，优化“双名”工程，助力教育家成长。接受高质量培训的教师，不仅要传道授业解惑，给学生指点迷津，而且自身也要努力明道信道，形成大境界、大胸怀、大格局，努力成为大先生。大先生应当形成教育家精神，做教书育人的育人者，学生成长的引领者，改革发展的创新者，至诚报国的奉献者。

总之，我相信“新时代高质量教师培训研究丛书”能够为广大教师培训工作者提供有益参考和借鉴。期望广大教育同仁坚持问题导向，协同研究教育改革与发展和教师队伍建设中出现的新情况、新问题，深入推进需求导向的精准培训，积极探索数字化赋能教师培训的新路径，切实提高培训质量，为加强中国特色教师教育体系建设和加快推进高水平教育现代化做出新的更大贡献，共同为建设高素质专业化创新型教师队伍、推进教育高质量发展贡献实践智慧与专业力量。

是为序。

王定华

2023 年 10 月

（本序作者系国家教师教育咨询专家委员会副主任委员、中国教育学会副会长、北京外国语大学党委书记、博士生导师）

前　言

强国必先强教，强教必先强师。多项研究和实践表明，教师是课程改革的关键因素，是提升基础教育育人质量的核心资源。如何通过高质量培训提升教师的综合育人能力是摆在培训者面前的重要命题。本套丛书就是基于北京教育学院躬耕教师培训事业70年的历史经验，从培训理论、课程、模式、评价方面对新时代高质量教师培训体系为何、是何、如何等重要问题进行的学术梳理和回应。作为丛书的第三卷，本书聚焦“培训模式创新”这一命题，探索通过培训模式创新助力教师培训的高质量发展。

万事都有规律可循，模式就是规律的一种表征。“模式”是主体行为的一般方式，是理论和实践之间的中介环节，具有一般性、简单性、重复性、结构性、稳定性、可操作性的特征。模式一般是经过实践验证的问题解决方案，对理解和改进实践提供着重要的方法论指导，在多个领域和行业都是研究重点。在教师培训领域中，培训模式因为是影响培训质量的重要变量而成为一个研究热点，从而产生了很多模式研究成果，甚至让人产生“培训模式满天飞”的印象。但到底什么是培训模式，如何建构并创新符合新时代教师专业发展规律的高质量培训模式，一些论著中都语焉不详。本书探索从三个方面回应高质量培训模式创新这一命题。

一是对教师培训模式的清晰界定（见本书第一章）。从模糊的描述性经验到清晰的概念化界定是学术研究的本质特征之一。本研究认为，教师培训模式是根据国家政策的要求和中小学教师成长的内在规律，为了实现特定的培训目标，通过有效的组织和活动方式，基于一定的培训观念和教育理论构成的理论化了的培训操作样式，从而为培训实践提供操作思路和方法策略。在教师培训模式中存在若干组成要素，最重要的核心要素包括培训目标、培训内容、培训方式、培训评价等。同时，教师培训模式不是固化的，培训者可以根据实际情况对这些要素进行灵活重组。

二是建构了高质量教师培训模式生成的理论模型（见本书第二章）。在本研究中，教师培训模式生成模型是一个立方体，包括长、宽、高三维，也就是培训领域（做什么）、学习过程（怎么做）、教师专业发展（为什么）三维。每一个维度，又包含三个要素。第一要素是培训领域，也就是教师培训所包含的主要内容。培训领域包括“三学”要素：学科教学、学生发展、学校改进，均是以教师为主体，即教师学科教学、教师助力学生发展以及教师促进学校改进。第二个要素是学习过程，学习过程也是心理发生、发展和变化的基本历程。在心理学中，通常把认知活动、情感活动和意志活动统称为心理过程。而意志更多地体现在实际行动，因此借用心理学术语，教师学习过程包括认知学习、情感体验、行动练习三个要素。第三个要素是教师专业发展，是指教师作为专业人员不断发展和完善的过程，即从新手型教师到专家型教师的过程。教师专业发展包括“三专”要素：专业理念、专业知识、专业能力。参照这个模型，三个维度九个要素形成不同组合，从而可以生成若干培训模式。

三是对在实践层面应用最广的两类培训范式的模式创新进行了学术梳理（见第三章至第八章）。第一类是针对不同专业发展阶段教师开展的分层培训。多项研究表明，教师的专业发展有明显的阶段性，每个阶段都有其特殊性。因此，教师培训要根据教师专业不同阶段的特点确定适合的培训模式，使其符合阶段性特点。本书在教师专业生涯理论指导下，对教师专业发展的五个层次阶段，即新手型教师、熟练型教师、胜任型教师、成熟型教师、专家型教师的最新培训模式进行了学术阐述，同时体现了这些阶段间培训模式的连续性和进阶性。第二类是校本研修。本书中着重论述了大学和中小学合作开展的校本研修。这两类培训范式在北京教育学院已有多年的实践检验基础，获得了一线教师和学校的高度好评。本书所做的是把培训者多年的经验和对培训的深刻洞察梳理为可推广的实践性知识。

高质量教师培训模式建构是一个复杂的系统工程，需要持续研究，更需要更多同行、研究者参与进来，丰富理论建构和实践操作。我们的研究水平所限，仍有许多需要完善及补充的地方，还请同行们不吝赐教。希望这本书的出版能够吸引更多的教师、同行加入教师培训模式的研究和实践中，形成更多、更好的成果。

张金秀
2023 年 9 月

目 录

第一章 教师培训模式创新的背景及概念 …………………………………… 1

第一节 教师培训模式创新的时代背景与现实需求 ……………………… 2

一、国际基础教育发展对教师专业发展提出新要求 …………………… 2

二、建设教育强国，中国呼唤高质量教师教育 ………………………… 7

第二节 中外教师培训模式实践与研究的发展脉络 ……………………… 10

一、国外教师培训模式实践与研究的变革发展 ………………………… 10

二、国内教师培训模式实践与研究的变革发展 ………………………… 16

第三节 新时代高质量教师培训模式创新的概念和原理 ………………… 23

一、新时代高质量教师培训模式创新的概念 …………………………… 23

二、新时代高质量教师培训模式创新的原理 …………………………… 31

第二章 教师培训模式创新的模型建构 ……………………………………35

第一节 教师培训模式创新之需求分析 …………………………………… 36

一、教师培训需求的含义和特征 ………………………………………… 36

二、教师培训需求分析的对象、类型与维度 …………………………… 37

三、教师培训需求对于构建教师培训模式的意义 ……………………… 42

四、新时代教师培训需求与高质量教师培训模式构建 ………………… 43

第二节 教师培训模式创新之理论基础 …………………………………… 45

一、教师生涯发展理论：开展教师分层培训的基础 …………………… 45

二、成人学习理论：重新认识培训对象的成人特质和学习特点… 50

三、建构主义教师学习理论：创新教师培训过程的依据 ……… 52

第三节 教师培训模式创新之内容架构 …………………………………… 54

一、教师培训模式生成模型探讨 ………………………………………… 54

二、教师培训模式核心要素表征 ………………………………………… 58

第三章　新手型教师培训模式创新 …………………………………………… 62
第一节　新时代新手型教师发展需求分析 ………………………………… 62
一、新手型教师的界定和内涵特征 …………………………………… 63
二、新手型教师专业发展的政策导向与现实需求 …………………… 64
三、新手型教师专业发展需求模型解析 ……………………………… 70
第二节　新手型教师培训模式建构 ………………………………………… 71
一、新手型教师培训模式建构的理论阐释 …………………………… 71
二、新手型教师培训模式建构的实践探索 …………………………… 74
第三节　新手型教师培训模式实施有效机制 ……………………………… 81
一、关键时期、关键事件和关键人物的指导机制 …………………… 82
二、校本实践的落实机制 ……………………………………………… 83
三、1~3 年系统性培训机制 …………………………………………… 85

第四章　熟练型教师培训模式创新 ……………………………………………88
第一节　新时代熟练型教师发展需求分析 ………………………………… 88
一、熟练型教师的界定和内涵特征 …………………………………… 89
二、熟练型教师专业发展的政策导向、价值实现和现实需求…91
三、熟练型教师专业发展需求模型解析 ……………………………… 93
第二节　熟练型教师培训模式建构 ………………………………………… 97
一、熟练型教师培训模式建构的理论基础 …………………………… 97
二、熟练型教师培训模式建构的实践探索 …………………………… 100
第三节　熟练型教师培训模式应用 ………………………………………… 106
一、熟练型教师培训的方案设计 ……………………………………… 106
二、熟练型教师培训的实施策略 ……………………………………… 110

第五章　胜任型教师培训模式创新 …………………………………………… 112
第一节　新时代胜任型教师发展需求分析和理论基础 ………………… 113
一、新时代胜任型教师发展的需求分析 ……………………………… 113
二、新时代胜任型教师发展的理论基础 ……………………………… 116

第二节 胜任型教师培训模式建构 …………………………………… 119
一、特级教师工作室培训模式 ………………………………… 119
二、名师工作室培训模式 ……………………………………… 123
三、研修工作坊培训模式 ……………………………………… 125
第三节 胜任型教师培训模式应用 …………………………………… 129
一、“特级教师工作室”模式的方案设计 …………………… 130
二、“特级教师工作室”模式的实施策略 …………………… 136

第六章 成熟型教师培训模式创新 …………………………………… 140
第一节 成熟型教师发展需求分析 …………………………………… 141
一、成熟型教师的界定和内涵特征 …………………………… 141
二、成熟型教师专业发展的政策导向、价值实现和现实需求 …142
三、成熟型教师专业发展需求模型解析 ……………………… 143
第二节 成熟型教师培训模式建构 …………………………………… 149
一、成熟型教师培训模式的理论基础 ………………………… 150
二、个人发展取向的名师工作室培训模式 …………………… 152
三、实践取向的课题研究模式 ………………………………… 154
四、卓越取向的专业发展模式 ………………………………… 156
第三节 成熟型教师培训模式应用 …………………………………… 158
一、研修主题架起成熟型教师专业成长的桥梁 ……………… 158
二、模块课程引领成熟型教师在跑道上自能奔跑 …………… 159
三、基于混合式培养的教学研修共同体 ……………………… 161
四、以质量和效果为生命线建设成熟型教师培训品牌 ……… 161

第七章 专家型教师涵养模式创新 …………………………………… 163
第一节 新时代专家型教师发展需求分析 …………………………… 164
一、专家型教师的概念界定和内涵特征 ……………………… 164
二、专家型教师专业发展需求分析：教育家型教师涵养 …… 165
三、专家型教师专业发展的理论基础 ………………………… 168
四、专家型教师专业发展需求模型建构 ……………………… 171

第二节　专家型教师培训模式建构 …………………………………… 176
一、基于教育思想凝练的专家型教师培训模式 …………………… 176
二、基于教育创新的专家型教师发展模式 ………………………… 180
三、基于团队建设的专家型教师专业发展模式 ……………………183
第三节　专家型教师培训模式应用 …………………………………… 186
一、厚植学术积累，体现专业引领 ………………………………… 186
二、创设尊重平等氛围，构建学习共同体 ………………………… 187
三、个性化指导，体现“一人一案” ……………………………… 187
四、全过程强化研修主题，提升研修目标达成度 ………………… 188
五、运用多样化培训工具模板，以培训示范培训 ………………… 188

第八章　协同创新型校本研修模式创新 ……………………………… 190
第一节　新时代的协同创新型校本研修 ……………………………… 191
一、协同创新型校本研修概念界定及其重要特征 ………………… 191
二、协同创新型校本研修的价值追求和现实需求 ………………… 195
第二节　协同创新型校本研修模式的理论基础与运行机制 ……… 196
一、协同创新型校本研修模式的理论基础 ………………………… 196
二、协同创新型校本研修模式的运行机制 ………………………… 199
第三节　双主体“外融内研”研修模式分析 ………………………… 201
一、北京教育学院协同创新计划双主体“外融内研”研修模式…201
二、组织层面：双主体协作重塑校本研修管理 …………………… 206
三、项目层面：双主体协同的校本研修实施过程和影响因素
分析 …………………………………………………………………… 215

参考文献 ………………………………………………………………… 225

后　记 …………………………………………………………………… 235

第一章　教师培训模式创新的背景及概念

我们从事的是前无古人的伟大事业，守正才能不迷失方向、不犯颠覆性错误，创新才能把握时代、引领时代……紧跟时代步伐，顺应实践发展，以满腔热忱对待一切新生事物，不断拓展认识的广度和深度，敢于说前人没有说过的新话，敢于干前人没有干过的事情，以新的理论指导新的实践。

——习近平《高举中国特色社会主义伟大旗帜 为全面建设社会主义现代化国家而团结奋斗——在中国共产党第二十次全国代表大会上的报告》

进入新时代，创新已然处于国家发展全局的核心位置，贯穿党和国家的一切工作①。作为加强教师队伍建设的重要环节，中小学教师培训肩负着建设高素质、专业化、创新型教师队伍的重要时代使命，也需要借助“创新”这一“引领发展的第一动力”②，实现其自身在理论、实践、结构、目标、内容、方式、管理、评价等多维度上的转型升级。然而，“创新”并不意味着“重起炉灶”，“实践创新必须建立在历史发展规律之上，必须行进在历史正确方向之上”。由此，“守正创新”具有了在新时代党和国家各项事业改革发展中的普遍指导意义。“守正”，就是坚守正道，坚持按规律办事。创新即改变旧的、创造新的。“守正创新”即把握事物规律，根据一定的目的改变现存事物，创造新事物③。

考察教师培训模式④创新的时代背景与现实需求以及中外教师培训模式在实践与研究层面的发展脉络，明确新时代高质量教师培训模式创新的核心概念与基本原理，有助于我们在正确掌握教师培训工作科学规律的基础上，形成关于教师培训模式新的创造性认识，推动相应的创新实践活动。由此，本章将首先围绕上述三方面作总体分析，为全书明确研究范围并构建一定的研究框架，继而为后续章节具体介绍和分析相关理论与实践创新建立必要的基础。

---

① 习近平：《在党的十八届五中全会第二次全体会议上的讲话（节选）》，载《求是》，2016（1）。

② 王炳林，郝清杰：《创新是引领发展的第一动力》，载《经济日报》，2015-12-18。

③ 黄庭满：《深入理解守正创新的丰富内涵》，载《理论导报》，2021（4）。

④ 有关“教师培训模式”的概念界定，详见本章第三节。由于“教师培训”的概念与教师专业发展、教师继续教育、教师在职教育、在职培训、在职进修等都有相近含义，本章在梳理介绍相关研究中会以“教师培训”概念为主，并适时交叉使用其他相近概念。此外，本书所探讨的“教师培训”，主要聚焦于基础教育的中小学阶段。为简便行文，常以“教师培训模式”代替“中小学教师培训模式”称之。

第一节　教师培训模式创新的时代背景与现实需求

时代是思想之母，实践是理论之源①。考察教师培训模式创新的时代背景与现实需求，从一定程度上来说，就是在特定时空范围内，通过综合分析那些和教师教育、教师培训紧密相关的发展基础、现实条件乃至部分未来趋势，厘清开展教师培训模式研究与实践创新的必然性与可能性。也就是在努力回答：为什么处在这样的时代条件下，教师教育、教师培训模式必须创新？如何能够创新？创新的方向可能在哪里？

为了更具体、深入地回应和解决上述问题，首先有必要限定分析问题的基本时空范围以及对象（关于本书核心概念的界定，将于本章第三节中具体展开）。考虑到丛书的整体定位，从时间范围上讲，本节将把时代背景分析的重点放在从 2012 年党的十八大（标志着中国特色社会主义进入新时代②）延续至今乃至未来相当长一段时期的新时代（在下一节分析中外教师培训模式的发展脉络时，时间范围则会适当扩展）。从空间范围和分析对象上来讲，本节将会先从梳理世界范围内基础教育变革发展的总体情况、特征和趋势入手，思考在这样的时代背景下，教师教育、教师培训正在和将要面临的机遇与挑战；进而我们会将视线转向国内，聚焦当前新时代中国基础教育与教师教育的变革发展情况，相对具体地分析这样的背景为新时代教师培训模式创新打下了怎样的基础、提出了哪些挑战，以及未来可能的教师培训模式创新方向。

一、国际基础教育发展对教师专业发展提出新要求

（一）国际视域下基础教育发展趋势：追求更加公平而有质量的教育

2021 年 11 月 10 日，联合国教科文组织在其总部发布了一份全球报告——《一起重新构想我们的未来：为教育打造新的社会契约》。报告历史性地回顾了世界范围内过去半个世纪的教育发展趋势：一是不完全和不公平的教育扩张——虽然在人口显著增长的情况下实现了教育普及率的大幅提高，但是人们依然不能充分、平等地享有接受高质量教育的机会。其中，教师是影响教育质量的最重要因素，但其目前而言还没有得到“教学专业化”的整

---

① 习近平：《决胜全面建成小康社会 夺取新时代中国特色社会主义伟大胜利——在中国共产党第十九次全国代表大会上的报告》，载《求是》，2017（12）。
② 曲青山：《新时代在党史、新中国史上的重要地位和意义》，载《世界社会主义研究》，2019（11）。

套支持，教学实践标准或教师培训机构标准缺位等因素，导致了教学的专业化被破坏。二是贫困持续存在，不平等状况加剧——贫困依然是影响受教育机会的决定性因素。财富不平等对教育产生的影响是多方面的，出生在不同环境中的孩子所能获得的教育支持水平显著不同，这使学校更难创造公平的竞争环境。三是排斥的网络——贫困和收入不平等与导致教育排斥的其他歧视因素相互交织，经济全球化对学生学习内容和方式的影响日益加深，这改变了人们对儿童和青年在 21 世纪实现就业所需知识的预期。同时，报告的其他部分也探讨了环境变化、加速的技术进步、政治治理与社会分裂以及新的工作世界（不确定的就业前景）四种影响教育变革发展的重要因素，进而提出了若干实现新的社会契约的方法，如团结合作的教学法、课程与不断发展的知识共享、教师的变革性工作、保卫并改造学校、跨越不同时间和空间的教育等。

从这份较为权威的报告中不难看出，经济全球化、环境的变化、技术的加速进步、不确定的未来等，已成为世界范围内影响教育变革发展的主要因素，而持续追求更高质量与更公平的教育、审慎借助技术力量的进步加速推进变革，以及面向不确定未来不断努力创新，可被视为近年来世界教育变革发展的总体特征和基本趋势（如图 1–1 所示）。这些特征与趋势，直接影响着世界各国教师教育与教师培训的变革发展。

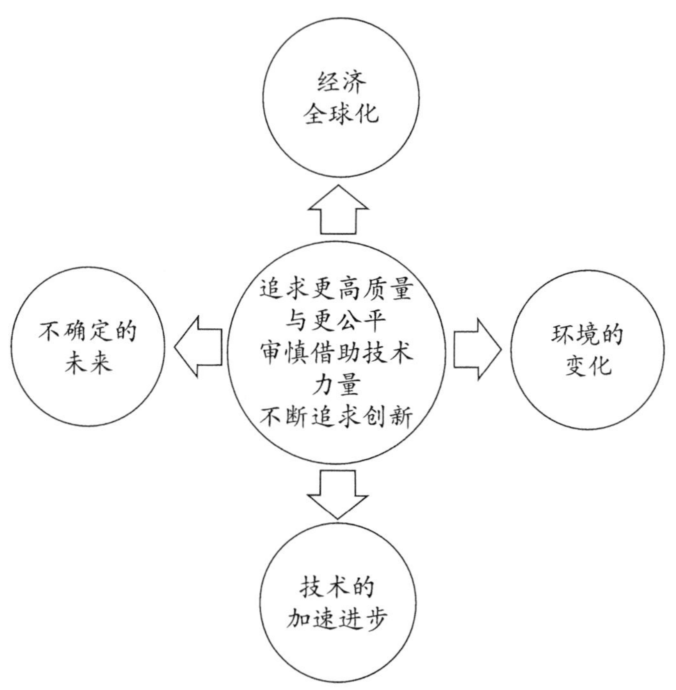

图 1–1　世界教育变革发展的总体特征和基本趋势①

① 联合国教科文组织：《一起重新构想我们的未来：为教育打造新的社会契约》，北京，教育科学出版社，2022。

除这份“出炉”不久的报告外，近年来，不少相关研究和调查也对世界教育变革发展的特征及趋势做了不同程度的分析，进一步佐证了上述的总体特征和基本趋势。例如，有学者对美国、英国、法国、德国、日本、俄罗斯和印度七国在21世纪进行的宏观发展战略谋划进行了分析，并基于此提出了包括强调教育为国家服务的价值理念，同时强调以人为本，重视学生的个性发展，兼顾公平与质量，体现教育政策的双重价值需求等国际社会教育发展的七大共同趋势①。也有学者聚焦2003—2022年国外基础教育改革的热点，借助研究图谱等方法，通过文献梳理得出国家宏观层面优化教育资源配置、区域实施层面引领基础教育实验、学校建设层面创设课程开发环境和教学科研层面创新教育教学改革四点启示；同时总结认为，如何在信息化背景下将现代网络通信技术与教育学科结合，促进教育教学效果的便利性和时代性成为现阶段国外基础教育改革重点关注的内容②。还有学者通过研究发现，当前世界大国和强国的教育发展战略主要体现的特点和趋势有：教育服务社会发展的作用日益显著，促进教育公平、提高教育质量，互联网及科技创新推动教育变革等八个方面③。

此外，始于2002年、旨在以五年为一个周期，预测和描述全球范围内会对教育产生重大影响的新兴技术的“地平线研究项目”，在其《新媒体联盟地平线报告（2015基础教育版）》中，将诸如“将技术融入教师教育”“重塑教师专业角色”等，视为全球范围内基础教育面临的重要挑战，并将“增加混合式学习的应用”“加强学生之间的合作学习”“重塑学校运行机制”等视为基础教育领域未来五年重要的变化发展趋势④。而随后2020—2023年的《2021年地平线报告（教与学版）》则将“高质量在线教学”列为影响未来高等教育教学发展的六项关键技术和实践之一，并提供了大量的高质量在线教学案例⑤。这些专业组织的研究成果与共识，再次印证着全球范围内基础教育变革发展的重要趋势：技术手段加持下对更为公平和有质量的教育的不断追求，这可能同样也是教师教育、教师培训变革发展的重要趋势。

---

① 周满生，诸艾晶：《21世纪国家教育战略规划与重大政策的比较研究》，载《全球教育展望》，2009（2）。

② 李德明，邢玮，李蕴曦等：《近二十年国外基础教育改革热点及未来趋势的研究图谱》，载《比较教育学报》，2023（2）。

③ 陈阳：《当前国际教育发展主要特点和趋势综述》，载《世界教育信息》，2016（24）。

④ 新媒体联盟（NMC）：《新媒体联盟地平线报告（2015基础教育版）》，载《北京广播电视大学学报》，2015（S1）。

⑤ 闫寒冰，陈怡：《何以实现高质量在线教学？——基于2021、2022、2023年地平线报告（教与学版）的多案例研究》，载《现代教育技术》，2023（7）。

从受教育者或学习者的角度来看，2019 年，英国著名教育机构培生教育集团组织了一次“全球学习者调查”，调查覆盖了 19 个国家，有 10000 余名 16 ～ 70 岁的学习者在线参与了问卷调查。这个基于学习者视角的调查发现：世界各地的学习者仍然对教育抱有很大的信心，他们期待教育能够帮助自己取得成功。但是，他们获得教育的方式正在改变。他们不再完全依赖于传统的教育机构，更愿意对自身教育采取“DIY”的方式。调查发现，全球教育变革主要呈现出“自助式”学习的理念正在重塑教育、终身学习已成现实、数码和虚拟学习将成为新常态等六大主要趋势[①]。

以上仅是从相对宏观的视角出发，对世界范围内教育变革发展的相关研究所做的枚举。综合来看，世界各国教育均处于不断加速变革的发展时期，但大都仍聚焦在公平和质量这两大主题上。正如有研究者所指出的，随着人类社会逐渐从工业社会向信息社会迈进，标准化、规模化教育体系已经不能适应社会的需要，人类社会越来越需要一大批能力突出、富有创造精神的个性化人才[②]。上述世界范围内教育变革发展的总体趋势和国际社会发展的总体需求，为教师专业发展及教师培训工作提出了新的更高要求。

（二）国际视域下教师专业素养新要求：培养高素质、专业化、创新型教师

让我们还是先回到《一起重新构想我们的未来：为教育打造新的社会契约》这一全球报告中。报告的第五章“教师的变革性工作”部分，特别强调了教师从事的改革工作的重要性，认为“在新的教育社会契约中，教师必须处于中心地位，其职业也必须被重新评估与构想为一项激发新知识、实现教育和社会变革的集体事业”。报告进一步提出将“教学重铸为一项协作性专业”，认为“教师的发展是一个丰富而且动态的学习和体验的连续体，是持续一生的旅程”。各国需要重新思考教师教育，以便与教育优先事项保持一致，更好地面向未来的挑战和前景；教师教育不能忽视数字文化与知识的生产和传播方式的关联，也不能忽视数字文化与其自身给人类生活和地球带来的变化的关联。教师需要专业发展、教育和支持的机会。最有效的教师发展项目持续时间较长，至少有一部分是以学校为基础，并扎根于经验的，这些发展项目可以为教师提供许多机会，让他们能应用所学，进而发展属于自己的教学和概念知识[③]。

仅仅在上述报告发布 3 天前，2021 年 11 月 7 日，联合国教科文组织教师教育中心正

---

① 李颖：《全球教育变革——皮尔森学习者调查》，载“中国网”，2020-05-13。
② 鞠光宇：《信息时代的世界教育七大趋势》，载《中国教师报》，2020-12-16（3）。
③ 联合国教科文组织：《一起重新构想我们的未来：为教育打造新的社会契约》，14-15，20-25，北京，教育科学出版社，2022。

式入驻上海。在此一个月之前，作为中心成立仪式的一个部分，联合国教科文组织教师教育中心又举办了主题为“教育大计，教师为本”的全球教师专业发展论坛。参与论坛的各国专家在全球教师专业发展的最新动态方面达成以下一些基本共识：教师是教育改革与学校发展的第一资源；全面提高教师队伍质量、引领教师专业发展，是全面深化教育改革的必然要求；优秀教师的成长历程需要专家引领、同伴互助和自我反思；在新时代教育背景下，教师需要坚持终身学习和持续提升，增强创新精神和实践能力；新时代带来新机遇与新挑战，教师教育需要正视当前的时代背景；多元化社会发展推动着教师角色的变迁，教师教育需要重视社会情感技能；教师素养的提升催生专业自觉，教师教育需要专业建设①。

近年来，一些国内学者也对全球教师队伍建设等相关话题进行了研究和讨论。例如，李旭在《中小学教师队伍建设全球展望》一文中，分析了师资短缺日益严峻、教育教学工作压力大、教师综合能力有待提高等一些世界范围内普遍存在的“教师危机”，继而基于各国的举措、经验，梳理出了一些“纾困之策”，如完善教师选拔招收机制、为教师减负提薪、以标准建设促进教师队伍的专业化成长等。同时，该文作者也对实现“四有”教师队伍建设所面临的难题进行了梳理：一是规模总量不充分，教师供给难以满足学位需求；二是师资配置不均衡，教师队伍特别是优秀教师存在结构性、区域性、阶段性短缺；三是教师地位与待遇不对等②。

此外，从广义上讲，教师教育也可视为成人教育的一部分。因此，全球范围内有关成人教育的发展动态，也值得教师培训工作者关注。例如，2019 年，经济合作与发展组织（OECD）就曾发布题为《有效获得技能：为未来做准备的成人学习系统》的研究报告。该报告指出，面对劳动世界的快速变化，没有一个国家的成人学习系统是完善的，所有国家都面临着挑战。为有效应对相关变化，我们的成人学习系统应该积极响应，从而帮助成人获得可持续发展的技能，以适应不断变化的劳动世界。成人学习系统面临的挑战主要包括：覆盖率虽有所增加，但总体偏小；包容性方面，不同群体参与率差别较大；一致性方面，仅少数国家将评估结果与培训策略结合；学习效果方面，各国差异比较大，总体不高等③。

综上所述，随着世界范围内教育的变革发展，教师教育也正面临着多重机遇与挑战。

---

① 董伊苇，宁波：《转型社会呼吁教师教育实现发展转型——联合国教科文组织教师教育中心全球教师专业发展论坛综述》，载《比较教育学报》，2022（1）。

② 李旭：《中小学教师队伍建设全球展望》，载《新课程评论》，2020（12）。

③ 王燕子，辛思娜，欧阳忠明：《构建响应型成人学习系统：有效获得可持续发展的技能——OECD〈有效获得技能：为未来做准备的成人学习系统〉报告解读》，载《远程教育杂志》，2019（5）。

表 1-1　世界范围内教师教育面临的多重机遇与挑战

机遇	挑战
· 教师地位愈加重要 · 教师教育成为各国教育发展的优先事项 · 技术进步与数字资源加速教师专业发展并为精准支持教师成长提供助力 · 教师专业发展具有阶段性和持续性 · 基于标准、以校为本的、持续性的教师发展项目成为共识	· 高质量教师队伍仍存在结构性短缺 · 单个教师难以应对教育变革要求，教师的协作性技能与团队合作亟待提升 · 教育变革期待教师成为“知识生产者”、反思性实践者和终身学习者 · 教师数字素养与社会情感技能愈加重要 · 学校和课堂作为加速教师专业发展的主战场的作用日益凸显，教师教育与培训水平需要在持续性、实效性、精准度上提升

二、建设教育强国，中国呼唤高质量教师教育

（一）新时代为高质量教师教育指明方向并奠定基石

一般认为，从党的十八大开始，中国特色社会主义进入新时代[①]。2017 年 10 月，习近平总书记在党的十九大报告中做出重大判断：“经过长期努力，中国特色社会主义进入了新时代，这是我国发展新的历史方位。”[②]报告进一步对中国特色社会主义新时代的意义、本质内涵与特征做了高度凝练和科学概括，有学者就此将新时代的本质特征高度概括为“复兴”二字，提出“新时代就是实现中华民族伟大复兴的时代”[③]。同时，党的十九大报告还首次提出了“建设教育强国是中华民族伟大复兴的基础工程”的重要论断。2022 年 10 月召开的党的二十大，将“建成教育强国”写入到 2035 年我国发展的总体目标中。报告指出，教育、科技、人才是全面建设社会主义现代化国家的基础性、战略性支撑，并强调要深入实施科教兴国战略、人才强国战略、创新驱动发展战略，要坚持教育优先发展，加快建设教育强国，全面提高人才自主培养质量。聚焦教育领域，报告也做出了总体规划和部署，例如，要办好人民满意的教育，要坚持以人民为中心发展教育，加快建设高质量教育体系，深化教育领域综合改革，培养高素质教师队伍，推进教育数字化，建设全民终身学习的学习型社会、学习型大国[④]。

① 史泽源：《党的十八大：中国特色社会主义进入新时代》，载“中工网”，2022-09-09。
② 习近平：《决胜全面建成小康社会 夺取新时代中国特色社会主义伟大胜利——在中国共产党第十九次全国代表大会上的报告》，载《求是》，2017（12）。
③ 贾立政：《关于新时代主题及其本质特征的思考》，载《人民论坛》，2019（29）。
④ 习近平：《高举中国特色社会主义伟大旗帜 为全面建设社会主义现代化国家而团结奋斗——在中国共产党第二十次全国代表大会上的报告》，载《求是》，2022（21）。

百年大计，教育为本；教育大计，教师为本。教师是教育的第一资源，是建设高质量教育体系、实施高质量教育的根本力量。建设教育强国为高质量教师教育的发展指明了方向，而伴随建设教育强国的步伐，高质量教师教育已有了较为坚实的发展基础。近年来，党和国家高度重视教师教育高质量发展，先后颁布了一系列相关重要文件，明确提出或强调了发展高质量教师教育，培养高素质、专业化、创新型教师的重要任务。建设具有中国特色、高水平教师教育体系取得了长足进步。相关的统计数据显示，2012 年至 2022 年的十年间，中小学教师队伍建设迈上了新台阶。一方面，教师规模不断扩大，2021 年全国各级各类学校共有专任教师 1844.4 万人，比 2012 年增长 26.2%，其中中小学一线教师 1579.12 万人；另一方面，教师素质显著提升，2021 年，小学、初中专任教师本科以上学历占比分别为 70.3%、90.1%。普通高中专任教师研究生学历占比从 2012 年的 5.0% 提高至 2021 年的 12.4%[①]。十年间，全国建立了以 215 所师范院校为主体、510 所非师范院校共同参与的中国特色教师教育体系，实现了由“中师、专科、本科”三级教师教育向“专科、本科、研究生”三级教师教育跃升。这十年，教师培训体系更加完备。2021 年，国家实施“优师计划”，进一步聚焦欠发达地区教师定向培养。改革“国培计划”，建立“国省市县校”五级联动的新型教师培训体系，各级各类教师的培训力度在加强，教师队伍建设正在走向关注素质能力提升的新阶段，符合教育和教师工作规律，符合教育高质量发展要求[②]。此外，有学者从师德师风建设不断完善、教师教育改革不断深化、教师国培体系得以建立、乡村教师队伍得到明显加强、推进教师编制配备改革、推进城乡教师交流轮岗、深化教师职称制度改革和整体素质结构得到优化（包括学历层次得到提升、年龄结构日趋优化和师生结构趋于合理）八个方面，对新时代教师队伍建设已具备的基础也进行了较为详细的总结[③]。

（二）高质量教师教育体系建设仍面临诸多挑战

对应新时代建设教育强国，培养高素质、专业化、创新型教师的迫切要求，高质量教师教育体系建设仍面临着诸多挑战。诸多学者展开了相关研究。例如，有学者指出，当前我国一流大学建设高校的教师教育体系构建面临着三重困境：大学层面，一流大学建设高校举办教师教育的积极性不高；学院层面，一流大学建设高校设立教师教育专业机构的数

① 教育部发展规划司：《数说“教育这十年”》，载“中华人民共和国教育部政府门户网站”，2022-09-27。
② 陈鹏：《培根铸魂育新人——党的十八大以来教师队伍建设成效显著》，载《光明日报》，2022-09-07（1）。
③ 王定华：《新时代我国教师队伍建设的形势与任务》，载《教育研究》，2018（3）。

量薄弱；学科层面，教师教育的一流学科支撑力度不够[①]。还有学者从国际、国内双重视角审视了我国教师教育体系建设面临的挑战：世界范围内，互联网、大数据、人工智能等重大颠覆性技术不断涌现，正在重构人类生活的方方面面。传统的教育理念、教育方式、课程教学、教育体系等正受到颠覆性的挑战，教育领域的改革正在朝着纵深发展，教师教育的理论、培养与培训模式、教师专业发展等也随之发生了根本性的变革，如何培养信息化时代素养导向的卓越教师，使其适应世界性的人才培养普遍需求成为未来教师教育发展的国际趋势。国内方面，人民对高质量卓越教师的需求不断提高与当前教师教育发展的不平衡、不充分之间的矛盾十分突出，解决此矛盾已成为新时代教师教育的主要任务。就国家需求而言，伴随基础教育领域的改革不断向纵深推进，国家要重建教师教育的体系，确定新时代教师教育的目标与任务，将培养中华民族“梦之队”的筑梦人、立德树人的“四有”好老师、培根铸魂及启智润心的“大国良师”作为新时代教师教育的重点任务。就社会需求而言，教师的职业定位与身份正在发生根本性的变化，教师从专业知识分子转向公共知识分子，要成为教育活动的实施者、教育改革的研究者、社会发展的推动者。就教师自身需求而言，教师教育从职前到职后，切实提升质量素养，从师德、专业素养、实践能力等方面形成具体科学的指标体系。就广大中小学生而言，其需求从经师转向人师，需要筑梦追梦圆梦的帮助者、健康成长的“引路人”、塑造品格的“大先生”[②]。此外，还有研究者综合分析认为，师范教育有所削弱、教师待遇保障不力、教师管理机制尚待理顺等成为新时代教师队伍建设所面临的挑战[③]。

走向复兴的新时代亟待建成教育强国，教育强国的建成又必须依靠高质量教师教育的持续支撑。而高质量教师教育体系的建设，既离不开师范院校的职前培养，也离不开职后的教师培训。2022 年 4 月，中华人民共和国教育部等八部门印发《新时代基础教育强师计划》，强调“到 2035 年，适应教育现代化和建成教育强国要求，构建开放、协同、联动的高水平教师教育体系，建立完善的教师专业发展机制，形成招生、培养、就业、发展一体化的教师人才造就模式”，并提出要“坚持质量为重”，要“全面提高教师培养培训质量”“推进职前培养和职后培训一体化，创新师范生教育实践和教师专业发展机制模式，提升教师培养培训质量”。由此，在鲜明的新时代背景下，基于“建成教育强国”与“构

① 朱旭东，黄蓝紫：《一流大学建设高校的教师教育体系构建：困境与路径》，载《清华大学教育研究》，2023（2）。
② 王鉴，张盈盈：《新时代我国教师教育高质量发展的逻辑与路径》，载《重庆高教研究》，2023（1）。
③ 王定华：《新时代我国教师队伍建设的形势与任务》，载《教育研究》，2018（3）。

建高质量教师教育体系”的现实需求，教师培训模式创新应运而生。下一节，我们会聚焦“教师培训模式创新”，对一定历史时期的中外教师培训模式创新的研究与实践进行梳理和分析，以期为新时代教师培训模式的创新找准规律、明确方向；同时又能“紧跟时代步伐，顺应实践发展”，基于新时代的新方向与新问题，“以新的理论指导新的实践”。

第二节　中外教师培训模式实践与研究的发展脉络

创新建立在前人实践与研究的基础上。本节简要梳理一定时期国外、国内较为主流的一些教师培训模式（有时也涉及教师在职教育、继续教育和教师教育），尝试把握其变革发展的基本规律。从时空范围上来看，伴随教师教育的整体变革发展，国外方面，本节主要梳理自 20 世纪 60 年代终身教育思想正式提出以来，主要发达国家所形成的较为稳定的教师培训模式及其相应的典型代表；国内方面，则以梳理 20 世纪 80 年代以来，特别是新时代十余年来教师培训模式的变革发展情况为主。

一、国外教师培训模式实践与研究的变革发展

（一）国外教师培训模式的大致分类及部分典型代表例析

20 世纪 60 年代之前，世界上主要发达国家的教师教育先后经历了一系列的重要发展过程，例如，职前教育与在职教育逐步分离、师范学校开始建立并逐步由封闭型培养模式走向开放型培养模式、师范教育与学术教育从分离开始逐步走向整合等[①]。“二战”后，法国教育家保罗·朗格朗（Paul Lengrand）于 1965 年在联合国教科文组织召开的第三届促进成人教育国际委员会会议上提出了关于“终身教育”的提案，明确提出教育应是个人在一生中不断持续的过程，认为今后的教育应当是在每一个人需要的时刻，以最好的方式提供必要的知识和技术。在终身教育思想的推动下，世界各国的教师教育重心开始后移，继续教育日益被各国所重视。同年，联合国教科文组织出版了《学会生存——教育世界的今天和明天》一书，除了进一步强化终身教育的理念以外，还提出了“学习化社会”的概念，并对受终身教育影响的教师培训给出了“首先加速训练，然后随之以在职训练”[②]的建议。终身教育与学习化社会理念改变了传统教育的概念，使教师的职后培训成为教育改革的重要基础。

---

① 袁锐锷：《世界师范教育的过去和未来》，载《高等师范教育研究》，1997（1）。
② 联合国教科文组织国际教育发展委员会：《学会生存——教育世界的今天和明天》（华东师范大学比较教育研究所译），北京，教育科学出版社，1996。

自20世纪80年代至今，伴随经济社会的不断发展，科学技术的不断进步，全球化与国际竞争日益加剧，以及人们对教师专业发展认识和研究的不断深入、各国教师专业发展制度不断健全，教师培训模式也有了诸多的变革发展。有研究者总结指出，发达国家教师在职培训已经从学历提升转向教育教学“实践性知识”的提升，而培训方式也随之从班级讲授转向交流互动，构建学习共同体，共同学习的研讨、工作坊方式[①]。也有媒体指出，教师教育一体化、建立开放的教师教育体系，改革教师教育课程和走向专业发展的教师继续教育，是世界教师教育改革的趋势[②]。也有学者在21世纪初期，从教师能力建设与专业发展实践的视角，分析指出教师专业发展领域出现的一些新趋势，如由教师培训转向教师专业学习，由短期教师培训课程转向终身生涯发展课程，由主要在大学进行的自上而下的发展模式转向以自我发展为导向的中小学和大学合作模式[③]。

基于已有的教师培训模式分类研究及相关文献，如果从研究视角和培训主体视角来看，可对近半个多世纪以来各国较为典型的和有代表性的教师培训模式做不同的分类。

1. 研究视角下教师培训模式的分类[④]

不同学者根据教育目的的不同，将教师培训模式进行了诸多分类，如胡森（T. Husen）的四模式论、格伦迪（S. Grundy）和鲁滨逊（J. Robinson）的三重目标论等。

（1）四模式论

1985年，胡森在《国际教育百科全书》中依据教师在职教育的目的把教师培训总结为弥补缺陷模式（defect model）、变革模式（change model）、问题解决模式（problem solving model）和成长模式（growth model）四种类型。其中，弥补缺陷模式预设教师存在着“缺陷”和“不足”，这种“缺陷”可能是因为职前教育的问题、本身训练的有限，没有能够跟上本专业的发展，或不了解教育发展的新动向等。教师在职教育的目的是弥补教师存有的“缺陷”，解决教师素质的“不足”。变革模式认为，教育是随着社会发展而不断变革的，教师也应该使自己适应所在社会和社区的变化。教师在职教育应该根据社会和社区的发展进行变革，以适应社会和社区的发展变化。问题解决模式认为，情况总是处在变化之中，由于教育向来是一项艰巨而复杂的活动，每所学校和每个课堂都不可避免地出现情境化问题，这些问题只有相关教师才能诊断出来。以成长模式为目标的在职教育，其主要目的在于促

① 徐雄伟：《国际比较视野中的在职教师培训模式探索》，载《外国中小学教育》，2013（5）。
② 刘微：《教师专业化：世界教师教育发展的潮流》，载《中国教育报》，2002-01-03（4）。
③ 熊建辉，赵丽：《全球视野中的教师专业发展与能力建设》，载《开放教育研究》，2007（1）。
④ 杜静：《英国教师在职教育发展研究》，西南大学博士论文，2007。

进教师的专业发展。这一模式的提出者认为，对“缺陷”的弥补是一个被动的专业化过程，而“成长”则是主动的专业化，教师在职教育应该从弥补“缺陷”转向促进“成长”。

（2）三重目标论

格伦迪和鲁滨逊提出，教师专业发展有三个基本目的与功能：一是拓展，指教师在原有认知基础上引介和增加新的知识与技能；二是更新，指用最新成果取代过时的内容，是对原有知识与实践的转换与变革；三是成长，指教师专业知识与技能的提升。他们认为，专业发展是教师专业生涯的内在组成部分，教师知识技能与判断力的不断拓展、更新和成长有助于改进教学实践。

2. 培训主体角度下教师培训模式的分类①

有研究者根据对比多数国家教师教育的现状以及相关教师专业发展的理论，主要从培训主体的视角出发，将各国教师专业发展模式分为以下五类。

（1）“培训机构本位”模式

这一模式，主要由教育管理部门设立的专门的教师培训机构和培训中心设计培训项目，安排教师进修。这类模式的培训多关注教育教学的实际问题和关注教师的教学现场需求，而不再以培训机构为中心设计课程。其代表之一，是法国的 IUFM（教师教育大学院，也有研究将其翻译为“教师培训学院”）②。值得一提的是，为提高教师培训的质量，法国在长期进修课程中形成了一类较为有特点的教师培训模式，即把三个月的进修时间分为五个阶段：第一阶段，把进修的教师分成若干学习小组，通过参观学校、听课、召开座谈会、分析校内外情况等活动，收集教师需要解决的问题，确定进修目标；第二阶段，根据收集到的问题选择教育内容，然后从教育内容与方法、师生关系、课外活动、与学生家长的关系等方面进行学习；第三阶段，进修教师回原单位实习，将第二阶段学到的新理论、新观点应用于实际，以取得经验和体会；第四阶段，进修教师重新回到进修机构学习，针对第三阶段存在的问题进一步学习，提高理论水平；最后一个阶段，一方面对进修内容进行总结，另一方面为继续进修和教育改革组织必要的活动。这种长期综合性的进修课，体现了教育理论与教育实践的积极结合，十分有利于在职教师理论素养和实际能力的进一步提高③。

① 管培俊，朱旭东：《中小学教师队伍质量建设研究》，北京，北京师范大学出版社，2014。
② 唐青才，卢婧雯：《大学化与专业化：法国教师教育发展——从 IUFMs 到 ESPEs》，载《大学：研究版》，2017（9）。
③ 姚琳，彭泽平：《当前法国中小学教师继续教育的特点》，载《继续教育》，2004（3）。

（2）“大学本位”模式

“大学本位”模式认为，大学在发挥培养师资功能的同时，也应为在职教师提供进修课程。其中，大学一方面为教师提供脱产或半脱产的学历教育，另一方面也提供各类进修课程供教师学习。这一模式的代表，是日本于1978年创办了上越、鸣门、兵库三所教育大学，三所高校旨在研究与初、中等教育实践有关的各种科学，并给初、中等学校教员提供进修与研究机会，以提高他们的教育理论水平和教育实践能力。三所大学着重开展提高教师素质和能力的在职教育，学生中三分之二来自中小学在职教师，把日本教师教育中职前培养和职后培训统一起来。课程设置与以往教育大学也有许多不同，首先更重视实际教学中具体问题的解决，增加了实习的时间，并加大了与儿童成长、发展相关的课程量，也增加了综合课程的比重，更重视教师在对相关学科广泛了解的基础上联系教学。这种新型的养成机构对日本教师教育改革起了一定的示范作用①。

（3）“学校本位”模式

“学校本位”模式是由教师任职的学校自主制订培训规划，自主组织培训活动。有研究者认为，这一模式最早可以追溯至工业革命时期英国的“师徒制”教师培训模式②。“学校本位”模式也可以称作“校本培训”，研究者对其有两种界定方式：一种是以培训地点为依据，指完全在中小学校内进行的教师在职培训计划与活动；另一种是以培训内容为依据，只要是以促进教师专业发展、改善学校和教学实践为中心的计划与活动，无论是完全在中小学校内进行的还是中小学与其他机构合作开展的，都属于校本培训。20世纪70年代，校本培训作为教师在职培训的新概念与新策略由英、美等国首先发起，它是在对当时已有的各种教师培训模式进行批评与反思以后提出来的。由此，各国教师培训重心开始逐渐下移，重视任职学校在教师在职培训和专业发展中的作用，逐渐形成以中小学校为中心的教师在职培训模式。80年代中期，随着学校改革思潮兴起及教师专业化运动进展，校本培训受到各国普遍欢迎与关注，许多欧洲国家都引进了此培训模式。近年来，教师校本培训已在世界各国普遍盛行，成为各国尤其是发达国家教师在职培训的主流③。

（4）“合作教育”模式

这类模式指多种教师教育机构，如大学、教师中心、学校、专业团体等合作举办教师培训课程，实现教师培训的合作发展。西方主要发达国家在“学校本位”模式的基础上逐

---

① 江丽云：《日本近现代教师教育发展研究》，华中师范大学硕士论文，2004。
② 杜静：《英国教师在职教育发展研究》，西南大学博士论文，2007。
③ 于建川：《国外教师校本培训经验及其启示》，华东师范大学硕士论文，2003。

渐向“合作教育”模式转变，英、美等国逐步形成和完善“大学与学校伙伴协作”的教师专业发展模式。这类模式在英国和美国各自形成了一类典型的教师培训模式，即英国的“六阶段模式”和美国的PDS（Professional Development Schools，通常译为“教师专业发展学校”，有时也译作“教师职业发展学校”）。以“六阶段模式”为例，其主要包括：①确定需要。学校在对教师在职教育的需要进行了解和评估的基础上，将教师需要培训的内容提供给大学或地方教育部门。②谈判。以地方教育当局为桥梁，向大学或培训机构提出培训要求，并具体商议和制定培训课程。③协议。培训双方确立培训协议，并将协议交于受训教师讨论、修改，在取得教师同意的情况下，签订在职教育协议。④实施培训步骤一，也叫前期培训。时间大约两天，以大学为基地，由大学教师介绍新知识和新方法，以扩展教师的知识视野、了解学科发展动态。⑤实施培训步骤二，也叫主体培训或正式培训，以中小学为基地，进入实质性的课程培训，大中学校教师一起研究教学，钻研教学难点，选取教学方法。⑥结束。按照培训协议，教师的难题得以解决，知识和技能得以提高，对培训期间的所得进行总结和评价。这一轮教师在职教育宣告结束。

（5）“远程教育”模式

“远程教育”模式是指大学或其他教师培训机构通过函授、电视、网络等多种远程平台，为教师提供各类培训课程。在英国网络教育中，最有市场和声誉的是开放大学。开放大学成立于20世纪60年代，到20世纪70年代，英国就有40%的中小学参与了开放大学设置的课程学习。学校既开设有研究生、本科生等学位或文凭课程，也开设有短期的适应性较强的非证书课程。课程内容以“模块”的形式出现，学习者可以根据自身需要自由组合。依托网络进行远距离教育已经成为英国教师一种具有时代特色的在职教育形式。美国则从20世纪90年代初就设计和监理了“全美教师试听系统”，把全国的师资管理、培养和培训机构，以及每一所中小学都纳入这个计算机网络中，教师可在网络中根据实际需要调整进修计划，答疑咨询和实时交互。我国自20世纪80年代开展的各类旨在补偿教师学历的函授、电视大学学习，乃至1999年启动的“中小学教师继续教育工程”、2010年实施的“国培计划”等，也都以远程教育作为主要或重要的教师培训模式。

（二）国外教师培训模式变革的规律与启示

纵观国外主要发达国家教师培训模式发展历程及相应典型模式的回顾梳理，我们不难发现：首先，世界经济、政治、文化和科技发展的进步，是教师培训模式更迭升级的原动力；其次，作为各国教师教育体系的一部分，教师培训模式的更迭与体系建设中的职前教师培养、相关制度机制（如教师资格准入制度的建设完善）等有着紧密的联系；再次，教师培训模式的变革发展，本质上是教师专业化的必然要求。

1. 经济发展、科技进步、国力竞争，是教师培训模式创新发展的原动力

经济不断发展、科技不断进步，为教师教育、教师培训提供了必要的物质基础，也对其发展壮大不断提出了新的挑战和要求。“二战”后，教育人才的需要从数量升级至质量，以师范院校、“教师中心”为主体的培训机构，开始更加规范地承担起教师培养与培训的重任；而大致同一时期开始的第三次科技革命，又以电脑等技术应用为代表，加剧了国家之间的竞争，促使教师教育、教师培训开始进入“大学化”阶段，并在“远程培训”模式等方面奠定了必要的技术基础。进入21世纪以来，经济全球化趋势更为显著，互联网、人工智能、大数据等新兴技术，正在更加深刻地影响学校教育和教师工作，在更高质量、更灵活精准的技术助力下的培训模式也随之不断产生和迭代。

上述基本规律带来的启示主要包括：教师培训模式的创新变革，需要具备宽广的视野，要深入分析和把握时代发展的趋势，要深刻领会国家整体发展战略、人才培养目标及其对教师教育工作的要求，还应充分运用科技进步带来的各种有利条件。

2. 教师培训模式创新发展的趋势正在走向综合与协同

从世界范围来看，走向综合、指向高质量发展的教师教育体系建设，正在形成由政府、综合性大学、师范院校、教师发展机构和中小学校等多个主体协同参与的局面，教师的职前培养如此，职后的培训亦是如此。

走向综合与协同的教师教育体系建设，意味着教师培训模式的创新要更多借助系统论思维和生态学视角，要在复杂多元的主体协同中不迷失“一切为了教师的持续成长与发展”这个中心；要从培训的理念、目标、课程、方式、评价等多个维度共同着手发力，最大化地汲取不同主体的优势力量，同时把握好核心与侧重点，平衡各利益相关方的诉求与关切；此外，还需要借助政府政策和法律、第三方机构评估等多重力量形成有效的机制保障与外部环境，为创新提供合适土壤，并最终形成结构化的有效合力，促进教师在不断深化的教育改革背景下，在学术研究、教育实践、知行情意等多元维度上的专业化发展，产生最优化的效果。

3. 实现教师培训模式创新的核心是把握好教师专业化的发展趋势

自1966年10月5日，国际劳工组织和联合国教科文组织发布了《关于教师地位的建议》报告以来，教师作为“专门职业”的概念开始深入人心。终身学习理念的普及，教师修业年限的增加，以及各国教师资格认定等一系列制度的不断完善，加上有关教师教育、教师专业发展和教师培训的研究与实践不断深入、丰富，都从不同方面推动了教师作为一种职业、一种专业的整体发展趋势。20世纪80年代以来，教师专业化开始形成世界性的潮流。而到了21世纪，特别是人类社会进入“智能化”时代，科学技术的飞速发展，又在一定程度上挑战着教师教育工作者心中对“专业”一词的重新审视与反思，人们对于高质量的教师有了越来越丰富的认识——教师不仅是有知识、有学问的人，而且是有道德、有理想、有专业追求的人；不仅是高起点的人，而且是终身学习、不断自我更新的人；不仅是学科的专家，而且是教育的专家，具有像医生、律师一样的专业不可替代性①。这些，必然要求各国教师培训机构进行重大变革，也无疑对教师培训模式的创新发展产生着直接而深刻的影响。

教师教育变革发展的历史，既是教师不断走向专业化的过程，也是教师培训不断走向专业化的过程。要实现教师培训模式的创新，就必然要求教师教育工作者、教师培训者更加关注教师专业发展的最新实践与研究成果，正确理解、把握和运用这些相关经验与理论，科学、有效地赋能教师专业发展。要特别注重教师培训和学习的主体性、主动性、阶段性、日常性、实践性和情境性，培训的实施主体在把握和遵从教师专业化发展规律、创新培训模式和设计培训课程的过程中，也要将教师推至“学习的中央”，基于其在专业发展不同阶段的特点、特性，兼顾设计模式与内生模式，促进教师主动和愉悦地成长及发展。

二、国内教师培训模式实践与研究的变革发展

（一）国内教师培训模式变革发展的总体梳理

在前文梳理国外教师培训模式变革发展的脉络并总结其中的规律与启示的基础上，我们再将视野转回国内，来考察国内教师培训模式实践与研究的基本脉络、基础和经验。

国内有关教师培训模式的实践与研究，同样是建立在师范教育、教师教育体系逐步建设和规范化的背景之下的，类似世界范围内教师教育发展的一般趋势，我国的师范教育、教师教育也经历从初步探索、独立封闭，再到开放综合，从强调职前培养到强调终身发展的过程。有研究总结指出，中华人民共和国成立至改革开放前，其尚处于师范教育在探索中发展的时期。而自改革开放至今，中国特色教师教育便逐步形成。这近半个世纪的教师培训发展历程，为新时代教师培训模式的变革创新积累了宝贵经验，奠定了重要基础。按照相关研究分析，我们将这一历程大致分为三个阶段：一是改革开放初期至20世纪90年代末期，二是新世纪课程改革至2010年“国培计划”启动，三是“国培计划”之后的新时代。

---

① 刘微：《教师专业化：世界教师教育发展的潮流》，载《中国教育报》，2002-01-03（4）。

1．改革开放初期至 20 世纪 90 年代末期——学历补偿模式与继续教育模式为主

改革开放初期，采取多种培训形式切实帮助目前在教学上尚有困难的教师，使他们尽快地按照教学大纲的要求完成教学任务，成为全国多数地区教师培训工作的重点与提高中小学教学质量的当务之急①。1977 年，基于邓小平在科学和教育工作座谈会上的讲话、中华人民共和国教育部《关于加强中小学在职教师培训工作的意见》文件的颁布，我国师范教育的中心开始由培养教师向培训教师转移，这一阶段也确立了我国教师培训的主体和目标，即以教师进修学院为依托来培训不合格的教师，确立教师合格的标准为学历标准②。这一时期，中小学培训的重点是过好教材教法关，根据“缺什么，补什么”的原则，对中小学教师进行教材教法的培训；从培训形式来看，探索函授、广播电视（可视为远程教师培训的开端）、业余面授、脱产等多种新形式；从培训对象来看，由主要培训素质偏低的教师发展为分类引导，扩大了培训范围；从机构设置来看，中小学教师培训体系得到恢复和发展，逐渐正规化、规模化，为进一步提高师资队伍的质量，奠定了良好的基础③。

20 世纪 80 年代后，教师培训政策开始出现“效率优先”和“质量并重”的特点。伴随《中共中央关于教育体制改革的决定》《中华人民共和国义务教育法》等一系列政策文件的出台和法律法规的颁布，中小学任职教师的学历有了法律规定，教师培训得到法律支持，政策指向了实现教师胜任教育教学工作、学历全面达标和进一步提高的多重要求，以提高在职教师能力和素质为目标的岗位培训和继续教育的新的培训阶段开始到来。1990 年，全国中小学教师继续教育工作座谈会召开并下发相关文件， 明确了这一时期继续教育的具体对象、基本任务，即通过以提高政治思想素质和教育教学能力为主要目标的培训，使每个教师在现有基础上得到进一步的提高，并培训出一定数量的教育教学骨干，使其中一部分逐步成为学科带头人和教育教学专家，初步形成一支坚持社会主义方向、品德高尚、结构合理、质量合格、适应需要的教师队伍④。至 1999 年 9 月《中小学教师继续教育规定》颁布，我国中小学教师培训步入了法制轨道，正式纳入国家继续教育体系，迈向大规模实施教师继续教育的新阶段。值得注意的是，这一时期已经开始有一些研究能够从学生视角出发，探

① 师蓓：《培训教师要“雪中送炭”》，载《人民教育》，1981（1）。
② 同①。
③ 曲铁华，龚旭凌：《新中国成立 70 年中小学教师培训政策的回顾与展望》，载《河北师范大学学报：教育科学版》，2019（3）。
④ 本刊评论员：《把继续教育作为今后中小学教师培训工作的重点》，载《人民教育》，1990（12）。

讨教师素质的构成及相应培训课程构建①；也有一些研究开始关注以校为本开展教师培训②，注重对分层培训特别是骨干教师培训经验的总结③，依据教师专业发展规律改进和创新培训模式的思想初现端倪。此外，通过卫星电视、广播等技术手段等开展中小学教师培训和中小学校长在岗培训的方式也变得更为普遍和相对成熟，如当时较为兴盛和提倡的“三沟通”办学模式等④。

2. 新世纪课改至“国培”启动——走向专业化发展的能力提升

20世纪90年代中后期，就有研究者对已有教师培训模式展开反思，并提出了转型思路，如建立以学校为中心的教师培训模式，充分发挥教师培训多种功能等⑤。自1999年起，高等教育学校开始扩招，师范专业招生数不断扩大，教师教育体系也迎来了大调整，包括专科、本科、研究生阶段在内的新型完全高等教育化的三级师范教育体系开始形成。“教师教育”的概念开始在政策层面取代“师范教育”，职前培养与职后培训一体化开始出现端倪。同时，教师教育也由强调职前培养转向了关注教师终身发展，“改革、创新、转型、发展”成为主题。随着教师学历的不断提升，教师培训的目标进一步转向促进教师专业发展，提高教师教学能力。国家层面开始更加重视教师教育的质量、乡村教师队伍的整体素质和质量提升，公平而有质量的教育也成为教师培训模式创新的重要诉求⑥。国家层面也于这一时期启动面向21世纪“中小学教师继续教育工程”，提出要通过有针对性的培训，使全体教师的素质都能在原有基础上有一个明显的提高⑦。

这一时期有两大背景不容忽视：一是新一轮基础教育课程改革开启，二是互联网等信息技术开始蓬勃发展。新世纪初的课程改革，在教师培训模式的目标、内容、方式和评价等诸多维度上得到了反映，也使得教师教育工作者开始更加关注和探索以教师任职学校为单位、旨在提升教师教育教学能力（特别是落实新课程理念）的校本培训、校本研修等培训方式，大量具体的相关模式应运而生。而信息技术的蓬勃发展和迅速普及，又进一步推动了以学历培训为主向以追求专业化发展、提升教育教学能力为主的转型探索，为教师培

① 苏式冬：《义务教育教师的素质与培训课程》，载《中小学教师培训》，1989（3）。
② 黄兆有：《把中学校办成师资培训的基地》，载《中小学教师培训》，1991（9）。
③ 朱培元：《骨干教师培训是师资工作的一项战略任务》，载《中小学教师培训》，1991（12）。
④ 本刊记者：《国家教委师范司负责人就加快中学教师学历培训步伐工作答〈中小学教师培训〉杂志社记者问》，载《中小学教师培训》，1993（6）。
⑤ 刘剑虹：《我国教师培训工作的特点及其变化》，载《科技导报》，1994（12）。
⑥ 周洪宇，王会波：《70年教师教育发展历程与历史性成就》，载《中国教师报》，2019-10-02。
⑦ 同⑤。

训系统化设计与规划提供了实现的可能性。在实践层面，信息技术也开始在校本培训中使用。有研究者提出，这种结合充分发挥了校本培训的优点，也使得教师培训的时效性增强，提高和发展了教师的专业能力。研究者将这一时期概括为两个不同阶段：技术进入课堂——校本培训实践为主阶段和信息技术环境下校本研修为主阶段。在这一时期，研究表明，信息技术正在成为影响教师专业发展与成长的重要方式和手段，而校本研修模式在信息技术环境下，则是以“实践反思”“专业引领”“同伴互助”作为主要实现路径[①]。

3．党的十八大以后——走向追求精准与高质量发展的混合模式新探索

国家对中小学教师继续教育工作不断加大重视力度，教师培训模式也在不断创新和发展。2010 年，《国家中长期教育改革和发展规划纲要（2010 — 2020 年）》正式发布。文件提出完善教师培训制度、对教师实行每五年一周期的全员培训，提高教师专业水平和教学能力，通过研修培训、学术交流、项目资助等方式，培养教育教学骨干、“双师型”教师、学术带头人和校长，造就一批教学名师和学科领军人才。2011 年，《关于做好 2011 年“国培计划”实施工作的通知》颁布，明确提出了“积极创新教师培训模式方法”，要求“加强教师培训团队建设，完善培训项目首席专家制度，组建高水平专家团队，加强优质教师培训课程资源的开发整合，遴选优质中小学校设立‘国培计划’参训教师实践基地，强化教师培训实践环节”。作为一项惠及全国基础教育教师的工程，“国培计划”吸引了众多教师教育理论与实践工作者的关注和参与，教师培训领域开启了校本研修、校本培训、远程培训、网络培训、网络研修等混合式模式的构建与践行。2013 年，《教育部关于深化中小学教师培训模式改革 全面提升培训质量的指导意见》颁布，这一文件肯定了以往教师培训工作取得的明显进展，也指出了针对性不强、内容泛化、方式单一、质量监控薄弱等突出问题。为主动适应深化基础教育课程改革、全面实施素质教育的现实需求，着力解决这些突出问题，文件就深化中小学教师培训模式改革，全面提升培训质量提出了八条指导意见。随后，众多学者也从该文件中提炼出“新时期呼唤教师培训新变革”“力促培训方式的实践性转型”等核心观点[②]。党的十八大以来，我国教育事业迎来了前所未有的战略发展机遇期。2018 年 1 月，中共中央、国务院发布《关于全面深化新时代教师队伍建设改革的意见》，提出“到 2035 年，教师综合素质、专业化水平和创新能力大幅提升，培养造就数

---

① 刘赣洪，张希丽：《近三十年来我国教师培训模式变迁之知识图谱分析》，载《现代中小学教育》，2018（8）。

② 顾明远：《教师培训：从规模发展向质量提升转型》，载《中国教育报》，2013-05-15（10）。

以百万计的骨干教师、数以十万计的卓越教师、数以万计的教育家型教师”。此后，国家又出台《教师教育振兴行动计划（2018—2022年）》，明确了今后5年教师教育振兴发展的“五项任务”和“十项行动”[①]。2022年4月，中华人民共和国教育部等八部门印发了《新时代基础教育强师计划》，进一步明确提出“深化精准培训改革”的具体措施。党的二十大报告则明确提出，为建成教育强国，还需要加强师德师风建设，培养高素质教师队伍，弘扬尊师重教社会风尚。要推进教育数字化，建设全民终身学习的学习型社会、学习型大国。

同时，技术力量在教师培训模式创新中的重要性更加凸显，推动了以线下为主的教师培训走向线上、线下结合的新型模式。2013年10月，中华人民共和国教育部开启了“全国中小学教师信息技术应用能力提升工程”，该工程推出网络研修和现场实践相配合的混合式新模式，主要推广校本研修和网络研修结合培训，激发了教师在网络环境下学习的兴趣，助推教师提升了应用信息技术改进教育教学的意识和能力。2019年，《教育部关于实施全国中小学教师信息技术应用能力提升工程2.0的意见》颁布，旨在实现校长信息化领导力、教师信息化教学能力和培训团队信息化指导能力提升，全面促进信息技术与教育教学融合创新发展。此后，为推动教师主动适应信息化、人工智能等新技术变革，积极有效开展教育教学，中华人民共和国教育部又于2018年和2021年先后发布《教育部办公厅关于开展人工智能助推教师队伍建设行动试点工作的通知》和《教育部关于实施第二批人工智能助推教师队伍建设行动试点工作的通知》，这些文件又进一步促进教师培训工作者更新教师教育理念，创新开发“人工智能+教师研修”模式，促进了人工智能、大数据等技术与教师队伍建设的有效整合。

总体而言，“国培计划”启动至今，教师培训模式主要朝着精准化、高质量和混合式的方向继续深化探索。在国家的政策推进和各地的创新实践中，我国探索形成了“国培、省培、市培、县培、校培”五级培训体系，顶岗置换、送教下乡、网络研修、短期集中、专家指导、校本研修、跟岗实践、自主选学、教学研讨、听课磨课等培训模式和方法得到广泛运用，极大丰富了教师培训的选择性。这些举措为在职教师学习深造、学历提升、专业发展创造了空间、机会和条件[②]。教师培训的目标、内容、方式和评价在这一时期不断升级和转型，在建设教育强国、实现中国式教育现代化的大背景下，教师培训模式变革创新的实践与研究也从追求实效开始向追求更加精准与高质量的方向迈进。

---

① 周洪宇，王会波：《70年教师教育发展历程与历史性成就》，载《中国教师报》，2019-10-02。

② 陈飞：《教育现代化视域下基础教育教师队伍建设政策论析》，载《教师发展研究》，2022(4)。

（二）国内教师培训模式变革发展的规律与启示

综上所述，国内教师培训模式的变革发展历程，大致可以从价值、内容和方式三个维度分析。从价值维度来看，教师培训模式的创新伴随着不断务实的追求和指向阶段性问题的解决；从内容维度来看，教师培训模式创新过程中，指向问题解决的教学研究与指向长远发展的教师培训开始更加紧密地相互结合；从方式维度来看，教师培训模式开始从外部“补缺”思路逐步走向以教师为中心的“成长”思路，更加强调基于教师专业发展规律，分阶段、阶梯式、针对性地培训教师，并进一步突出教师作为培训主体的自我建构。

1. 教师培训价值追求：务实地解决阶段性的问题

纵观国内自改革开放初期至今四十余年的教师培训变革发展历程，我们可以清晰地看到，不同阶段的教师培训模式变革表现出了一以贯之的共性，即务实地解决具体现实的问题。改革开放初期，解决中小学教师师资水平偏低、与教育事业发展严重不适应的现实问题，成为教师培训的重中之重，学历补偿型的培训模式应运而生，在较短时间内完成了大面积在职教师知识层面的补救以及学历水平的达标和提升，其更为重要的意义在于，这一模式唤醒了广大一线中小学教师对知识的重视和渴望，它不仅为后续转型继续教育奠定了良好的基础，也使得尊重知识、尊重科学的观念在教育领域蔚然成风，埋下了教师专业发展甚至是教师学习模式转型的伏笔。学历基本达标后，如何持续提升教师教育教学能力的问题成为教师培训工作的新重点，培训模式的中心也由知识层面跃迁至能力层面，围绕教师终身学习提供支持服务的教师教育理念开始逐步形成，有效地支持了21世纪前后国家教育事业的进一步发展，不仅在效率、合格教师的数量和教师质量等维度上有了新的突破，也为持续性的管理、评价，多样化的培训形式、方法以及工学矛盾的解决等培训工作层面的探索积累了宝贵经验①。21世纪后，教师培训模式的变革在推动解决课改理念与课标落地、服务一线学校变革发展等重大问题方面不断探索和持续发力，助力公平而有质量的教育发展。之后的“国培计划”更是应时代之需、举国家之力，不断以中国本土的实际问题为导向调整、改进，为构建更为务实有效、公平优质的中国教师培训体系做出示范和引领，也为世界范围内尤其是处境不利地区的教师培训工作积累了有益经验。党的十八大以来的新时代，凸显中国特色的教师培训模式创新发展更加受到教师教育工作者的关注和重视，人们开始基于纵深推进基础教育改革过程中遇到的新问题、具体问题来创新教师培训模式，加大对国际范围内有效经验的吸收与借鉴，越来越多综合化程度高、协同性更强的教师培

① 刘普照：《谈如何搞好“继续教育”工作》，载《潍坊工程职业学院学报》，1998（Z1）。

训模式开始涌现并不断更新。由此可见，未来我国教师培训模式的进一步创新发展，也仍需具体地坚持问题解决的导向。

2. 教师培训内容：逐步走向“研训一体”

教师培训在短短七十余年间实现了飞速发展，建立起国家、省、市、县、校五级培训管理体系，这与教育部发布的《关于加强和改进新时代基础教育教研工作的意见》中所提出的“五级教研工作体系”是一致的。纵观教师培训模式内容层面的变革发展过程，具有中国特色的、指向教师教育教学现实问题解决的教研工作与指向教师长远专业发展的教师培训工作正在呈现一体化与融合发展的趋势，即在逐步走向“研训一体”。

改革开放初期，“学历补偿型”的教师培训，多由各地省、市级的教育学院和县级教师进修学校承担，而对基础教育教学指导和研究的任务则由属于同级教育行政部门的教学研究专家（以教研员为主体）来承担，这种培训和教学分离的状况，基本适应了学历补偿教育的需要。但当教师培训进入旨在提升教师教育教学能力的继续教育阶段，特别是在落实新世纪课程改革的新阶段时，与教学研究分离的教师培训模式便逐渐难以适应教师专业发展的实际需要。由此，“重新思考教研和培训的功能定位，改变思路与方式，将教育教学问题解决和教师专业发展目标有机结合，将教师培训内容定位由学科为中心变成以问题为中心，通过对问题解决的经历和反思，获得对自己、对专业活动的理解，发现其中的意义，实现新的专业成长”，也即“研训一体”的教师培训模式便在这一时期开始兴起，这也推动着教师培训更加强调实效，要阵地下移、按需施教、立足科研①。党的十八大以来，走向追求精准与高质量发展的教师培训模式则更加强调在信息技术环境下、在以校本培训为主的环境中，回归课堂教育教学提质增效，加强教师培训内容的实践性，同时，还需要从组织机构转型、机制创新等诸多角度，不断促进研训融合和一体化发展。而“国培计划”的研制和实施，又为以教师为中心构建一体化、综合化的教师培训提供了示范和引领，教师培训模式的创新迎来了重要发展机遇。教师培训模式的变革发展，正在从内容、管理等诸多维度逐步走向“研训一体”。

3. 教师培训的主体与方式：逐渐走向自主建构

回顾四十余年我国教师培训模式的变革发展历程能够发现，推动这种变革发展的一个重要因素在于，教师教育的研究者、政策制定者与培训实践工作者们对何谓教师专业发展规律、怎样运用这样的规律来支持教师高质量的终身学习等基本问题的认识不断深入、更新和具体。

改革开放初期，“学历补偿型”的教师培训模式，反映了人们对教师专业的认识尚且

① 曹树：《研训一体：一条教师培训改革之路》，载《中小学教师培训》，2009（10）。

停留在“知识丰富”甚至简化为以学历代替知识的阶段；继续教育培训模式下，人们开始更加关注在职教师胜任教育教学工作能力的提升，并且开始关注对不同专业发展阶段教师施以不同形式和内容的完整、体系化的培训等①；此后，通过校本培训落地课改理念的模式开始兴起，但在研究和实践层面，对何谓教师培训的主体、教师作为学习者如何实现对培训内容的理解内化与外显应用，相对仍然是粗放和模糊的。“国培计划”启动与党的十八大以来，为建设教育强国，教师培训工作更加注重标准、研究与示范、引领，“高素质、专业化、创新型”成了教师队伍建设的新目标，精准培训、高质量教师教育被提上日程。人们越来越认识到教师工作的专业性、实践性、复杂性和发展性，教师培训也越来越关注教师作为培训主体的自主建构、教师群体专业发展的进阶规律、教师受训群体（共同体）的专业发展能力（如参与、合作、对话、社会情感等）、教师的持续学习能力，以及更加充分利用大数据、人工智能等互联网新兴技术为教师画像，基于相应能力素养框架进一步为教师专业发展服务等。总体来看，从教师培训的主体与方式角度分析，教师培训模式的变革发展正在走向以教师为主体的自主建构。

第三节　新时代高质量教师培训模式创新的概念和原理

本章前两节初步梳理了教师培训模式创新的时代背景、现实需求，描画了特定时空范围内中外教师培训模式变革发展的历史轨迹。在此基础上，围绕本书主题，本节将细致分析相关核心概念的内涵、核心要素与主要特征，继而从理论框架、创新原则两个维度，探究新时代高质量教师培训模式创新的基本原理，以期为全书进一步明确研究范围、构建研究框架奠定相应的学理基础。

一、新时代高质量教师培训模式创新的概念

（一）新时代高质量教师培训模式创新的内涵

本书主要涉及“新时代”“高质量”“教师培训模式”“创新”以及“教师培训模式创新”五个核心概念。

1. 新时代

习近平总书记在党的十九大报告中指出：“经过长期努力，中国特色社会主义进入了新时代，这是我国发展新的历史方位。”这一科学论断概括说明，中国经过40余年的改革开放已经步入了全新的历史阶段，即走进了“新时代”。

① 叶水涛：《试论教师进修学校的办学模式》，载《教育论丛》，1990（2）。

新时代一般指中国特色社会主义新时代。新时代是中国进入新发展阶段、提出新的发展目标和发展战略的时代，也是中国不断深化改革开放、推动高质量发展的时代。

在教育领域，新时代是加快建设教育强国的关键时期，也是首都教育全面开启建设高质量教育体系和实现高水平教育现代化的新阶段[①]。

2. 高质量

“高质量”的意思是高品质。高质量指的是达到或超过预期标准的优秀水平。在教师培训方面，“高质量”就是教师在培训过程中的实际获得，是教师的专业发展。

3. 教师培训模式

培训模式就是基于特定的教学理论，为达到一定的培训目标而采取的一系列培训形式和策略的模式化活动结构[②]。石义堂认为，教师培训模式是在长期的教师培训实践中提炼形成的比较稳定的教师培训的理念及行为方式体系[③]。

钟祖荣对教师培训模式的定义进行了结构化，分为培训者、受训者、培训内容和培训方式等各种结构形式，基本构成要素是培训理念、培训主体、培训对象、培训内容、培训手段和组织管理。他认为，教师培训模式是在一定培训理论指导下，为了实现特定的培训目标，对受训教师、培训者、培训内容、培训方式诸要素之间形成的结构及其运作机制[④]。汤丰林认为，培训模式既不是纯粹的培训理论，又不是简单的培训经验总结，而是理论化了的培训操作样式[⑤]。教师培训升级到培训者与被培训者众筹学习的“涵养”状态。教师培训的“涵养”形态并非指一种教师培训的模式或方法，而是指以众筹为其核心特征的未来发展形态。汤丰林将教师培训的“涵养”形态界定为：以特定培训项目为平台，培训者和受训者共同参与，双方均作为培训的贡献者和推动者，从方案设计、课程设置、组织实施、成果形成、效果评价等全过程形成共研、共生、共建、共享的机制，课程与活动充分体现动态生成和自主管理，成果体现创新与原创，最终培训者和受训者都在“涵养”中得到成长与发展[⑥]。

① 肖韵竹，张永凯：《赓续奋进七十载：北京教育学院干部教师培训历史、经验与未来发展》，载《北京教育学院学报》，2023（4）。

② 王北生：《教师培训模式创新研究：基于“国培计划”的实践探索》，北京，人民教育出版社，2019。

③ 石义堂：《以需为本的教师培训模式创新刍议》，载《中小学教师培训》，2008（5）。

④ 李雪：《中小学教师培训模式变革探析》，载《科教文汇》，2008（8）。

⑤ 汤丰林：《教师培训如何突破经验的藩篱：关于教师培训理论建构的哲学省思》，载《北京教育学院学报》，2023（4）。

⑥ 汤丰林：《教师培训如何突破经验的藩篱：关于教师培训理论建构的哲学省思》，载《北京教育学院学报》，2023（4）。

具体到中小学教师培训领域，我们认为教师培训模式是根据国家政策的要求和中小学教师成长的内在规律，为了实现特定的培训目标，通过有效的组织和活动方式，基于一定的培训观念和教育理论构成的理论化了的培训操作样式，从而为培训实践提供操作思路以及方法策略。在教师培训模式中存在若干组成要素，最重要的核心要素包括培训目标、培训内容、培训方式、培训评价等。教师培训模式可以根据实际情况和需求进行选择和组合。

4. 创新

创新是一个汉语词语，亦作“刱新”，一指创立或创造新的，革新①，二指首先。出自《南史·后妃传上·宋世祖殷淑仪》：据《春秋》“仲子非鲁惠公元嫡，尚得考别宫。今贵妃盖天秩之崇班，理应创新”。

1912年，美国经济学家约瑟夫·熊彼特（J. Schumpeter）在他的德文著作《经济发展理论》中，首次提出了“创新”的概念。熊彼特认为，“创新”就是把生产要素和生产条件的新组合引入生产体系，即“建立一种新的生产函数”，其目的是获取潜在的利润。

“创新”泛指结构、体制等方面的转变、改革。王北生认为，创新是指作为活动主体的人对所从事的事物所做出的带有某种新思想的活动，它是以新思维、新发明、新描述为特征的一种创造性过程②。

在本文中，“创新”需要同“新时代”结合起来共同看待。我们认为，创新是指不断推陈出新、改进现有事物或产生新想法、新思想、新理论、新方法、新技术、新产品的过程。

5. 教师培训模式创新

教师培训是教师队伍建设的重要环节。一直以来，在教师培训过程中，形式老旧、不接地气等问题广为参训者诟病，要解决这些长期积累的弊端，创新培训模式是提高教师培训质效的主要途径之一③。因此，教师培训模式也需要从结构和体制等方面进行转变和改革，以适应当前时代的变化。

王北生认为，教师培训模式创新就是针对培训的不同目标、不同内容、不同群体，改变传统的培训模式，选择新的培训模式，以提高培训的实效性的实践过程④。

宋萑认为，教师培训模式创新应以学习者为主体实现转型，指向深度学习，通过教学方法融合、教学要素融合、教学环境营造、技术环境营造、共同体营造，使培训模式发生

---

① 资料：《汉典》，引用日期2023年4月26日。

② 王北生：《教师培训模式创新研究：基于“国培计划”的实践探索》，北京，人民教育出版社，2019。

③ 汪文华：《教师研训，做实做深也要“做新”》，载《中国教师报》，2023-03-08（13）。

④ 王北生：《教师培训模式创新研究：基于“国培计划”的实践探索》，北京，人民教育出版社，2019。

新的真正意义的变化①。汪文华认为，从实践层面对新时代培训模式进行创新，以下四种方式或许可以为教师培训模式创新提供参考：项目式培训、沉浸式培训、翻转式培训、“众筹式”培训②。

我们认为，教师培训模式创新就是以学习者为主体，针对不同的培训目标和培训对象，优化培训内容，改变培训方式，切实提高培训的实效性的实践过程。

以北京教育学院为例，随着北京教育学院培训专业化建设的深入，新的培训模式不断涌现，如名校长工作室“开放式主题合作研究”模式、骨干教师工作室“主题驱动合作研修”模式、“祥云行动”的现场学习模式、国内访学“研究性访学”模式、“反思性实践”培训模式、“导师带教”“带薪脱产”培训模式、线上与线下相结合的混合式培训模式等③。

（二）新时代高质量教师培训模式创新的核心要素

教师培训设计首先需要考虑核心要素。余新认为，培训设计就是在培训需求分析的基础上，以系统思维把培训项目的各核心元素进行整体分析、计划、安排和部署的专业化活动。这些元素包括培训对象、培训主题、培训目标、培训原则、培训课程、培训模式、培训师资、培训时间、评价方式、预期成果和经费预算等④。

高质量教师培训模式创新应该注重教师的实际需求和专业发展需要，通过制订科学、实用的培训方案和培训内容，采用灵活多样的培训方式，重视教学实践和反思，建立科学有效的评估机制，提高教师的专业素养和教育教学能力，促进教育事业的持续发展。

教师培训模式创新的核心要素可以包括以下几个方面：一是确定培训主题。首先需要明确教师培训主题。主题的确立可以为培训提供清晰的方向和焦点。二是进行理论阐释和实践分析。理论阐释可以提供教师教育教学的理论基础，使教师更好地理解和应用教育教学的理论。实践分析则可以将理论应用到实际教学中，帮助教师更好地理解和掌握教学方法和策略。三是确定培训目标。即明确教师培训的目标，例如提高教师的教学技能、学科知识水平，或者促进学校的教学改进等。四是设计培训内容。也就是根据培训目标和主题，需要设计相应的培训内容。培训内容应该包括学科教学、学生发展等方面的知识和技能。五是选择培训方式。培训方式应该根据培训内容和目标来确定，可以选择讲座、研讨会、

① 张晓，李珂：《理论与实践双向赋能 创新教师培训模式——海淀进校承办中国教育学会教师培训者联盟2020年会分论坛》，https://mp.weixin.qq.com/s/jG3C_MAgsW7Jgcjescof-g，2020-09-04。

② 汪文华：《教师研训，做实做深也要“做新”》，载《中国教师报》，2023-03-08（13）。

③ 肖韵竹，张永凯：《赓续奋进七十载：北京教育学院干部教师培训历史、经验与未来发展》，载《北京教育学院学报》，2023（4）。

④ 余新：《教师培训一体化设计的模型建构与“国培”实践》，载《中小学管理》，2021（6）。

案例分析、实践指导等多种方式进行培训。同时，也可以结合线上和线下资源，提供灵活多样的学习途径。六是制订培训评价标准。培训评价可以反馈培训的效果和质量，帮助改进和完善培训模式。评价标准应该包括教师的参与度、学习成果、教学改进等方面，并根据评价结果进行相应的调整和改进。七是围绕问题开展培训。问题可以成为培训的出发点和落脚点。通过引导教师从自身教学实践和学校改进中发现问题，运用相关理论和方法解决问题，提高教师的应变能力和解决问题的能力。这些要素相互关联、相互促进，共同构成了教师培训模式的框架。在实践中，可以根据具体的实际情况和需求进行相应的调整和完善。

1．培训目标（知识、能力、情感态度、机制）

培训目标是指培训活动的目的和预期成果。培训目标可以针对每一个培训阶段设置，也可以面向整个培训计划来设定。教师培训是建立在教师培训需求分析的基础上的，培训需求分析明确了受训人员所需提升的能力，评估的下一步就是要确立具体且可测量的培训目标。教师培训目标就是要让教师学习更有效，让学习成果得以转化①。

培训目标是教师培训课程开发的重要依据，也是检验教师培训课程有效性的终极指标。教师培训的目标取向影响着培训管理、课程设置与实施、教学方法和评价维度②。

基于多维度的教师培训目标分类标准，教师培训目标体系包括课程构建目标、教师发展目标、培训成果目标等内容。教师发展目标包括知识、能力、情感态度目标。

2．培训内容

培训内容指培训所包含的实质性意义。

余新认为，教师培训内容要素不能支离破碎地、机械性地传递和教授，而要把教师需要获得的专业知识、专业技能、专业态度、专业能力和专业行为统合连贯起来，相互渗透，相得益彰。为此，教师培训内容要基于科学研究和实践探索，从教师工作与学习中需要解决的问题出发，选择有代表性教育教学案例为内容载体，统合设计主题式、结构化、多形态的培训课程，以便更加有效地支持和促进教师学习和专业发展③。

我们认为，教师培训内容指的是为了提高教师的教育教学能力和素质，所进行的一系列教学实践活动和培训活动。这些活动包括各种形式的知识、技能、情感等方面的培训，以提高教师的教育教学水平和能力，促进教师的专业发展。

---

① 樊未晨：《一群农村中学校长正在负重突围》，载《中国青年报》，2021-02-22（5）。
② 于洋：《思想品德学科教师培训目标研究》，新疆师范大学硕士论文，2013。
③ 余新：《教师培训内容的五大核心要素》，载《北京教育学院学报》，2012（4）。

相关调查研究也发现，教师普遍关注三大知识：学科性知识（学科知识、学科教学法等）、通识性知识（教育管理、教科研方法、教育心理学、心理调节、沟通技巧、现代教育技术等）、拓展性知识（科学知识、社会文化知识、艺术领域知识等）①。

3. 培训方式

培训方式是围绕培训内容，采用的不同的、具体的教与学的组织形式、方法方式和途径。

2013 年 5 月 8 日，教育部《关于深化中小学教师培训模式改革 全面提升培训质量的指导意见》中“三、转变培训方式，提升教师参训实效”指出，“各地要针对教师学习特点，强化基于教学现场、走进真实课堂的培训环节。通过现场诊断和案例教学解决实际问题，采取跟岗培训和情境体验改进教学行为，利用行动研究和反思实践提升教育经验，确保培训实效。改革传统讲授方式，强化学员互动参与，增强培训吸引力、感染力。省级教育行政部门要大力推动置换脱产研修，将院校集中培训、优质中小学“影子教师”实践和师范生（城镇教师）顶岗实习支教相结合，为农村学校培养骨干教师。要采取多种培训方式，加大体育、音乐、美术等师资紧缺学科专兼职教师和民族地区双语教师的培训力度”。

近年来，各地对教师培训的方式进行了探索，依据培训内容选择集中培训、远程培训、网络培训、校本研训、校本研修等培训模式，采取经验参与式、案例式、探究式、体验式、任务驱动式、合作式、比较式、混合式、科研驱动式、自主发展学习等多元培训方式，以及专题讲座、同课异构、反思教学、主题研讨、案例分析、行动研究、考察调研等方式，对促进教师专业发展、提高教学效果、丰富教育理论起到了积极的促进作用。

4. 培训评价

培训评价是教师培训活动中的一个重要组成部分，评价作为一种价值判断活动，是检验培训效果的重要工具，我们可以通过培训评价找出培训活动中的问题，以便及时推进和改善培训工作的发展②。

我们认为，教师培训评价是对教师参加培训后的效果进行评估和反馈的过程。这涉及多个方面，例如培训目标的实现情况、培训内容的质量、培训方法的适宜性、参训教师的收获和培训资源的使用等。

教师培训评价通常采用多种方法，包括问卷调查、访谈法、座谈法等。通过客观、科学、系统的方法收集和分析评价数据，并对培训的优点和不足进行评估，可以为改进培训内容

---

① 闫德胜：《基于供给侧改革的“研学共振、精准培训”》，https://www.bjie.ac.cn/wxzl1/2021-07-06/27898.html，2021-06-18。
② 吴秀娟：《新教师培训评价研究——以 Y 市 H 区为例》，扬州大学硕士论文，2015。

和方式提供有价值的反馈，并帮助参训教师和培训组织者更好地实现培训目标。

教师培训评价的结果应该及时反馈给参训教师和组织者，以便他们及时了解参训教师的需求和培训方案的优劣，进一步改进和完善培训计划。同时，评价结果也可以为其他教师提供参考，帮助他们了解培训的有效性和参训教师的成长情况。

培训评价作为教师培训的重要环节，是培训工作的出发点和落脚点，也是培训工作的终极追求。加强对教师培训效果评价的研究，对完善培训模式、提升培训质量、确保培训的针对性和实效性，具有重要意义。

（三）新时代高质量教师培训模式创新的主要特征

创新培训模式是提高教师培训质量和效果的主要途径之一。新时代高质量教师培训模式创新的主要特征可以总结为系统性、科学性、合规律性、实践性、精准性、技术赋能。

1. 系统性

系统性是指培训计划和方案应该全面、有序、连贯，涵盖教师所需的各个方面。比如培训目标创新，注重培训目标维度划分创新、培训目标内核要素创新和培训目标制订方式创新。

2. 科学性

科学性则指培训内容和培训方式应该基于科学的理念和方法，如通过科学研究和实践经验总结出来的教育教学规律和教师专业发展规律等。教师培训模式创新应注重科学性，要基于对教师培训需求的调研结果，积极响应教师的成长需求，搭建有效的成长支架。首先，培训主题的提炼创新，既从理论层面分析问题，又从实践层面解决问题。其次，培训目标应该与教师专业发展规划相结合，考虑不同阶段教师的特点和需求，制订有针对性的培训计划和方案。再次，要注重培训内容的科学性。根据教师的实际需求和发展方向，结合教育教学的实际情况，设计符合教师认知和能力提升的培训课程。同时，要注重学科知识的系统性和科学性，帮助教师掌握教育教学的基础理论和实践技能。此外，要注重培训方式的科学性。根据不同的培训内容和教师需求，采用多样化的培训方式和手段，更好地激发教师的学习兴趣和参与度。最后，要注重培训评估和反馈的科学性。通过有效的评估机制和反馈机制，了解教师培训的效果和实际情况，及时调整和优化培训计划和方案，提高教师培训的质量和效果。

教师培训模式创新要注重科学性，以教师为中心，从实际需求出发，制订科学、系统的培训计划和方案，注重培训内容的系统性和科学性，采用多样化的培训方式和手段，并加强培训评估和反馈的科学性，以促进教师的专业成长和发展。

3. 合规律性

高质量的教师培训模式创新应该符合教师专业发展的规律和教育教学规律。培训内容和培训方式应该基于教师专业发展阶段理论、教育心理学理论和学习理论等，符合教师专业成长和教育教学改革的实际需求，避免培训内容和培训方式的随意性和盲目性。比如培训方式创新，既有研究类培训方式创新、实践型培训方式创新，又有任务式培训方式创新。

4. 实践性

高质量的教师培训模式创新应该具有实践性和可操作性。培训内容应该紧密结合教师的教育教学实际情况，通过案例分析、教学观摩、听评课等方式，教师能够将理论知识与实际操作相结合，提高教师的教育教学能力和专业技能。比如培训内容创新，结合各个发展阶段教师培训的实践情况，既有“理论+案例”相结合课程、“问题+策略”一体化课程，又有“必修+选修”的弹性化课程。

5. 精准性

高质量的教师培训模式创新应该具有精准性和针对性。培训内容和方式应该根据不同发展阶段教师的实际需求、发展方向、特点进行设计和安排，满足教师的个性化需求和发展目标，避免培训内容和培训方式的笼统性和单一性。

6. 技术赋能

教师培训模式创新的技术赋能表现为以下几个方面：

一是数据驱动的精准培训。通过数据分析和挖掘，了解教师的实际需求和学习过程，为教师提供精准、个性化的培训服务。例如，熟练型教师培训模式，针对熟练型教师的基本情况和培训需求做好精准化的科学调研，采用前期调研、问卷调查、教学案例分析与教师能力诊断等多种方式，对参训教师的培训需求进行多维度、多视角的分析。

二是培训内容和方式的技术创新。通过引入新的技术手段，如在线课程、虚拟现实教学、人工智能辅助教学等，不断丰富和更新培训内容，优化教学方式，使培训更加生动、形象、实用。如多种培训模式采取线下与线上相结合的混合式研修方式。

三是个性化和差异化培训的实践。培训者在设计培训方案时要注重个性化的培训支持服务，调研学员个性化专业发展需求。例如基于“问题解决自主探究”的新手型教师培训模式，充分尊重教师学习的主体性，满足个性化需求，促进教师的自主学习和自我发展；对熟练型教师进行个性化指导，设计弹性化与个性化的学习内容；成熟型教师培训模式的市级骨干高研班对学员进行个性化、拓展性的辅导，如研究方法运用、课题研究中的若干问题等；基于教育思想凝练的专家型教师培训模式，导师对每位学员进行个性化的指导，体现“一人一案”指导学员进行教育教学思想的研究、凝练、深化和表达。

四是远程和在线培训。借助现代信息技术，远程和在线培训打破了时间和空间的限制，使教师可以随时随地接受培训和学习，扩大了培训的覆盖面，增强了灵活性。如特级教师工作室的教师远程授课。

五是信息化和数字化技术的应用。借助信息化和数字化技术，可以更好地掌握教师的学习情况和需求，为教师的精准培训提供支持。

二、新时代高质量教师培训模式创新的原理

（一）新时代高质量教师培训模式理论框架

在培训模式设计方面，张妮认为，“构思—设计—实施—操作（Conceive-Design-Implement-Operate，CDIO）”是一种实现理论教育与实践教育紧密联系的行动框架，有助于学习者主动参与学习实践，可用于规范教师工作坊研修模式设计及其活动流程[①]。陈霞认为，交互式教师培训在开发模式上主要采用逆向设计，一般包括七个步骤：一是需求调研，确定培训主题；二是明确培训对象，确定培训目标；三是依据培训目标，设计评价任务；四是分解评价任务，构建内容框架；五是设计学习单元，细化学习流程；六是完善内容素材，设计交互活动；七是整理与制作资源，做好实施准备[②]。

我们认为，教师培训模式的理论框架，是在教师发展理论、教师培训理论等相关理论的支持下构建培训模式，如进行培训对象需求分析、溯源理论基础、建构培训模式、分析培训模式的应用（方案设计、实施策略、经验反思）等。构建教师培训模式可以从以下几个方面入手：

1. 分析培训对象的需求

了解教师的实际需求是构建培训模式的基础。可以通过问卷调查、访谈等方式，了解教师的教学水平、专业发展需求、职业素养等方面的信息，进而确定培训目标和培训内容。培训目标定位要能响应当前教师专业发展中最重要、最迫切的问题。

2. 溯源培训模式的理论基础

在构建培训模式时，需要有一定的先进性、又具有适切性的理论基础作为支撑。可以借鉴教育学、心理学、社会学等相关学科的理论知识以及教师发展理论、教师培训理论，分析培训模式的设计理念与路径，为培训模式的构建提供理论支持。在设计时要注重共性

---

① 张妮，李玲玲，杨琳，刘绘绘：《CDIO 框架下的教师工作坊研修模式构建与应用》，载《现代教育技术》，2022（9）。

② 陈霞：《教师培训转型的理论、内涵与实践路径》，载《上海教师》，2023（2）。

需求与差异需求并重，规模化与灵活性并重，教育观念、知识与技能并重。

3. 建构培训模式

在了解培训对象的需求和理论基础之后，可以进行培训模式的建构。可以考虑采用何种培训方式、如何组织培训内容、如何进行评估等方面的问题，建立起完整的培训模式。

通常情况下，教师培训模式有两种产生方式：第一种是理论指导的演绎法，第二种是实践经验总结的归纳法。汤丰林认为，教师培训模式应该是一种抽象化了的促进学员教育教学问题解决的过程，或是一种简化了的学员知识技能建构过程①。基于这样一个基本认知，我们可以根据人类心理的认知、情感、行动三个过程，以及教师培训应解决的专业能力、专业知识、专业理念以及学科教学、学生发展、学习改进六个方面的问题，形成一个培训领域、教师专业发展、学习过程三维的教师培训模式生成模型。参照这个模型，我们可以通过不同因素之间的组成，生成若干不同的培训模式②。对此，本书第二章第三节会进行深入论述，在此不展开介绍。

在建构了多个培训模式之后，需要根据实际情况选取最适合的培训模式。可以考虑培训对象的实际情况、培训资源的可得性、培训效果的可衡量性等方面的因素，选择最适合的培训模式。

4. 分析培训模式的应用

选取最适合的培训模式之后，需要对该模式的应用进行分析。可以考虑如何制订培训计划、如何调配培训资源、如何监控培训过程、如何评估培训效果等方面的问题，以确保培训工作有序进行，以取得预期效果。

5. 反思和改进

在培训工作完成之后，需要对培训效果进行评估和反思。可以通过问卷调查、访谈等方式，了解教师对培训工作的满意度、对培训内容的掌握情况等方面的信息，进而对培训工作进行改进和完善。另外，还可以分析教师培训的效果以及短期和中长期影响。

总之，构建教师培训模式需要从多方面入手，包括分析培训对象的需求、溯源培训模式的理论基础、构建适合的培训模式、分析该模式的应用以及反思和改进等方面。只有综合考虑这些方面，才能构建出适合教师需求的培训模式，提高教师的教育教学水平和职业素养。

---

① 汤丰林：《教师培训：理性与实践的核心关注》，北京，北京师范大学出版社，2018。
② 同①。

（二）新时代高质量教师培训模式创新原则

新时代高质量教师培训模式创新的整体原则：坚持需求导向、问题导向、任务导向、实践导向、发展导向，精准施训。坚持需求导向，针对性开展培训；坚持问题导向，发挥培训的实效作用；坚持任务导向和实践导向，促进教师主动学习；坚持发展导向，保障教师培训学习的可持续性。

1. 培训主题创新要突出精准和引领

培训主题要精准，要基于教师专业发展的不同阶段，聚焦核心问题，如当前教育热点重点难点、教师关心的教学话题、教师教育教学中面临的真实的问题等；培训主题要有“引领性”，注重引导和带领。此外，主题要具备针对性（针对主要培训需求）、实践性（解决实践操作问题）、前瞻性（是当前及今后一段时间引领基础教育发展的重要问题）、有解（有关于主题方面的理论与成功经验）与统领性（能够统领整个培训过程）①。

2. 培训目标创新要突出整合和可视

“整合”指的是协调、统一与综合。协调指的是分配资源、平衡竞争性的需求；统一指的是将各要素的培训目标统一起来，与整体培训目标一致；综合指将各要素的职能进行有机的联系，发挥更大的协同作用。“可视”的核心是目标明确、具体、可量化。遵循管理大师彼得·德鲁克《管理的实践》的 SMART 原则，即目标必须是具体的（Specific）、目标必须是可以衡量的（Measurable）、目标必须是可以达到的（Attainable）、目标必须和其他目标具有相关性（Relevant）、目标必须具有明确的截止期限（Time-bound）。

3. 培训内容创新要突出以人为本和问题导向

以教师为本、靶向聚焦，基于教师培训需求调研和需要解决的实际问题，进行问题诊断，体验联结教师的教育教学问题、联结优秀教师和教研员的经验及其原理、联结教师的经验，辅助教师完成经验的理论化过程；聚焦培训主题，围绕培训目标，坚持以任务、实践为导向，精心设计每个培训环节，有针对性地设计培训内容，进行课程实施、课程评价与追踪，真正做到“因人而异”“因材施教”。

4. 培训方式创新要突出开放和融合，体现示范引领

在培训方式的选择上，采取开放、融合的思路，重视发挥教师的主体参与意识，积极探索和创新教师培训模式，将理论课堂、实践课堂、跟岗研修、现场教学、集中研修、网

① 陈丽：《“四精”培训模式：提升教育扶贫培训的精准性》，载《中小学教师培训》，2020（9）。

络研修等多种方式有机融合，引导学员从“学中思”“学中做”“学中悟”，增强学员教学能力和反思能力，拓宽学员学科视野和教育视野，提升学员人格魅力和综合素养。

教师培训要根据教师专业不同阶段的特点来确定培训目的、要求和内容，使其具有阶段性特点①。因此，我们从实践层面，按照伯林纳（David C. Berliner）的教学专长发展阶段理论，进行新时代高质量培训模式的选择性创新。

表 1-2　基于教学专长发展阶段理论的培训模式创新

序号	培训模式	培训模式创新
1	新手型教师培训模式	基于“教学行为规范化”的新教师培训模式 基于“实践性知识建构”的新教师培训模式 基于“岗位胜任力提升”的新教师培训模式 基于“问题解决自主探究”的新教师培训模式
2	熟练型教师培训模式	“案例研究”培训模式 “协同式行动研究”培训模式
3	胜任型教师培训模式	“特级教师工作室”培训模式 名师工作室培训模式 研修工作坊培训模式
4	成熟型教师培训模式	个人发展取向的名师工作室培训模式 实践取向的课题研究模式 卓越取向的专业发展模式
5	专家型教师培训模式	基于教育思想凝练的专家型教师培训模式 基于教育创新的专家型教师发展模式 基于团队建设的专家型教师专业发展模式

基于上述基本理论框架与创新原则，本书第三章至第七章将详细分析和论述五种教师培训模式。此外，鉴于国内外教师培训模式创新日趋聚焦和支持校本研修的走向，还将围绕协同创新的校本研修模式创新做专门的分析和论述，在此不再展开详细介绍。

① 傅树京：《构建与教师专业发展阶段相适应的培训模式》，载《教育理论与实践》，2003（6）。

第二章　教师培训模式创新的模型建构

我们中国的教育，倘若忽而学日本，忽而学德国，忽而学法国、美国，那是终究是无所适从。所以新字的第一个意义要“自新”。今日新的事，到了明日未必新；明日新的事，到了后日又未必新。即如洗澡，一定要天天洗，才能天天干净。这就是日日新的道理。所以新字的第二个意义要“常新”。又我们所讲的新，不单是属于形式的方面，还要有精神上的新，这样才算是内外一致，不偏不倚。所以新字的第三个意义要“全新”。

——陶行知《新教育》

模式、理论和方法是教师培训领域经常提到的三个概念。一方面，理论更为抽象，培训模式比理论要形象，能够通过建模呈现完整的结构框架；而方法更为具体，培训模式比方法要概括，是针对主题涉及的各种要素和它们之间的相互关系的综合。另一方面，理论更为抽象，同一理论可以适用于不同发展阶段的教师培训；但是模式和方法是因培训主题、培训内容而选择的，构建与教师专业发展阶段相适应的培训模式是教师培训精准性的要求与体现。有研究者将培训模式分为四类：一是按其主客体关系，分为讲座式、参与式、指导式；二是按其培训内容的设置，分为专题性培训和主题性培训模式；三是按其培训方式，分为陈述性培训和研究性培训模式；四是按其组织形式，分为机构培训、校本培训和教师专业发展学校模式[①]。第一类、第二类、第四类，可以适用于任何阶段的教师培训，只能称其为以不同角度划分的培训方式，并不是一种培训模式。第三类陈述性培训和研究性培训，主要区别在于直接学习还是间接学习、只是做一名学习者还是兼为研究者，显然陈述性培训适用于成熟期之前的青年教师，而研究性培训更适合成熟期之后的有经验的教师，可以视为在教师专业发展阶段做了区分的培训模式。

在新时代教师培训的政策导向和教师发展实际需求之下，如何进行培训模式创新是所有培训者必须面对的新课题。本章分为三小节，第一节教师培训模式创新之需求分析，是模式创新的现实依据；第二节教师培训模式创新之理论基础，是模式创新的学理支持；通过两个方面的具体阐释，第三节教师培训模式创新之内容架构主要探讨教师培训模式生成

① 王道福，蔡其勇：《“国培计划”教师培训“知识—能力—实践—体验”模式建构》，载《课程·教材·教法》，2013（7）。

模型。生成模型力图回答教师培训模式的基本问题，同时也为教师培训模式创新提供生成路径与模型框架。

第一节　教师培训模式创新之需求分析

在经济和社会飞速发展的今天，公众对于教育的关注和期待与日俱增，对于中小学教师这一群体的行业要求也是在不断变化和更新中。同时，教育人才的培养方式也在发生着重大变化，一方面师范生培养模式进一步深化改革，另一方面许多非师范毕业生通过考取教师资格证入职中小学校走上讲台。可以说，中小学教师这一群体的成分越来越复杂，不同类别教师的专业发展途径有着明显的差异。基于以上背景，高质量教师培训模式的构建，首先就要关注不同参训学员的培训需求，制订切实可行的培训目标，保证培训方案的实效性和科学性。

一、教师培训需求的含义和特征

从心理学角度看，当人们的某一种需要没有得到满足时，它会引领人们寻找能够满足需要的目标或对象。而一旦确立了具体的目标或对象，需要就转化为了动机，动机会驱使人们产生相应的行为。具体到教师培训环节，教师培训需求的产生同样和具体的动机有着密切联系。

（一）教师培训需求的含义

教育问题是指影响教师教学任务、学生学习效果和学生健康成长的各种因素。教师培训需求同教育问题息息相关。通常，教师在教育实践中遇到了无法靠自身解决的教育问题，通过对相关教育问题产生了一定的认知，并期望通过参加培训活动的方式解决这个问题，就会产生教师培训需求。教师培训需求与教师其他需求的重要区别是，教师本人意识到某个教育问题导致的后果，必须通过参加教师培训活动来解决，那么围绕这个教育问题产生的相关需求就是教师培训需求。

（二）教师培训需求的特征

1. 教师培训需求的主观性特征

教育问题往往是客观存在的，但是源自教育问题产生的教师培训需求有很强的主观性。这是因为教育问题产生的影响能否转化为教师培训需求，主要看教师本人或是学校对教育问题本身的判定。如果教师本人或是学校认为这个教育问题没有必要通过参加教师培训来解决，而是通过其他方式能够处理教育问题造成的影响，就不会产生教师培训需求。此外，教师本人或学校对教育问题的价值取向，也会对教师培训需求产生一定的影响。综上，教师本人会产生教育环境变化、解决教育实践中遇到的问题、专业成长的自我需求等动机，动机会驱使教师本人做出相应行为。当教师本人的行为预期是通过参加教师培训来解决问题时，就会转化为教师培训需求。

2. 教师培训需求的系统性特征

我们不能片面地看待教育问题，因为教育问题本身是社会系统的一部分，与政治、经济、文化等系统相互关联和制约。同样，教师培训需求受到教师本人、所在学校、社会环境共同影响，我们应当用系统论的观点去识别教师培训需求。解决教育问题的过程，同时也是一个综合考虑各类因素对教育产生影响的过程，许多影响因素相对独立同时又相互关联。从系统性的角度思考各类因素对教师在教育实践过程中产生的影响，才能更加准确有效地认识教师面对教育问题产生的培训需求①。

3. 教师培训需求的多样性特征

教育问题毫无疑问是多样性的。教育问题经过不断发展和演化产生的教师培训需求自然也具备多样性的特征。首先，不同学科领域和年级段的教师所面临的教学问题和挑战各不相同，他们需要掌握的专业知识和技能也不尽相同。其次，不同地区的教师也会面临不同的教育环境和文化背景，他们对于教育的认知和理解也会有所不同。再次，教师自身的学历、工作经验和个人兴趣爱好等因素也会影响其培训需求。有些教师可能已经具备了一定的教学经验和技能，还需要进一步深化自己的教学理念，优化教学方法；而新任教师一般需要通过更加基础和系统的培训来帮助他们逐步成长和发展。

二、教师培训需求分析的对象、类型与维度

教师培训需求分析是培训起始阶段的重要活动，也是构建高质量教师培训模式的一个重要环节。教师培训需求分析是在把握教师培训需求特征的基础上，运用一定的方法和工具，把参训学员提出的“要求”或“需要”进行分析与整理，形成描述完整、清晰与规范的待解决任务或问题清单，从而科学有效地判断教师培训目标，为教师培训后续工作开展提供依据和支撑。在开展教师培训分析时，我们要关注教师培训需求分析的关联对象、划分类型和分析维度。

（一）教师培训需求分析的关联对象

这里需要指出，教师培训需求源自培训学员，但是并不仅仅受学员自身的影响，同时

① 郭平，熊艳：《教师专业发展概论》，成都，西南交通大学出版社，2017。

和学校、培训组织者、培训执行者、领域内专家等对象产生关联。学校管理者会从办学方向、学校教师队伍建设规划、学校面临的教育问题等方面，选派相关教师参加培训；培训组织者一般来自区域教育行政管理部门，会根据年度区域内教师培训计划组织实施培训项目；培训执行者是区域内教师培训机构的培训师，根据培训组织的要求设计实施方案，并具体执行教师培训过程；在教师培训的方案设计、培训实施、培训评估等过程中，来自教师培训相关领域内的专家会参与指导并提出参考意见。以上是各个关联对象对教师培训需求产生影响的方式。

为什么要明确教师培训需求的关联对象？因为我们不能孤立片面地看待教师培训需求产生的过程。培训学员本人是培训需求最直接的来源，也是培训需求分析最重要的对象。但是，有些时候学员本人并不能严格区分哪些教育问题能够通过培训解决。例如，某一线中小学教师因工资待遇水平未能达到预期，产生了倦怠心理，影响了日常教学质量。这一教育问题的来源是教师工资待遇政策和区域教育环境综合产生的，如果该名教师带着改善工资待遇的需求来参加培训，毫无疑问不会得到良好的培训体验。

因此，教师培训需求分析需要关联对象各方共同努力，相向而行，找准参训学员的真实需求，有针对性地设计培训方案。培训组织者应当根据区域教育环境的实际情况，规划年度培训计划，保障培训政策实施；学校管理者应当根据学校日常教学活动中的关键问题，选派渴望提升专业能力的教师参加培训；领域内专家通过对教育改革发展的研究和对教育问题的诊断，对教师培训的预期目标提出合理的建议；教师培训者通过培训前和参训学员的有效互动，对参训学员的学情进行系统的归纳分析，从而科学有效地开展教师培训需求分析。

（二）教师培训需求分析的划分类型

一般来说，教师培训需求分析的类型可以从以下三个维度来划分。从活动的组织形式上看，可以划分为计划性分析和非计划性分析；从分析主体所处位置上看，可以分为内部分析与外部分析；从分析所处的阶段上看，可以分为前测性分析与过程性分析。

1. 计划性分析与非计划性分析

所谓计划性分析，是指由教师培训团队根据参训学员具体情况，制订完整的培训需求调研方案，并严格按照方案规定的流程和内容进行的需求调研并开展需求分析。计划性分析在教师培训方案制订过程中具有主导地位，教师培训团队一般会根据分析结果作为教师培训项目实施的重要依据。计划性分析的优点在于，需求分析按照严格的流程开展，得出的分析结论一般比较全面客观；计划性分析的劣势在于，开展需求分析往往需要投入大量的时间成本、人力成本和经费成本，对开展需求分析的培训者个人专业素养要求也比较高。

非计划性分析，是指对实施分析者、分析对象、分析形式、分析内容不做严格要求，对分析结果也没有明确的预期，只是根据现有掌握的情况进行的需求分析。非计划性分析有着方式多样、简便易行的特征，可以是培训者同参训学员的一段闲聊对话，也可以是学员之间对于某个教育现象的评论感言，然后由培训需求分析者对相关资料进行加工整理，形成背后可能产生的问题逻辑链条。非计划性分析的不足是，分析主体缺乏规范的流程和科学的方法，同时能够获取的信息非常有限，有时会得出片面性的结论。

在开展教师培训需求计划性分析与非计划性分析的过程中，计划性分析一定是占据主导地位的，这直接关系到教师培训的质量问题；非计划性分析虽然有一定的随意性，却也是计划性分析的重要补充。我们应当充分重视两种分析方式的功能并将二者有机结合。

2. 内部分析与外部分析

教师培训需求的内部分析是由教育系统内部的工作人员开展的教师培训需求分析。按照具体实施人员的不同，内部分析可以分为两种：由学员所在学校或组织实施的需求分析和由教师培训机构实施的需求分析。

由学员所在学校或组织实施的培训需求分析的特点是：需求分析实施主体是教师培训政策的执行者和参与者，掌握大量的有关教育实践中产生的具体问题的相关资料和信息，对学员的具体情况和所处教育环境有着充分的了解，非常有利于培训需求分析的开展。这类需求分析的弊端也是显而易见：往往会从学员所在单位或组织的局部利益出发，解决组织当前面临的具体问题和紧迫问题，提出相应的培训需求；而对学员个人长期职业生涯发展所产生的教育问题和培训需求，学校和组织往往是放在次要问题的位置上来处理的。

教师培训机构开展培训需求分析，一般由教师培训者或培训团队来完成。与学校和组织实施的需求分析相比，其优势在于，教师培训机构的人员能够有充足的时间和经费来实施具体需求分析过程；同时，他们也具备需求分析的专业理论知识和技术方法。但是，由于教师培训者和培训团队同样隶属于培训机构等组织，也会受到部门利益的局限、培训者个人需求分析能力的局限、培训者教育视野的局限等相关影响。

所谓教师培训需求的外部分析，是由教育系统以外的工作人员实施的需求分析，同样可以分为两种类型：受培训组织者委托进行的需求分析和不受培训组织者委托进行的需求分析。

培训组织者委托第三方开展教师培训需求分析是外部分析的主要方式。这种需求分析活动中，被委托的第三方可以是研究机构、专业咨询公司、学术团体或高校专家学者。这类需求分析的优势明显：第一，需求分析比较公正客观，不受学员所在组织的影响或利益相关；第二，需求分析是委托开展，双方按照委托约定完成需求分析任务，所需时间和分析维度都可以事先商定；第三，需求分析实施主体同时也是教育政策、教育问题的研究者，对当前的教育环境有着充分的认知，有利于提升需求分析质量。当然，接受委托的第三方需求分析人员也会受到委托方在实施经费、实施条件等方面的制约。

不受培训组织者委托进行的需求分析，是教师培训相关从业者出于社会责任、工作职责、学术兴趣爱好或其他研究需要等原因，对某一类教师培训学员群体开展的潜在性需求分析。这类需求分析范围较大、时机随意，而且不必伴随着具体的教师培训项目实施过程。例如，某高校课题组开展的针对中小学教师培训效果调查研究活动、教育行政部门制订教师培训经费预算的支出明细等，相关组织便会开展不受培训组织者委托进行的教师培训需求分析。这类需求分析相对客观，分析结果公正性也能够有所保障，能够代表相关团体对于教师培训需求的基本看法和观点。同时，这类培训需求分析一般在经费上比较困难，需求分析过程中的收集和整理第一手资料也会遇到一些阻碍，从而导致需求分析结论难以得到应有的重视。

3. 前测性分析与过程性分析

在教师项目方案制订开始前进行的需求分析就是前测性分析。因为教师培训方案还没有真正地制订，项目也没有正式实施，所以这类分析带有一定的预测性和前瞻性。这类需求分析的主要任务是设定具体的培训目标和培训产出。

教师培训需求的过程性分析，是教师培训项目实施过程中开展的需求分析。这类需求分析侧重于对教师各类活动产生的影响进行分析。过程性分析是对教师培训项目的控制性行为，因为随着培训环节的推进，往往会产生一些培训者始料未及的问题，给参训学员带来新的培训需求。这时候就需要根据学员需求的变化，动态调整培训目标和培训方式，有针对性地采取相应措施，使得培训项目能够继续顺利实施。

（三）教师培训需求分析的不同维度

教师培训需求源自教育问题的产生，而教育问题本身是十分复杂多变的，受到多种因素影响。因此，我们在开展教师培训需求分析的时候，同样应当关注不同维度的教师培训需求。一般来说，教师培训需求分析可以分为社会维度、组织维度和个体维度[①]。

---

① 余新：《教师培训师专业修炼》，北京，教育科学出版社，2012。

1. 社会维度

从社会层面的维度分析教师培训需求，可以从教育问题的两个社会层面来源出发：第一，政府制定的教育政策执行情况带来的教育问题。每一项新的教育政策从制定、颁布、实施，到最终的基本执行，对象往往是中小学教师，也就是说教育政策的执行会对中小学教师提出新的要求，教育环境也会因此发生一定的变化，从而引发教育问题。第二，已经产生并且被社会公众普遍认为需要解决的教育问题。当一项教育问题产生后，在社会公众层面广泛流传并且受到高度关注，且绝大多数公众认为有必要针对该项问题，由教育相关专业人士采取一定的行动来应对。满足上述条件后，这个教育问题会上升为公众教育问题，自然会受到中小学教师的高度关注。

以上两个来源产生的教育问题，客观上会迫使中小学教师不断思考如何采取措施来解决问题。当中小学教师主观上认定需要通过参加教师培训活动来解决问题时，就会产生相应的教师培训需求。

2. 组织维度

中小学教师的组织来源可以是任职的中小学校、学科年级组、教研团队等各类组织，它们的共同点是：拥有统一的发展目标、组织特征和工作环境。以学校为例，当一所学校发生了新教师入职、教学质量检查、课程与教学改革研讨活动等组织行为时，就会对学校内的教育教学环境、教师队伍产生一定的影响。这类影响是教师培训需求分析需要重点挖掘的来源。

这里需要注意的是，如果教师所在组织的组织特征不明确、办学方向不清晰、学校管理者的领导力不能令人信服，则会对中小学教师的专业成长造成负面影响，从而增加教师培训需求分析的难度。

3. 个体维度

参训学员自身的教育背景、教龄、学科属性、个人兴趣爱好、专业素养、学习成长的价值取向等因素，共同构成了教师培训需求分析的个体维度。个体的教师培训需求表现为显性需求和隐性需求。显性需求是指个体能够清晰描述的、有迫切愿望需要改进的需求；隐性需求是指个体无法直接提出，甚至是还没有意识到存在差距和不足的需求。个体表达出显性需求一般没有什么难度，但是深层次的隐性需求很难用语言形容，有的时候个体也很难意识到。这种情况，实施培训需求分析的执行者应当选择不同类型的分析方法，兼顾教师培训显性需求和隐性需求。同时，学员表面提出的困惑和问题未必是真实的、合理的、恰当的培训需求；培训者应当通过分析和对比，确定能够通过培训活动解决的真实问题，作为教师培训的具体目标和预期产出。

三、教师培训需求对于构建教师培训模式的意义

教师培训模式是一个完整的培训活动过程，这一过程的起点是具备科学性、可操作性的培训目标，而培训目标的产生同学员需求息息相关。围绕培训目标的产生，培训需求将会贯穿整个培训活动的始终，这对于教师培训模式的构建具有重要意义。

（一）教师培训需求是培训模式构建的首要考虑因素

某种意义上来说，能够在一定程度上满足教师培训需求的培训模式，才有其存在的价值；如果不能满足学员的培训需求，相关的培训模式在构建阶段就直接偏离了预期航道，这样的培训模式下培训质量自然无从谈起。高质量教师培训模式的一个重要特征就是有着明确、清晰、可操作的培训目标，而确立培训目标同参训教师的培训需求息息相关。同时，教师培训需求也是合理配置师资、课程等培训资源的重要参考依据。

同时，教师培训需求同教师职业生涯成长的阶段性差异息息相关。每一名教师在取得教师资格证书并正式入职走上教师岗位后，将会经历一个漫长的职业生涯发展过程。学者钟祖荣（2016）通过一项调查研究指出：教师的专业成长过程有着阶段性特征，教师个体的专业知识和教学水平是划分成长阶段的重要依据；处于不同职业生涯发展阶段的教师，对于教育实践中遇到的困惑和问题有着显著差异[①]。因此，构建高质量教师培训模式，需要培训者非常关注教师职业生涯成长阶段性特征带来的培训需求差异，有针对性地设计适合学员专业成长阶段的培训目标。本章第二节将详细探讨不同职业生涯阶段教师的发展特征和培养策略。

（二）教师培训需求是联通培训者和参训学员的重要渠道

从培训者角度看，了解教师培训需求可以帮助培训者更好地了解参训学员的背景、需求和期望，有针对性地制订符合学员需求的培训计划，并且在课程内容和教学方式等方面考虑到学员的专业发展阶段特点，从而提升学员参与培训的积极性和参与度。从参训学员角度看，合理表达自身参训需要，有助于培训者更好地调整和改进培训计划和内容，并根据学员的反应做出相应的调整，满足不同学员的学习风格和习惯，兼顾学员的时间和经济成本等因素。学员在参加培训过程中也会感受到更多的归属感和获得感[②]。

---

① 钟祖荣：《校长教师专业发展与培训研究》，北京，高等教育出版社，2016。
② 赵德成，梁永正：《教师培训需求分析》，北京，北京师范大学出版社，2012。

（三）教师培训需求是教师培训执行过程的风向标

教师培训是在既定的教师培训模式下，按照设计好的教师培训方案执行各项培训活动的过程。在培训过程中往往会呈现出不同走向，一般分为继续执行、调整执行、终止执行三种类型。特别是一些持续数月或数年的长时期教师培训项目，在培训过程中学员的参训需求会根据教育政策调整、教育教学环境变化、自身的成长等因素发生一定的变化，这种情况就需要培训者根据学员参训需求和培训实际情况做出判断，继续执行、调整执行或终止执行教师培训项目。

（四）教师培训需求是培训效果评估的重要参考依据

一项教师培训项目结束后，是否达到了预期目标？产生了哪些预期效果？有没有产生非预期的额外培训效果？这些问题都需要对教师培训进行效果评估后，通过一系列的检测和评价进行回答。教师培训效果评估要综合考虑培训的完整过程，其中一个重要环节就是对标培训产出和一开始的培训需求是否匹配。通过对培训需求和培训产出的匹配分析，判断培训项目是否科学合理地完成了既定的培训目标任务。

四、新时代教师培训需求与高质量教师培训模式构建

教师培训需求分析是一个回答“什么教育问题需要通过本次培训来解决”的过程；教师培训模式则是一个通过培训来应对实践中的困惑，解决相应的教育问题的过程。因此，教师培训需求对于构建教师培训模式的重要意义不言而喻。然而，当前我国现有的各类教师培训模式，在培训需求确定的过程中仍然存在一定的问题和缺陷。学者申军红（2018）归纳分析指出：在我国教师培训实践领域，教师培训需求分析存在过于主观、不够全面、比较随意等不足之处，对于培训目标的确定、培训内容和形式的选择产生了不利影响①。

由此可见，高质量教师培训模式的构建，势必要克服教师培训需求分析存在的不足和缺陷，精准、高效、合理地定位参训学员的培训需求。为此，我们可以在以下四个方面寻求教师培训需求的创新点。

（一）进一步提升对教师培训需求重要性的认识

推进高质量教师培训模式的构建，必须在思想上重视学员的参训需求。首先，教师培训管理部门、教师培训执行机构、培训者、学员本人多方应当充分认识到，培训需求调研不是可有可无的“走过场”环节，而是一个必不可少的重要步骤，要从思想和态度上重视

① 申军红等：《中小学新任教师培训指南》，北京，教育科学出版社，2018。

培训需求分析对于修订完善教师培训方案的重要性。其次，必须正视教育实践中的各类问题，切忌有讳疾忌医的消极思想。本着发现困惑、解决问题、提高培训针对性的态度，坚持全面、客观、系统地开展需求调研，以最大限度发挥调研工作的建设性作用。

培训各方关联对象要充分认识到培训需求调研、培训需求分析对于后续培训整体工作的重要性，才能保障教师培训活动有一个良好的开端。

（二）实地走访参训学员工作场所开展需求调研

当前，国内的教师培训者通常采用问卷法和访谈法，基于自身的经验和想法来衡量学员的需求，对于学员日常工作状态和工作情境了解不多，这样操作容易得出过于主观、片面的需求分析结论。高质量教师培训模式强调实地走访，深入学员的日常工作场所，调查学员所在年级组、教研组、学科组的基本情况，学员的授课风格，与学生以及家长的沟通习惯，从而将一个个片段组合起来，构成一线教师日常工作情境。学员的培训需求和工作情境有着千丝万缕的联系。围绕工作情境开展培训需求调研的关键在于，掌握学员处于日常工作情境中知识、技能和态度等教育教学方面的状况，对比分析学员本人的实然状态和教育教学岗位的应然状态，找出二者之间的差距。

将实地走访调查结果同问卷、访谈调查结果相结合，有助于培训者更加全面地了解学员的专业成长状态，避免主观、片面地得出学员需求分析结论。

（三）关注教师个体专业发展需求差异

教师个体专业发展需求差异体现在多个方面，主要差异有年龄、性别、发展阶段、学科等因素。从这个角度来说，教师培训需求分析应该走向精细化、定制化，即培训者在设计培训方案时要注重个性化的培训支持服务，根据学员个体的岗位特征和职业需求，通过实地调研、个人访谈、教育叙事自述等方式，为每一位参训学员制作一幅专业发展“自画像”，让其充分了解自己的优势和劣势，深挖自身存在的困惑和问题。同时，还可以横向对比同期学员、纵向对比往期学员之间的专业发展需求，进行交叉对比分析。这样操作既是对每一位学员个体的尊重，也是最大限度提升教师培训模式针对性的有效手段。

在个性化调研学员专业发展需求的过程中，培训者要积极引领学员参与培训活动的积极性，通过明确的发展方向暗示，促进学员主动思考、有效学习，进而将外在要求转化为个体的内在需求。

（四）制度化确定教师培训需求调研在培训模式构建中的地位

教师培训模式构建分为很多个环节。除了认识层面和操作层面重视培训需求调研这一环节外，还应当通过制度化硬性约束培训需求调研的具体流程。教师培训需求调研的制度化主要包含三方面内容：第一，实现教师培训需求调研程序化。通过制度要求，每一项教师培训项目开展，都必须先进行培训需求调研，然后再制订培训方案，把培训需求调研纳入培训模式构建的起始环节。第二，明确教师培训需求各个关联对象职责。制度化规定学员本人、学校管理者、培训组织者、培训执行者、领域内专家等从各自工作角度，发挥自身优势和特长，共同合作完成培训需求调研的各个步骤。第三，重视培训需求调研结论信息的反馈。培训需求调研本身是一个复杂的流程，最后得出的调研信息和结论，一定要充分地消化、吸收、评估后才能转化为制订培训方案的依据。同时，调研结论也应当作为后续培训方案修订、培训效果评估的支撑参考材料。

总而言之，教师培训需求是一项牵涉面广、操作复杂、意义重大的系统程序，对于高质量教师培训模式构建来说是基础环节，需要各方关联对象高度重视，共同加强和推进科学有效的教师培训需求分析方式，在教育实践中不断探索和追求。

第二节　教师培训模式创新之理论基础

要想对教师培训模式有所创新，需要先对一些基础问题研究清楚。在教师分层方面，中小学教师的职业生涯一般会经历哪些阶段？每个阶段有着怎样的专业发展特征？适合怎样的培育方式？在培训对象方面，跟职前教育相比，继续教育中的学习者具有哪些特点？适合怎样的学习方式？在培训方式方面，传统与现代培训方式有着怎样的不同？为何现在更加推崇建构主义的教师教育方式？本节内容主要是对以上问题做出回答。

一、教师生涯发展理论：开展教师分层培训的基础

专业发展是对与情境变量相关的特定问题的集体解决。教师专业发展是教师在专业理念、专业知识和专业能力等方面持续研修与提升的过程，处于不同职业生涯阶段的教师专业理念、知识和能力现状各不相同，其发展需求与适合的培养方式也就有所差异，于是教师生涯发展研究应运而生。教师生涯发展研究主要研究教师职业生涯的阶段划分以及不同阶段教师在各个方面表现出的特征，这些构成了教师发展和培训的重要理论基础。国内外相关研究比较有代表性的有福勒（Frances.Fuller）的四个关注阶段理论、利思伍德（Kenneth A.Leithwood）的思维方式五阶段理论、伯林纳（David C.Berliner）的教学专长五阶段理论、休伯曼（A.Michael Huberman）的七阶段理论、费斯勒（Ralph Fessler）的八阶段生涯理论、钟祖荣与李晶的四阶段素质水平理论、叶澜等人的五阶段自我更新理论等。综合以上研究，本书将教师发展阶段划分为新手型、熟练型、胜任型、成熟型、专家型五个阶段，下文主要探讨每个阶段教师发展特征和成长策略。

（一）新手型教师发展特征及其成长策略

新任教师的“入职期”（一般是 1 ～ 3 年）是其个人职业生涯的求生存阶段，此阶段教师发展的困境包括教师角色和心理适应、课堂教学设计与实施、班级管理、家校沟通、人际交往、融入学校文化环境，其中，专业理念与教育实践冲突、角色与知识转换困难是最常见的。此阶段专业发展特征包括：对学校和学生的认识较为理想，教学处于体验和模仿阶段，需要加强反思和内化；备课缺少对学情的关注，上课循规蹈矩，缺少一定的灵活性，专业知识技能发展能力亟待提高；新手型教师面临多重角色和多种人际关系的处理，往往难以兼顾，容易出现角色失衡或错位，需要他们逐渐练就较强的自我调控能力和随时进行角色转换的能力。

信奉不同的学习理论，就会重视新教师培训的不同主题，所选取的培训方式也会有所不同。依据认知学习理论，新教师培训的主题可定为职前培养与职后培训的有效衔接、新教师实践性知识建构等。提升新教师的岗位胜任力既需要在新环境下进行教学行为的练习与强化，也需要关注新教师内部心理结构的改变与形成，在教学实践中新教师个体的实际操练与师父的跟进式指导相结合变得尤为重要。依据认知—行为主义学习理论，新教师培训的主题可定为提升新教师的岗位胜任力这样的综合性内容。从学生身份转变为教师身份的新教师，是开启职业生涯后个体对于工作环境的适应与融入，也是自我在不同人生阶段的追求和发展。依据人本主义学习理论，新教师培训的主题可定为以问题解决为导向的自主探究。

在学校和区域培训机构的培训中，新教师可以通过以下几个方面来促进自我成长：

（1）苦练基本功。写一手好板书、练一副好口才，这是最基本的技能；研究、处理和驾驭教材，组织教学，灵活应变，管理班级，交流和沟通等能力则是需要长期进行学习和提升的。

（2）尽快融入团队，建立良好的同事关系和师徒关系。多参与，多观察，多思考，通过同事的帮助和师父指导，新手型教师可以更快地适应学校环境和多重角色。

（3）利用好培训和教研提供的反馈信息，做好反思和改进。在日常教学间隙、教研活动和培训活动中，同学科组、年级组教师开诚布公地对其教学环节和效果提出反馈意见，帮助他们发现自己的问题，并及时纠正和改进。新手型教师也需要谦虚好问，多向老教师请教。

（4）接受外部的鼓励和支持。入职初期教师所受的冲击程度受到下列环境影响：行政管理者、同事、任务要求和资源。积极的、支持性的组织环境比不信任的或孤立的氛围更有利于新教师度过调整期[①]。学校应给予新手型教师更多的展示机会，让他们感受到被重视和被支持。同时，也要主动向新手型教师提供有关教育理论和教学技巧等方面的指导和建议。

总的来说，新手型教师的发展不仅仅受学习方式和学校支持的影响，个体因素也是十分重要的。提高新手型教师的自我效能感，加强对他们的支持和指导，将是他们顺利度过生存阶段的重要保障。

（二）熟练型教师发展特征及其成长策略

熟练型教师能够有序地安排教学过程和教学活动，教学能力已经得到大多数人的认可，对学生比较了解，对学科知识结构有比较清晰的认知，但缺乏对学科思想方法和学生差异的深度把握。该阶段的发展任务主要是：学会分析教材内容，并逐渐把握学科知识体系；从初步了解学生，到逐渐系统深入了解学生特点；从初步掌握科学的教育方法和有效的教学技能，到逐渐熟练；平稳度过职业情感波动期。

对于熟练型教师而言，非常重要的是需要不断地深化其对学科思想方法的理解，了解学生差异，为教学设计提供更具有科学性和有效性的教育方法和技能。首先，教师应该养成习惯，上完每一堂课都要对满意与不足之处进行及时总结，总结自己的教育经验和教育理念，逐渐形成自己的教育风格。其次，教师应该更加注重对学生个性化差异的认知和理解，通过日常对话、课前课后访谈、家长走访、专题阅读等多种方法增进对当代青少年儿童认知、社会情感能力等发展现状的感性认识和理性思考，多元化的教学方法和策略，满足学生的不同需求，提高教学效果，促进学生个性化和全面发展。最后，教师要学会抓住职业生涯中的“关键事件和人物”。拜师、参与赛课、征文比赛、课题研究、参加某次培训项目等经常被很多名师列为成长的关键事件。目前来看，熟练型教师的培训一般是在学校或区域教研层面完成的，针对此阶段教师进行专门培训的项目还比较少，他们很可能就成了教师群体中默默无闻的大多数。教师培训模式的创新也包括培训对象发展全阶段，市区两级培训应该关注熟练型教师的培训，可以依据熟练型教师应具备的专业理念、专业知识、科研能力和实践检验设置教学观念模块、学科教学理论模块、案例研究能力模块、案例研究设计与实践模块。

（三）胜任型教师发展特征及其成长策略

胜任型教师能在学校担任起重要教学任务，具备了较为扎实的学科知识和较为高超的

---

① Ralph Fessler，Judith C.Christensen：《教师职业生涯周期：教师专业发展指导》（董丽敏，高耀明等译），北京，中国轻工业出版社，2005。

教学能力，专业自信、工作能力都达到较高水平，获得过一些级别的教育教学或科研论文奖项，在学校层面具有一定的专业影响力。教师开始从“我教了些什么”向“学生学习了什么”转变。他们懂得如何营造课堂氛围，能够有针对性地运用专业策略引导学生学习，根据学生的反应及时调整教学进程；他们能够敏锐捕捉课堂细节，洞悉学生的深层心理需要，透过学生的一举一动发现其背后的动机与倾向，对学生学习兴趣点把握、认知方式理解更到位；他们熟知学生在学习中易犯的错误，能对学生建构与内化过程给出恰切的表现性评价。此阶段，他们的动力主要源于生活品质的提升，专业职责的深度理解，良好竞争规则的激励，更高的成就感以及自我实现需要①。但是，此时期的教师也容易陷入某种固化的教学模式或班级管理模式中而缺少创新的意识和能力，也有可能由于个人原因或学校管理环境问题过早产生职业倦怠现象。

经验有时候会成为一把双刃剑。经验对处于不同专业发展阶段的教师具有不同的价值。新手型教师有赖于经验的逐渐积累度过生存期，熟练型教师在经验的日益丰富中形成实践性知识而确立其专业地位，专家型教师的练成则离不开经验对理论和实践的融通。但是，经验会支配教师的日常教学行为，逐渐形成固化的思维方式和程序化的教学行为，让教师的日常教学与班级管理形成路径依赖；经验也会使得教师容易迷恋技术，不喜欢理论阐释，只喜欢模仿应用；经验最容易让教师止步不前，依靠多年经验而非新的创造来完成日常工作。库伯的“学习圈”理论较好地解释了成人如何将自身经验通过反思观察和抽象概念化转化为新的实践行动，这在后文第五章“胜任型教师培训模式创新”有较为详细的论述，此处不再赘述。

突破经验的桎梏，走出高原期，获得成就感是此阶段教师需要重点解决的问题。我们可以在以下几个方面采取措施：

（1）重新锚定职业目标和制订职业发展规划。根据现有发展情况适当调高或调低职业目标，向新的目标发起冲刺，为此，可以寻找新的学习机会，与新的课程和教学改革保持同步，同时注意形成自己的教学或带班风格。

（2）加强反思与专业写作。突破经验，为其寻找理论解释，或者尝试使用新的教学策略，进行行动研究，并将思考与研究过程诉诸笔端，必能深化教师的专业素养，助他们尽早走出经验的桎梏，走出高原期，走上专家型教师的车道。

（3）深化与专业共同体其他成员的互动，彼此借力，共同发展。互动的形式可以有很多种，可以是师徒结对，从年轻人那里获得新的技能和理念；可以是加入课题组，从专家

① 王帅：《教师专业发展：标准、内容与向度》，北京，科学出版社，2018。

和同伴那里获得理论提升的机会，为自己的未来发展确定新的方向；可以是加入专业组织或赛事，参与专业会议与研讨，让自己的思想能在更广范围传播，也能在广泛的思想碰撞中逐步升华自己的思考。

（四）成熟型教师发展特征及其成长策略

有一部分教师能跨过"高原期"，跃升到"第二周期"从而进入成熟型。这一阶段的教师往往具有以下特点：

（1）具有较强的个体能动性。属于自控型教师，学习动力来源于教师自身专业兴趣、强烈的育人使命感或成就动机等。

（2）教学上已经独具风格，具有一定的创新意识和研究能力，能对其教育教学经验进行一定的阐释，并进行公开发表。

（3）学习能力强，喜欢反思，善于在各种教研或培训中学习新理论、新理念、新经验，并能够自如地整合到已有知识架构内，不断丰富自己的知识系统。

（4）能够感受到教师职业本身带来的自我价值实现，这类教师在一定范围内对同行、家长和学生都有较强的影响力，同时也能获得更多的发展机会和更广阔的发展平台。

这里需要探讨的一个主要问题是，此阶段如何克服一般教师职业发展所经历的适应、迅速成长、成长减缓、高原期、下降等自然轨迹，有意识地采取一些措施来克服职业发展第一周期抛物线的不自觉下滑。首先，要不断地寻求新的生长点——实施"第二曲线"战略。在人工智能社会不断发展变化的今天，一名教师所储备的教育教学经验的有效周期会越来越短；与此同时，社会对学校人才培养规格、培养质量的要求却越来越高。教师要适时转入"第二曲线"，不断地使用可持续发展的战略，形成一个个周期链[①]。其次，教师要成为自己职业发展的主人，主动规划自己的职业生涯发展新路径。应该时刻关注教育发展新政策和新动向，逐步明晰发展新方向，切忌总是在自己的舒适圈原地踏步。最后，成熟型教师要深化自己的反思能力，主要通过诸如写日志（journal keeping)、传记（biography）、构思（picturing)、文献分析（document analysis）等方式单独进行反思，或通过故事（story telling)、信件交流（letter writing)、教师晤谈（teacher interviews)、参与观察（participant observation）等方式与人合作进行反思[②]，这种反思带来更多主动探究的成分，算是一种探究性的反思。

① 罗双平：《青年职业生涯规划的基本步骤》，载《中国青年研究》，2003（8）。
② 刘晓峰：《中小学教师专业发展培训模式研究与实践》，上海，上海师范大学硕士学位论文，2007。

（五）专家型教师发展特征及其成长策略

专家型教师一般指特级教师、正高级教师。此阶段教师主要有以下五个方面的特质：

（1）动机。有对取得教育成果持续渴望、付诸行动的强烈动机。

（2）特质。思维敏锐，能对情境或信息做出持续反应并做出决断。

（3）自我概念。具有积极的态度、价值观及良好的自我印象。

（4）学习能力。具有专业知识的敏感性和吸收与转化能力。

（5）技巧。具有分析性思考和概念性思考的能力[①]。对此阶段教师的培训重点应为教师的研究能力提升。专家知能理论告诉我们，实践知识的理论化和理论知识的实践化是专家知识发展中同一问题的两个方面，两者对专家知能的获得至关重要。课题研究是帮助专家教师实现理论与实践双向转化的重要途径，他们善于发现迫切需要解决的教育问题，并将这些问题课题化，通过行动研究将课题成果化，逐步形成自己扎实的教科研能力和教学思想，自成一家。如李吉林老师的“小学语文情境教学法”、邱学华老师的“尝试教学法”、孙双金老师的“情智教学”、窦桂梅老师的“主题教学法”等[②]。此阶段教师的主要培训方式应为基于课题研究的成果驱动模式，很多地方是以名师工作室的方式开展的，更多地借用了研究生培养模式，会经历选题、文献综述、开题报告、开展行动研究、进行阶段性汇报以及结题答辩等过程。

二、成人学习理论：重新认识培训对象的成人特质和学习特点

由于教师培训的对象是已经具备一定的生活阅历和工作经验的成人，因而有关成人学习理论也构成了教师培训模式创新的理论基础。成人学习理论旨在阐述清楚成人学习的现象，揭示成人学习的规律，并改进成人的学习。成人学习理论发展至今出现了许多流派，其中包括转化学习理论、自我导向学习理论、熟练理论以及情境学习理论等。这些理论对于教师学习途径、动力和环境等方面的研究带来了深刻启示，教师学习以转化学习理论为指导，为发展教师伦理提供新的途径；教师学习以自我导向学习理论为指导，提升教师专业知识，为教师教育提供内生动力；教师学习以熟练理论为指导提升教师专业能力，并以此为教师教育提供外部动力；教师学习以情境学习理论为指导，丰富教师实践经验，创设

① 中小学教师专业发展标准及指导课题组：《中小学教师专业发展标准及指导·社会科》，北京，北京师范大学出版社，2012。

② 程振响：《教师职业生涯规划与发展设计》，南京，南京师范大学出版社，2006。

多元教师教育环境[①]。受篇幅所限，下文主要分析了转化学习理论和自我导向学习带给教师培训创新的启示。

转化学习理论对于教师专业发展过程中的专业认知的提升、批判性反思的发生、专业情感的增强、专业理论用于实践的推动有着极高的应用价值[②]。首先，成人实现转化性学习需要经历这样一个过程：首先是遭遇迷惘困境，意识到因自身不足而无法解决当下的困难，于是便开始进行批判性反思，重新审视自己的已有观念和判断标准，希望寻找到新的方法和路径来摆脱困境；然后通过与他人进行反思性对话，与处于同样困境中的他人分享经验和交流，获得新认识；最后带着反思后的认识在实践中开展行动[③]。这向我们明晰了教师日常基于实践问题解决所经历的过程，我们的培训可以让这一过程更加外显，并辅助这一过程更加顺利地完成。其次，“批判性反思”是转化学习的核心要素，对成人真实的人生经验的关注是实现转化学习的首要任务与前提。经验是转化学习理论的一个主题，转化学习就是要对已有经验进行情景再现与反思，概念化与叙事化是教育经验的两种重要表达方式[④]。不过，应该对教师经验与教师实践性知识进行区分。后者来源于经验但高于经验，抽象层次更高，具有一定的概括性。经验中蕴含了实践性知识，实践性知识来自经验，但经验不来自实践性知识。经验比较具象，而实践性知识相对比较抽象。经验是一种经历，实践性知识是一种信念，虽然通过行动来体现。在教师培训中，如何将教师的实践性知识加以提炼，如何超越经验加以表达、分享和理论性总结，概念化的经验更容易上升为可外显、可分享的实践性知识，都是实践性知识相关研究可以给我们带来的启发。陈向明教授认为，教师实践性知识包括主体、问题情境、行动中反思和信念四个重要的构成要素，它在具体的问题解决过程中体现出来，具有价值导向性、情境依赖性、背景丰富性等特性。实践性知识作为一种信念，它包含了“经验”和“能力”，并且需要“主体”“对象”和“情境”的相互支撑和融贯才能共同发挥作用[⑤]。因此，双环学习变得特别重要，当我们遇到以往经验不再奏效需要反思时不能仅仅只是对“行动策略”进行反思，而是要回环到自己的“主导价值观”，即“信念”，从信念到行动的整体变化才会更加完整和持久。最后，由于成人固有的价值观和信念很难通过自身去轻易转化，就需要外在的帮助来支持成人进行转化

① 田璐：《成人学习理论下教师教育与教师专业发展再思考》，载《继续教育研究》，2022（1）。

② 崔铭香，蓝俊晴：《论成人学习理论视域下的教师专业发展》，载《职教论坛》，2018（2）。

③ 唐义丹，罗佳：《研修共同体中英语教师转化性学习过程的个案研究》，载《中小学外语教学（中学篇）》，2022（3）。

④ 吴刚平：《教育经验的意义及其表达与分享》，载《全球教育展望》，2004（8）。

⑤ 陈向明：《对教师实践性知识构成要素的探讨》，载《教育研究》，2009（10）。

学习，也就是与他人进行互动或获得来自他人的支持。其中条件有三个：第一，关系密切的人；第二，轻松和谐的理性对话；第三，较长期的鼓励与反馈[①]。这也解释了很多教师成长过程中都离不开像师父、校长、专家这些“重要他人”的长期互动与影响。

诺尔斯根据成人学习特点提出了自我指导式学习模式，又称契约式学习，以学习契约为载体，允许受训者自己选择学习的主题或技能。学习契约是受训者和培训者就问题解决、任务完成和行为改善等所达成的书面协定，确定了培训目标、实现方法和策略（行动计划）、学习活动时间、完成活动证据以及确认这些证据的标准度[②]。现在很多面向成人的网络课程就是基于这样的模式设计的。后来，格罗姆提出了阶段自我导向学习（Staged Self-Directed Learning，简称 SSDL）模式，即根据自我学习倾向程度将学习者分为依赖型、兴趣型、参与型及自我导向型。教师培训者可以据此将培训对象做以上类型的划分，采取不同的引导策略甚至是不同的培训方式、培训要求，但是，教师教育的最终目标还是培养教师的自我导向学习能力，让教师成为自己专业发展的主人，主动规划自己的职业生涯。

三、建构主义教师学习理论：创新教师培训过程的依据

无论现实中教师培训模式名称上有多么五花八门，本质上都可以归为两大类：一类是概念转变式培训，另一类则是互动体验式培训。前者认为，教师发展依赖于其概念的转变，培训的关键在于清晰地呈现符合新教育理念的核心知识，并使教师同化这些核心知识，或将其顺应到自己原有的知识结构中去。由于将教师培训视作“打包”知识的传授，各种专题的专家讲座构成了培训的主要方式，教师没有机会通过情境创设、小组研讨等进行意义建构和自我诠释，尽管许多知识被教师“输入”或“记住”，但仍然难以在实际教育教学中迁移和应用，形成怀特海所说的“呆滞的思想”。而后一类模式则认为，教师培训中必须确保教师获取足够的经历和体验，通过创设一个真实的任务情境，使教师沉浸其中，通过小组研讨、任务完成、技能训练等多种参与式培训方式获得知识和技能的提升。这两种不同取向的培训模式实质上是基于不同的哲学基础，概念转变式教师培训信奉的是以实证主义为基础的客观主义哲学，而互动体验式教师培训信奉的是以解释学、后现代主义为基础的主观主义哲学。两种哲学在主体观和知识观上大相径庭，客观主义教师教育范式倾向于将教师视为普遍性的教育理论知识的被动接受者，而主观主义教师教育范式则倾向于将教师视为个人实践知识的主动建构者。我们应该在建构主义框架内重新思考教师的专业发

---

① 唐莉蓉：《美国成人转化学习理论发展研究》，西南大学硕士学位论文，2015。
② 高庆华：《契约式学习与行为层评估》，载《中国培训》，2016（11）。

展，从客观—理性主义、行为主义转向建构主义。

建构主义学习理论否定了知识的客观性、真理性，将个体知识视为主体自我生成的产物，而不是被动接受或吸收的结果，因而学习也就成了学习者在一定的情境即社会文化背景下，利用各种学习资源，借助社会协商，实现意义建构的过程，这也是一个学习主体立足于已有经验并对经验进行重新组织和重新解释的过程。建构主义学习论要求学习者通过主动的探究、反思和交往等来实现知识的自我建构，这种学习具有自主性、合作性、情境性、累积性等特征①。建构主义学习理论在发展的过程中又衍生出许多学习理论，它们在尊重建构主义学习理论基本原则的基础上又对一些专门问题进行了阐发，构成了建构主义学习理论群，如经验学习理论、合作学习理论、情境学习理论、问题本位学习理论等。

建构主义不单单用来解释学生学习的过程，同样也适用于教师培训这样的成人学习领域。利伯曼指出，传统的教师教育方法存在着致命的弱点：要求学生从事体验、探究、创造和解决知识问题，进行合作，但是教师自己作为学生的时候，却完全被剥夺这种学习的机会。现在的教师培训和师范生的教育，还在固守着一种“传授范式”的培养模式，这将导致培养出来的教师无法适应建构主义的教学模式，师范生们会习以为常地把“教学就是知识的传递，学习就是知识的记忆”理解为总的标准。所以，如果未来教师们将要从事的是建构主义的教学，今天的教师教育的教学必须与他们未来的教学具有同构性，也必须是以建构主义为指导的②。因此，建构主义教学设计模式具有一些共同特点，对我们设计新型教师培训模式也同样有启发。

第一，教学设计过程是递归的、非线性的或者是混沌的。递归即反复，亦即可以对同一问题如学习者分析、教学目标确定进行多次反复的调整；非线性，意指不存在什么统摄一切的、居于其他任务之前必须完成的起始任务③。我们通常设计教师培训项目都会有明确的培训目标，但是这个目标并不是一成不变的，我们需要根据受训教师的情况、具体政策的变化、生成性需要等随时对预设的目标做出调整。另外，需求调研、目标确定、课程设计、培训效果评估也并非有着固定的先后顺序，有的时候也有可能采取一种成果驱动的方式，如先确定成果标准再设计相应课程等。

第二，设计是有机的、发展的、反思的和协作的。培训项目研发工作往往从一个粗略的、

① 周成海：《客观主义—主观主义连续统观点下的教师教育范式：理论基础与结构特征》，东北师范大学博士学位论文，2007。
② 张奎明：《建构主义视域下的教师专业发展研究》，北京，北京师范大学出版社，2017。
③ 钟志贤：《面向知识时代的教学设计框架：促进学习者发展》，北京，中国社会科学出版社，2006。

模糊的计划开始，在实际活动的发展过程中逐渐充实具体细节。设计过程也伴随着培训者团队对以往培训主题、内容、方式和评价等要素全方位的反思。同时相互协作，整合资源，让每个人的智慧与资源都能充分融入其中。

第三，教学强调的是有意义情境中的学习。抛锚式教学、情境认知、认知学徒制，采用先提出问题并为学习者提供获取解决问题所需知识、超媒体或多媒体信息资源。师训项目的部分板块可以以教师某个日常工作场景的具体问题分析与应对作为主要切入点，这样的培训更有代入感，沉浸式回到工作现场让培训内容与方式更有针对性。

第四，在评估培训效果时，有的时候主观判断可能更有价值。访谈、观察、使用者手记、重点群组现况、专家评论和学生口头反馈信息等，都比从量表、问卷调查中所获得的数据更有价值。

总之，基于建构主义学习理论的教师教育，更加强调基于实践体验、真实情境、自我更新、交往对话，它反对单纯以专家讲座、学员被动听讲为主的传统培训模式。

第三节　教师培训模式创新之内容架构

模式是理论与实践的中介，是理论指向实践的具体化，又是实践的结构化概括。“教师培训模式是教师培训理论与实践的中介和桥梁，在一定培训观念和培训理论指导下，分析培训现实并超越培训现实，用精练的语言概括出培训内部各个要素的基本特征，并形成独具特色的结构，为培训实践提供操作思路和实践策略。”①教师培训模式首先包含培训内部的各个要素，各个要素并非彼此不相关或是随意联结，而是基于一定的培训观念和教育理论构成独具特色的结构。各要素发挥作用和结构展开的过程，便是聚焦问题解决的过程，也是受训学员认知发展、情感增进、行动改进的学习过程。要素、结构和意义这三点，可以概括为任何一个教师培训模式建构的三个层次。那么对于任意一个教师培训模式而言，其建构的各个要素从哪里来？各要素之间如何确定联系形成结构？在教师培训实践中如何应用？要回答这三个基本问题，需要解决的核心内容是建构一个教师培训模式生成模型。

一、教师培训模式生成模型探讨

教师培训模式生成模型的建构，可以总结为自下而上与自上而下两条路径。所谓自下而上的路径，是指经由实践的积累归纳出通用的模型。一般是在已有的典型实例的基础上，

① 王冬凌：《构建高效教师培训模式：内涵与策略》，载《教育研究》，2011（5）。

通过萃取、提炼可以提出各种模式，而此模式一经实践证实便有可能形成理论。例如查有梁教授将教育建构模式过程概括为：明确研究模式的目的—调查研究典型实例—确定表述模式的关键术语—给出模式的简要描述—进行动态变换和发展，派生更为具体的子模式，评价其适宜使用的条件和局限性[①]。另一种自上而下的路径，是指通过理论的阐释与整合演绎出具体的模型。一般是从理论或观点出发，通过分析、类比提出各种模式，而此模式在复杂的实践情境中可以变化和延展。例如汤丰林教授根据人的心理认知以及教师培训应解决的问题，建构了教师培训模式生成模型（表 2-1）[②]，参照此模型由不同因素的组合从而生成不同的培训模式。

表 2-1　教师培训模式生成模型

	认知	情感	行动
知识	知识—认知型	知识—情感型	知识—行动型
技能	技能—认知型	技能—情感型	技能—行动型
方法	方法—认知型	方法—情感型	方法—行动型
动力	动力—认知型	动力—情感型	动力—行动型

如表所示，横向是人类心理的认知、情感、行动三个过程，纵向是教师培训应解决的知识、技能、方法、动力四个方面的问题。参照这个模型，可以组合生成知识—认知型、技能—情感型、方法—行动型等多种教师培训模式。

综合上文自上而下、自下而上两种路径，尝试建构符合新时代社会需求的教师培训模式生成模型，最为关键的是组建起模式建构的三个层次，即要素、结构和意义。基于此目的，还是要回到教师培训的本源，追问教师培训为什么、做什么、怎样做这三个问题。

（一）生成模型要素解析

1. 为什么做教师培训

教师是履行教育工作职责的专业人员，需要经过严格的培养与培训，具有良好的职业道德，掌握系统的专业知识和专业技能。教师的专业结构包括哪些内容？《小学教师专业

① 刘丽俐：《中小学教师继续教育培训模式研究》，北京，中国人事出版社，2003。
② 汤丰林：《教师培训：理性与实践的核心关注》，北京，北京师范大学出版社，2018。

标准》《中学教师专业标准》均将教师的专业结构分为专业理念与师德、专业知识和专业能力三个维度。专业理念与师德包括：职业理解与认识、对学生的态度与行为、教育教学的态度与行为、个人修养与行为。专业知识包括：教育知识、学科知识、学科教学知识、通识性知识。专业能力包括：教学设计、教学实施、班级管理与教育活动、教育教学评价、沟通与合作、反思与发展。因此，教师培训是以教师专业发展为目的促进教师从资格走向合格，从合格走向卓越的培训。

2. 教师培训做什么

汤丰林教授在其著作中提出要把激发教师自主学习的动力与行动作为培训的核心目标①，能够激发教师自主学习的动力与行动一定源于其自身的需求、有实际的用途、能够解决真实的问题。以教师为中心，培训主要涉及的内容包括三类：学科教学、学生发展以及学校改进，涵盖了一位教师的主要工作范畴。教师的专业发展首先与学科教学能力的不断提升紧密相连，又与学生的身心发展、学科素养发展紧密相连，同时，教师的发展始终离不开所在学校的总体发展，校园课程、校园组织、校园文化的建设与每一位教师息息相关。因此，教师培训主要针对学科教学、学生发展以及学校改进三个领域激发教师自主学习。

3. 教师培训怎样做

教师培训需要重视不同阶段教师的实际需求，遵循成人学习的特点与规律，挖掘教师学习的潜在动力与巨大资源，不仅关注在培训过程中教师对于培训内容的认知发展，同时对教师的内心情感、个性特征、自我认同等方面予以重视与关怀，更加注重通过培训学习将培训所得迁移至教师的教学实践。任何一次教师培训全程，都应当是教师学习过程的科学设计，理应从认知、情感和行动三个方面对参训教师产生影响。由于实际条件所限，有的培训项目侧重认知，有的培训项目侧重行动，而情感是与教师的认知与行动相伴而生的，又反过来影响着教师的认知和行动，同样不可忽视。传统培训确实存在认知、行动和情感分离的问题，现在我们倡导的培训应该是知行合一，从“让我培训”到“我要培训”。

（二）生成模型意义阐释

通过对教师培训为什么、做什么、怎样做这三个问题的回答，我们筛选出了教师培训模式生成模型的要素，初步尝试建构生成模型 2.0，如图 2-1 所示：

---

① 汤丰林：《教师培训：理性与实践的核心关注》，北京，北京师范大学出版社，2018。

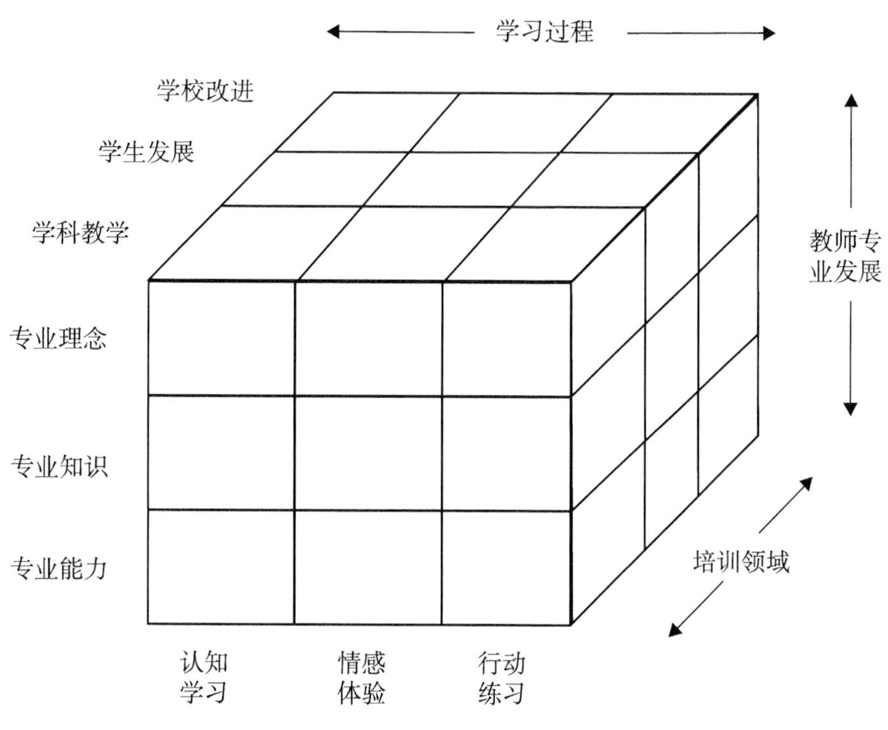

图 2-1　教师培训模式生成模型 2.0

教师培训模式生成模型是一个立方体，包括长、宽、高三维，也就是培训领域（做什么）、学习过程（怎么做）、教师专业发展（为什么）三维。每一个维度，又包含三个要素。首先，培训领域，也就是教师培训所包含的主要内容，包括“三学”要素：学科教学、学生发展、学校改进，均是以教师为主体，即教师学科教学、教师助力学生发展以及教师促进学校改进。其次，学习过程，也是心理发生、发展和变化的基本历程。在心理学中，通常把认知活动、情感活动和意志活动统称为心理过程。而意志更多地体现于实际行动，因此借用心理学术语，教师学习过程包括认知学习、情感体验、行动练习三个要素。最后，教师专业发展，是指教师作为专业人员不断发展和完善的过程，即从新手型教师到专家型教师的过程。教师专业发展包括“三专”要素：专业理念、专业知识、专业能力。

参照这个模型，三个维度九个要素形成不同组合，从而生成若干培训模式。例如，语文教师新课标培训，那就是学科教学领域专业知识方面的认知性培训；基于学生高阶思维发展的教学设计培训，是学生发展领域专业能力的行动性培训；校本课程思政建设的培训，是学校改进领域专业理念的认知、情感以及行动的综合性培训。可见，此教师培训模式生成模型基于不同主题生成不同的培训模式，而首要生成的是培训内容，然后依据培训内容选择培训方式与评价方式。

二、教师培训模式核心要素表征

有了教师培训模式生成模型，一个培训模式究竟是怎样生成的？下文主要从两个方面来阐释：第一，从问题到主题；第二，依据培训主题生成培训模式。

（一）从问题到主题

在教育教学实践中，存在着许许多多的问题，有老问题也有新问题，有热点问题也有冰点问题。问题常常是疑惑、困扰和不解，但问题也是教师教育理论与实践之间的桥梁，问题的分析与解决实际是理论与实践二者的对话与联结。“问题是教师教育理论与实践之间的联结，而且经常实际地发挥着连接作用，促进教师教育的理论与实践彼此走近，以互相深度解释或论证。”[①]教师教育中的问题，具有指向性、牵引性、拓展性和矛盾性四个特征[②]。对于教师培训而言，通过对问题的理论阐释和实践分析，可促进对于问题的深入分析，进而获得解决问题的途径与方法。通过这一过程得出的有针对性的主题凝练，是建构培训模式的核心内容。从另一种角度而言，“教师培训模式应该是一种抽象化了的促进学员教育教学问题解决的过程，或是一种简化了的学员知识技能建构过程”[③]。

教师培训主要针对学科教学、学生发展以及学校改进三个领域激发教师自主学习。无论是基于教师专业发展阶段的特定需求，还是基于课程改革的需求，每一位教师在学科教学、学生发展以及学校改进三个领域都将遇见各种各样的问题。例如，学科教学如何落实新课标理念？如何建设班级学习共同体？如何促进学校德育建设和特色校本课程的开发？等等。虽然问题具有复杂性和经验性，但是任何一个问题都可以从实践与理论两个方面来分析，正如项目方案设计之前需要进行实际调研与文献梳理。首先，要对教师产生的问题进行实践分析，从实践角度分析问题是什么，为什么产生这样的问题。这是通过表面现象深入问题本源，通过分析问题归纳教师的培训需求和培训起点。其次，要对教师产生的问题进行理论阐释，从理论角度分析问题是什么，为什么产生这样的问题。这是从理论角度界定问题的性质，并说明问题产生的原因。例如，学科教学如何落实新课标理念这一问题，从实践角度分析得出教师对于新课标内容理解不足，教师希望学习体现新课标理念的教学方法；从理论角度分析，对于新课标理念的学习关键在于知识的转化，即如何从课标内容转化为教材内容与教学内容，从而改变学生的学习方式。对于教师问题的实践分析与理论阐释，可初步形成教师培训的主题，也是教师培训模式建构的统领性内容。

---

① 吴振利：《中小学骨干教师培训理论与实践》，北京，人民出版社，2019。
② 同①。
③ 汤丰林：《教师培训：理性与实践的核心关注》，北京，北京师范大学出版社，2018。

（二）依据培训主题生成培训模式

培训项目从问题入手，经过实践分析与理论阐释，初步形成培训主题。确定主题之后，便需要经由培训模式生成模型建构具体的可操作的培训模式，即主题统领下的培训目标、培训内容、培训方式、培训评价一体化。

1. 依据主题组合模型中的不同要素

《小学教师专业标准》和《中学教师专业标准》，都将教师的专业发展分为专业理念、专业知识、专业能力三个维度。仔细观察与分析，每一维度之下都包括了学科教学、学生发展以及学校改进三个领域。这也提示我们，需要将教师培训项目的主题放置生成模型中再做分析以便进行归类。以学科教学领域为例：

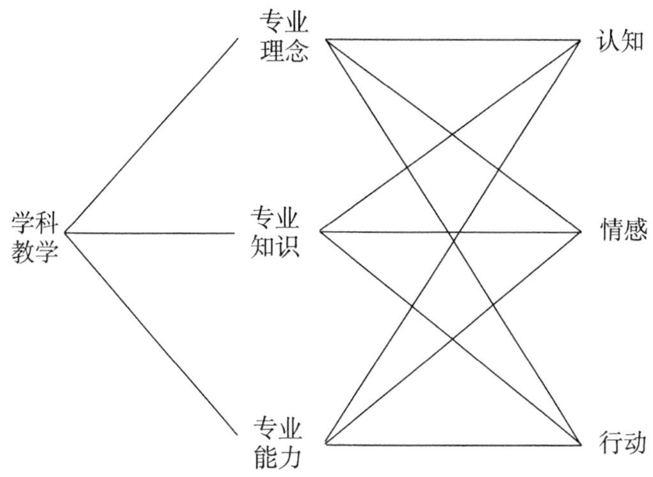

图 2-2 学科教学领域要素组合图示

学科教学领域的培训可分为专业理念、专业知识、专业能力三方面，每一方面又可以分为认知、情感、行动三个过程，例如：学科教学专业知识的认知性培训、学科教学专业能力的行动性培训，也可以是学科教学专业知识的综合性培训，即认知、情感、行动全部包含在内。学科教学与专业知识组合，即确定了培训项目的主要内容，这意味着培训的主要课程结构与教学资源都在此范围内；针对学习心理认知、情感、行动三个过程，便可以确定培训方式。认知是教师学习的基础，作用于教师对于学科教学专业知识的认识发展，同时伴随有个人的情感与认同；而行动更强调学以致用，能够从知道到做到，是在理解基础上的能力迁移与应用，整个过程也伴随有个人情感的生成与调控作用。如果是学科教学—专业知识—认知性培训这样三方面的组合，即确定了培训的目标，主要是促进教师学科教学专业知识在认知层面的发展，依据目标便可以推导出培训内容。

2. 依据培训类型选择培训模式

在培训主题确定之后，通过模型可以分析得出培训项目的类型，这里给培训项目的设计者两点提示：

第一，围绕一个核心内容可组合不同学习方式。首先，一个主题之下只能有一个核心内容，例如学科教学专业知识，最好不混杂专业能力、专业理念等其他内容，在有限的培训时长内尽量做到精准深入，而不做“大拼盘”；其次，一个核心内容之下依据培训目标在条件允许的范围内可以组合不同学习方式，例如学科教学专业知识可以只是认知层面或行动层面，也可以将二者组合开展，渗透情感学习。

第二，基于不同培训目标选择不同培训方式。确定了培训内容之后，最重要的就是区分学习过程，是认知还是行动。如果是认知层面，就需要依据认知维度——记忆、理解、应用、分析、评价、创造，明确培训目标与培训内容，一般采取集中讲授、工作坊、集体备课等培训方式。如果是行动层面，主要侧重在做中学。可依据大卫•库伯的经验学习圈理论，通过具体经验—反思观察—抽象概括—行动应用四个阶段的环形结构从行动归纳经验，以规律指导行动。无论是认知还是行动，都伴随着情感的参与。相对而言，情感是最难描述清楚的。一方面，情感的表述是模糊而多样的；另一方面，情感往往是内隐的，是在认知与行动过程之中生成的。本书主要采取格朗伦德对于情感结果的分析[①]，将情感的类型分为接受、反应和价值化三个由低到高、逐渐稳定的层级。第一层级是接受，即学习者表现出关注、愿意、配合等行为；第二层级是反应，即学习者表现出喜爱、好奇、主动等；第三层级是价值化，即形成态度、价值观和自觉意识，是较高水平的情感行为，但相较于前两者很难直接观察到。对于教师培训而言，通过对问题的理论阐释和实践分析，可促进对问题的深入分析，进而获得解决问题的途径与方法。通过这一过程得出有针对性的主题凝练，是建构培训模式的核心内容。也就是说只有踏上从问题到主题这条必经之路，才能科学而有针对性地凝练培训主题；而只有以主题统摄整个培训模式（包括目标、内容、方式、评价），才能够在培训过程中解决实际问题，促进教师专业学习。从问题到主题，依据培训主题生成培训模式的核心要素表征如图 2-3 所示：

---

① Norman E. Gronlund，Susan M. Brookhart：《设计与编写教学目标》（第八版）（盛群力、郑淑贞、冯丽婷译），北京，中国轻工业出版社，2017。

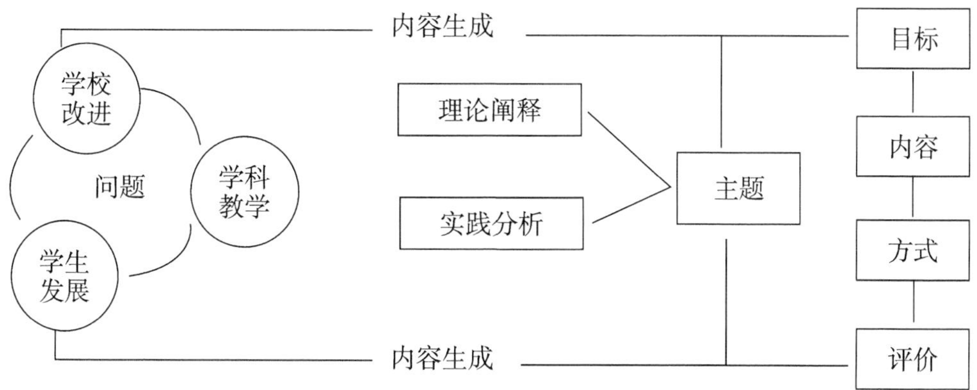

图 2-3　教师培训模式核心要素表征

主题统领的教师培训模式，源于教师教育教学的现实场域，用于解决教育教学的实际问题。当然，教师培训模式生成之后，并不是一劳永逸、一成不变的，还应接受在实践中的评估和验证以及通过资料文献对设计原则的进一步思考。教师培训模式是解决实际问题、助力教师学习的实施方案，方案形成之后还需要不断地改进与完善。

第三章　新手型教师培训模式创新

【学员感言】为期一年的培训活动快要结束了，这一年，因为疫情，线下的交流比较有限，但是这一年的培训活动带给我的收获却是无限的。项目组的学习安排非常合理，整个培训包括对新课标的分析、教育教学、课堂实践、班主任工作等多个板块。内容丰富，形式多样，有各级专家的专题报告，有特级教师的教学展示，也有新老师的精彩亮相。对于我来说这是收获丰厚的一年，也是促进我教学上不断成长的一年。

——夏子乔　中国人民大学附属中学昌平学校　北京教育学院新教师项目学员

新手型教师是教师职业生涯的起点。新手型教师培训不仅对新手型教师转变身份、胜任岗位、适应环境至关重要，也在一定程度上影响着他们将来会成为一名什么样的教师，决定着其未来的发展方向。本章分为三节，第一节是关于新时代新手型教师发展需求分析，包括新手型教师的界定和内涵特征、新手型教师专业发展的政策导向与现实需求以及新手型教师专业发展需求模型解析，明确新手型教师的发展需求，为培训模式建构提供依据。第二节重点分析新手型教师培训模式建构，包括新手型教师培训模式建构的理论阐释与实践探索，从培训目标、培训内容、培训方式三个要素重点分析了基于“教学行为规范化”的新教师培训模式、基于“实践性知识建构”的新教师培训模式、基于“岗位胜任力提升”的新教师培训模式、基于“问题解决自主探究”的新教师培训模式。第三节则聚焦新手型教师培训模式实施有效机制，提出了关键时期、关键事件和关键人物的指导机制、校本实践的落实机制、1~3 年系统性培养机制。新教师培训模式的有效实施以及新教师专业的发展需要通过一定的机制才能实现。

第一节　新时代新手型教师发展需求分析

从我国的社会发展而言，城市化迅速发展，学龄儿童人数快速增长，社会对教育的关注大为增加。除了学校的硬件设施以外，建设一支高素质的教师队伍是满足每个家庭日益增长的对基础教育高质量需求的前提。新时代的基础教育，既需要大批的新教师服务于我国的基础教育，又需要这些新教师具有良好专业素养。从新教师的实际状况而言，新入职的教师面临巨大的职业挑战和经历与之相对应的心理调适过程。卡瑞克和卡兰翰说过：一个师范生的书桌与一位教师的书桌之间的距离，虽然在直线跨度上很短，但它却是这些年轻人在那么短的时间内所要跨越的一段最长的心理上的历程。20世纪以来，美国学者对新教师群体的研究一致表明：初入教师行业的头两年是教师成长和发展的关键时期，也是一个充满困难和考验的过渡时期。这一时期会直接影响其教师职业的稳定与今后的发展，因而需要对新教师入职培训给予高度重视。本节将从新手型教师的界定和内涵特征谈起，从新手型教师专业发展的政策导向和现实需求两个方面分析新教师的发展需求，为其培训模式建构奠定实践基础。

一、新手型教师的界定和内涵特征

有研究者将教师专业发展划分为5个阶段：（1）初步适应期（工作第1年）；（2）适应和熟练期（工作第3～5年）；（3）探索和定位期（工作第10年左右）；（4）教学成熟期（工作第15年左右）；（5）专家期（工作第20年左右）①。按照此教师专业发展阶段划分和新时代社会发展的总体要求，新手型教师是指工作第1～3年的教师，包括新入职的教师以及入职2～3年的教师。从教师的专业发展阶段来看，这类教师属于初步适应期；从教师的来源来看，这类教师大部分是应届毕业生，少部分是从社会上其他职业转岗而来的。

新手型教师，又可以称为初任教师，一般是指完成了教师职业的职前培养与训练，经过短期实习，通过了专业评定或获得教师资格证书，被某学区或学校聘用，处于试用阶段的教师②。以北京地区中学语文学科的新教师为例，从基本信息来看，具有以下特点：年龄小，基本上为应届毕业生；学历高，除了一两个本科生，其他均为研究生学历；经验少，没有工作经历，一半以上来自非师范类院校，没有教学实习经历③。新教师普遍年龄小，因而对于新的工作环境适应性强、积极好学。同时，高学历的教育背景也表明新教师自身素质高、可塑性强。不少新教师经过几年的历练，有望成长为优秀的语文教师。没有工作经验是新教师群体的短板。有一半以上的新教师来自非师范类院校，对于教学工作既没有理论基础，也没有实践经验。

---

① 钟祖荣，张莉娜：《教师专业发展阶段的调查研究及其对职后教师教育的启示》，载《教师教育研究》，2012（11）。

② 申军红：《中小学新任教师培训指南》，北京，教育科学出版社，2018。

③ 以上结论，基于2015—2017连续三年对北京昌平区和顺义区中学语文学科的新教师采用调查问卷、访谈法进行调研的结果。

新教师的自我评价分为优势与劣势两个方面：新教师的优势在于精力充沛、乐于学习、充满活力；新教师的劣势在于工作经验不足、对教材与教学理解不深入、不了解学生。如何充分发挥新教师的优势、最大程度地激发其学习动能，同时有针对性地解决入职第一年的关键问题、提升新教师培训的精准性，是新教师培训亟待解决的问题。

二、新手型教师专业发展的政策导向与现实需求

为落实教育部教师工作司《新教师入职培训指南》的有关要求，2022 年北京市教委颁发了《北京市中小学新教师规范化培训指导意见》（以下简称《意见》）。《意见》规定：北京市中小学新教师规范化培训对象为任教三年以内的中小学教师；目标任务为引领新教师坚定职业理想与信念，指导新教师掌握学生学习及基本教学规律，指导新教师掌握学生身心发展规律，帮助新教师形成教学研究意识，探索标准化、体系化、制度化的新教师规范化培训机制；课程设置包括入职通识教育课程培训和校本研修方式两大类；培训主要流程为需求诊断、集中研修、岗位实践、跟踪指导；按照“市级统筹、区域组织、多方参与、自主发展”的思路，组织实施新教师规范化培训。新教师专业发展的政策导向是制定培训目标与培训内容的重要原则。

2022 年，北京市昌平、顺义、大兴、怀柔、延庆五个区共招聘 957 名新教师，几乎覆盖基础教育的所有学科。通过对新教师的整体调研，有三个特点较为鲜明，也反映了新教师的现实需求。在 2022 年北京五区的新教师群体中，大学本科阶段所学专业为非师范类专业占有 34.43%，目前任教学科与所学专业不一致占有 16.1%，研究生（包括博士生）所占比例为 50.23%，没有专科学员，学历明显提升。这三个重要数据也指明在新教师培训中，通识课程对于非师范专业学员的重要性，学科课程对于教非所学学员的重要性，而高学历的趋势则要求培训内容的实践性特征，即将“所学”转化为“所用”。新教师专业发展的现实需求是制定培训目标与培训内容的重要依据。

《小学教师专业标准》《中学教师专业标准》均将教师的专业发展分为专业理念与师德、专业知识、专业能力三个维度，可以就这三个维度具体分析新教师专业发展的需求。

1. 专业理念与师德

包括职业理解与认识、对学生的态度与行为、教育教学的态度与行为、个人修养与行为。新教师需要从学生身份转换为教师身份，能够在教育教学中全面贯彻党的方针，落实立德树人根本任务，提升思想政治素质和师德师风水平，扣好职业生涯“第一粒扣子”，在教

学实践的长期浸润中逐渐认识、理解并确立专业理想、专业情操和专业风格。表 3-1 为新教师“专业理念与师德”维度的理想行为：

表 3-1　“专业理念与师德”维度的理想行为[①]

指标	理想行为
职业理解与认识	贯彻和遵守国家教育政策、法律法规
	理解中小学教育工作的意义，热爱教师工作
	认同教育工作的专业性和独特性
	具有良好的师德修养
职业理解与认识	愿意与人协作和交流
	能够在分析自己的优势和不足的基础上进行职业发展规划
对学生的态度与行为	关爱学生，维护学生合法权益
	尊重学生，主动了解学生需求
教育教学的态度与行为	理解“育人为本，德育为先”的理念
	尊重教育规律和中小学生身心发展规律
	重视学生探究意识和能力的培养
个人修养与行为	富有爱心、责任心
	善于调节自己的情绪
	有自我发展的意识，虚心好学
	衣着得体，言语举止文明

相较于“专业理念与师德”维度的理想行为，新教师的特点表现为：能够贯彻和遵守国家教育政策、法律法规，理解中小学教育工作的意义，热爱教师工作，认同教育工作的专业性和独特性，具有良好的师德修养，愿意与人协作和交流，但是对于中小学教育工作的意义认识不足，更多的是出于本职工作的要求。另外，新教师能够认识到自己的优势和不足，但是在此基础上进行职业发展规划还需要专人辅导。

2. 专业知识

包括本体性知识，即所教专业以及与之交叉学科的知识，如学科知识；条件性知识，即教育学、心理学、教法和课程论等方面的知识，如教育教学知识和学生发展知识；相关文化知识，即哲学、文学、历史以及社会科学、自然科学理论等。相关文化知识是各个学

① 申军红：《中小学新任教师培训指南》，北京，教育科学出版社，2018。

科新教师应当学习的通识性知识；条件性知识是本科阶段非师范类新教师理应补充的知识。Cochran、DeRuiter＆King 从教与学过程的建构主义观点出发，从强调知识发展的动态本质出发，提出了学科教学知识的概念，即教师对教学法、学科内容、学生特征和学习情境等知识的综合理解，指出综合与整合是其本质特征[①]。教师的学科教学知识是教师关于如何将自己所知道的学科内容以学生易理解的方式加工、转化给学生的知识。学科教学知识是学科知识与一般教学法知识的整合，是一种独特的教师知识类型，也是新手教师与经验教师存在的主要差距。表 3-2 为新教师“专业知识”维度的理想行为：

表 3-2 “专业知识”维度的理想行为[②]

指标	理想行为
学生发展知识	了解学生保护的有关法律法规及政策法规
	关注学生差异、心理特点和发展规律，对重要心理学规律有认知
	了解学生学习和智力发展的规律，对重要学习规律有认知
学科知识	了解学科知识的学科价值和社会价值
	了解所教学科的知识体系、基本思想与方法
	掌握所教学科的内容的基本知识、基本原理与技能
教育教学知识	了解重要的教育教学观念和理论
	理解所教学科的课程标准，掌握常见教育教学问题的基本解决策略
自我发展知识	了解教师专业素养的基本构成
	了解自我发展的障碍和突破对策

相较于“专业知识”维度的理想行为，新教师的特点表现为：学科专业知识优势明显，教育教学知识中学科教学知识最为薄弱，学生发展知识与自我发展知识存在一定的欠缺。

3. 专业能力

包括教学设计、教学实施、班级管理与教育活动、教育教学评价、沟通与合作、反思与发展。对于刚毕业的新教师来说，在学校已经掌握了丰富的理论性知识。由于缺乏实践操练，他们并不熟悉如何在课堂教学中运用教学专业技能和策略。新教师刚走上讲台，需要弥补自身知识结构的不足，将书本上的理论知识运用于课堂情境中，并逐步掌握一定的

① 杨彩霞：《教师学科教学知识：本质、特征与结构》，载《教育科学》，2006（2）。
② 申军红：《中小学新任教师培训指南》，北京，教育科学出版社，2018。

教学方法和技能，基本胜任教学岗位。表 3-3 为新教师“专业能力”维度的理想行为：

表 3-3　“专业能力”维度的理想行为①

项目	指标	理想行为
教学设计	背景分析	深度分析教材，准确把握学习内容的实质内涵及蕴含的核心素养要素 学情分析具体、明确，有理有据 课程标准分析与课程内容及学情结合紧密，有自己的思考
	学习目标	目标定位准确、有层次 目标描述具体、可操作、可检测
	问题框架	问题框架体现了教学思路及学习层次 “核心问题”和“问题链”逻辑结构清晰、符合学生认知规律
	方法策略	突破教学重点、难点的策略和方法明确、有效 引导学生学习的策略和方法符合学生的认知规律和特点
	教学过程	整体学习活动密切相关，目标明确，活动之间逻辑结构清晰、完整，符合学生的认知规律和特点 教学活动设计引导学生主动学习，体现教师主导、学生主体 支撑材料有效支持教与学，呈现方式有利于学生学习，应充分利用信息技术 板书设计合理，呈现了教学重难点，逻辑结构清晰
教学实施	导入结束	导入过程营造了良好的学习氛围；与学习目标密切相关，有效激发了学生学习动机 结束时间把握恰当，结束环节有效地强化、巩固和拓展了学生的学习
	讲解提问	讲解目标明确，方法符合知识内容的特点和学生的认知规律；讲解深入浅出，能与学生生活、已有知识或其他学科知识相联系 讲解过程中能与板书、肢体语言及信息技术等有效配合，强化重难点；能有效地和学生进行思维沟通，有明确的结论 提问时机恰当，激发学生的学习兴趣；提问分布合理，不同层次的学生都有机会回答问题 提问问题明确，有等待时间；恰当地追问，与学生形成对话，鼓励学生提问问题，有效引导和促进学生思维发展

① 参见“启航杯新教师风采展示”综合展示项目的评价标准。

续表

项目	指标	理想行为
教学实施	媒体演示示范	板书版画美观、笔顺正确，布局合理，体现了板书的生成性、示范性 媒体选择、出示时机恰当，演示规范、熟练，与知识点结合紧密；所有学生能清晰地看到媒体及教师的演示、示范，指导学生进行有效的观察 音（舞蹈）体、美（书法）学科要求： 板书版画美观、笔顺正确，布局合理，体现了板书的生成性、示范性（体育、舞蹈不做此项要求） 媒体选择、出示时机恰当，演示及专业技能示范规范、熟练，与知识点结合紧密；所有学生能清晰地看到媒体及教师的演示、示范，指导学生进行有效的观察和模仿 体育学科运动场地及器材的布置实用、美观、安全，数量适宜，使用合理
	语言沟通	教学语言发音准确、清晰，音量适中，张弛有度；术语准确，语言简洁，用词、句式丰富，能够吸引学生，无科学性错误 适时与学生进行沟通，沟通目标明确，沟通手段恰当、有效
	观察变化	具有观察意识，能及时捕捉学生认知、情绪、态度等方面信息，正确判断学生需要 适时调整教学策略，变换教学方式，确保良好的课堂气氛
教学反思	发现问题	基于目标达成情况，准确发现教学中出现的问题
	分析问题	能对产生问题的原因进行有效分析
	解决问题	针对产生的问题，能设计解决问题的策略方法

即使是师范类毕业生，在教学中也存在两方面的问题：一方面是作为教师的基本功不合格，如：写规范的粉笔字、讲流利的普通话、做完整的多媒体课件等，这些需要新教师个人勤学苦练，假以时日逐步提高。另一方面，则是在课堂教学中出现的主要问题，如：导入与教学内容的衔接、教学环节的完整性、发挥学生主体性等，这些是新教师工作第一年面临的最大困境①。图 3-1 是第六届“启航杯新教师风采展示”课堂实录各项得分率平均值：②

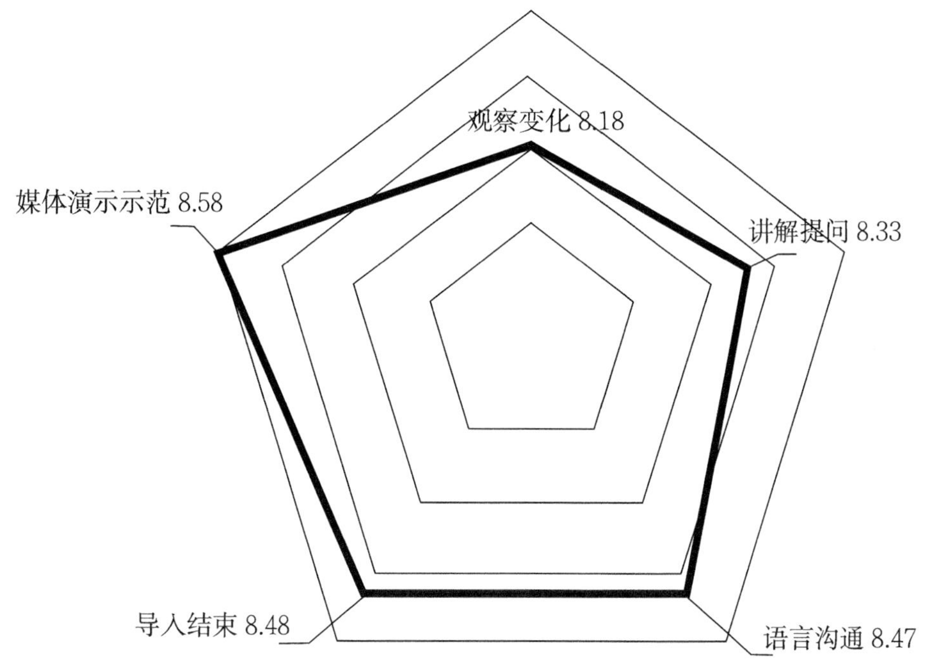

图 3-1　第六届“启航杯新教师风采展示”课堂实录各项得分率平均值

如图所示，在课堂实录各项得分率平均值中，媒体演示示范技能得分最高（8.58），其他依次是导入结束技能（8.48）、语言沟通技能（8.47）、讲解提问技能（8.33），得分最低的是观察变化技能（8.18）。这说明，新教师对于教学技术掌握较快，运用效果良好；而授课基本技能还需要在教学实践中多次练习才能逐渐提高。观察变化技能反映了教师是否在教学中关注学生，并能够依据学生的变化调整教学内容与教学方法。新教师的课堂往往是“有教师无学生”，关注学生、依据课堂中的学情调整教学是新教师很长一段时间内需要重点学习的课题之一。

① 郝琦蕾，董新良，姜晋国：《师范生实践教学技能存在的问题及对策研究——以某省属高师院校为例》，载《教育理论与实践》，2017（37）。
② 图表及数据源于《第六届“启航杯”综合展示分析报告》，2022 年 9 月。

三、新手型教师专业发展需求模型解析①

新教师专业发展的核心能力，是通过自我调适与完善，不断满足教学需要与教学环境融合的能力，从专业理念与师德、专业知识、专业能力三个维度可以分为以下三点：

第一，从学生角色走向专业发展的职业认同。从一位知识的学习者到一位知识的传授者，角色的转变需要心理的适应过程。而前 3 年作为教师专业发展的初始阶段，需要教师在不断的调适中实现对职业的认同、对师德的理解，并最终建立教师专业发展的规划。相较于专业知识与专业能力，职业认同与师德理解更为隐性，并且伴随一位教师的职业终身。

第二，从学科中心走向实践中心的知识重构。每一位刚毕业的大学生都有一定的学科基础，知识构成基本是以学科为中心的。例如：中文系学生的知识构成是以中文学科为中心，课程与教学论专业的学生的知识构成是以此学科的知识体系为中心。作为一名大学毕业生，这样的知识构成是合格的，可是作为一名教师，以学科为中心的知识构成显然是不够的。教师所面对的工作单元是一节课，一节课的设计与实施需要多门学科知识及多种能力以实践为中心的整合，教学工作不是指教师在此过程中习得了多少知识，而是融合多种知识及策略达成教学目标这一实践活动。因而，新教师进入岗位首先需要掌握的核心能力就是知识重构。

第三，从个人行为走向社会行为的能力转型。完成学业的学生，即使是高学历的研究生，具备一定的学习能力、思考能力以及研究能力等作为支持学生完成学业的多种能力，多数表现为个人行为。但是，走入教学岗位后，即使是一名普通的教师，他也与多种因素密不可分，如：学生、同事、家长以及同行等。教学实施与课堂组织是一项与多种因素发生关系的社会行为，新教师需要了解并积极融入教育教学的生态环境之中。

新教师专业发展核心能力之下的三个维度，像一个立体锥形的四角，共同构成新手型教师专业发展需求模型。（如图 3-2）

---

① 胡春梅：《基于核心能力发展的新教师培训模式初探——以初中语文学科为例》，载《教育理论与实践》，2016（8）。

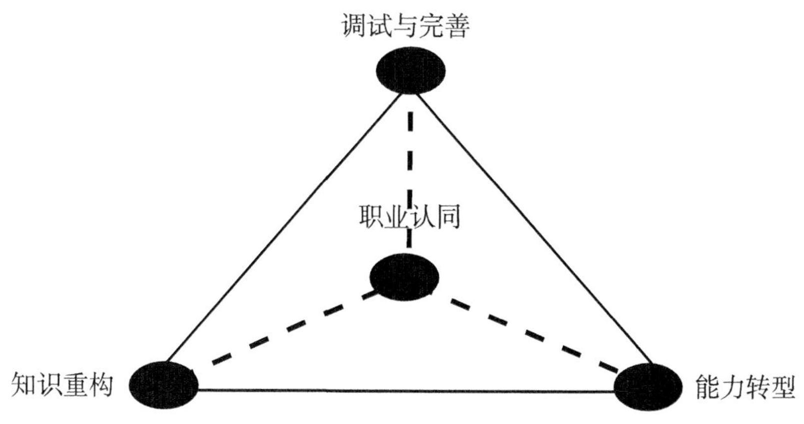

图 3-2 新手型教师专业发展需求模型

第二节 新手型教师培训模式建构

新教师通过自我调适与完善，不断满足教学需要，提高与教学环境融合的能力。新教师在学科教学领域的主要问题，是如何通过自我调适与完善提高岗位胜任力。带着这一核心问题，以学习理论为基础，尝试确定新教师培训精准的主题，从而建构目标、内容、方式、评价一体化的培训模式。

一、新手型教师培训模式建构的理论阐释

新教师如何通过自我调适与完善提高岗位胜任力？各省市颁布的《新任教师规范化培训标准》对于一名合格教师有具体的要求，这便是对新教师培训之后获得的改变与取得的进步的准确画像。自我调适与完善的过程，既包括外在行为的改变，也包括内在认知结构的改变，可以借助相关理论深入分析新教师应有的学习过程。帕莫拉·埃德姆斯提出了大学教师发展的三种范式：理性主义、行为主义和建构主义，这对中小学教师专业发展同样适用，对新教师的学习有一定的指导意义。理性主义范式，以单向传递为主要特征的知识吸收过程；行为主义范式，认为外部可以有目的地观察与评价，能控制知识与技能的获取；建构主义范式，认为经验与知识被重构，同时获取新的理解、新建构的知识引导行为①。从中可以看出，不同的教师发展范式背后都有着不同的理论基础。在此基础上，本书主要结

① 吴振利：《中小学骨干教师培训理论与实践》，北京，人民出版社，2019。

合学习理论另补充一种综合性的学习范式——认知—行为主义，其以认知—行为主义学习理论为基础。另外，人本主义学习理论强调学习者的主体性，教师从被动地接受培训到主动地学习，这样的培训范式已经初见端倪。

理性主义范式的教师学习在我国教师培训中有着深远影响，至今还有很多培训机构组织新教师岗前培训，这完全是由集中讲座组成的，这种培训方式的优缺点有很多研究者已经撰文指出，此处不再赘述。下文主要从行为学习理论、认知学习理论、认知—行为主义学习理论以及人本主义学习理论四方面加以阐述。

（一）行为学习理论

行为学习理论把环境看作刺激，把伴随而来的有机体的行为看作反应。“学习者的行为是他们对环境所作的反应；所有行为都是习得的。”例如美国心理学家爱德华·桑代克提出的“练习律”以及美国心理学家约翰·华生提出的“频因律”，都强调重复和练习促进行为的记忆、习惯的形成。若从环境对行为的刺激而言，有机体可能作出正确反应或错误反应。若培训者对于行为制定标准加以规范，在同一环境之下依照正确反应多次重复地练习，便可以形成习惯。对于新教师而言，在课堂教学中怎样导入新课？怎样进行讲解示范？怎样组织课堂活动？怎样进行总结？在特定的教学环节，可以制定新教师教学行为标准，新教师可依据此中内容进行反复、长期的练习。依据行为学习理论，新教师培训的主题可定为教学规范化、教学基本功达标等。

（二）认知学习理论

认知学习理论认为学习的发生不是环境引起人的行为，而是个体作用于环境。个体根据自己内部结构对环境加以选择，与环境相互作用，并在此过程中不断修正自己内部的心理结构，从而影响未来与环境的作用。“所谓心理结构，就是指学习者知觉和概括自然社会和人类社会的方式。”[①]学习者内部心理结构的形成和改变，引起学习的发生。例如，瑞士心理学家让·皮亚杰提出“图式”的概念，认为图式的形成和变化是认知发展的实质。认知发展受三个过程影响：同化、顺应和平衡。新教师自我调适与完善的过程，其内部的心理结构在新的环境发生了怎样的重组与改变？仅从专业知识而言，高校学习时形成的专业知识结构与作为一名学科教师应具备的专业知识结构之间存在哪些不同？新教师需要在实践情境中完成知识转化，才能够胜任新的工作岗位。依据认知学习理论，新教师培训的主题可定为职前培养与职后培训的有效衔接、新教师实践性知识建构等。

---

① 施良方：《学习论》，北京，人民教育出版社，2001。

（三）认知—行为主义学习理论

认知—行为主义学习理论是刺激—反应学习理论与认知学习理论双方的折中。关注条件作用的，认为刺激—反应学习理论更适合；对问题解决感兴趣的，则认为认知学习理论更有效。行为的改变是因为习惯养成还是因为认知结构改变？问题解决是通过试误还是顿悟？在后来的有影响的几种学习理论学说中，都反映出折中的倾向。例如加涅提出学习过程的八个阶段：动机、领会、习得、保持、回忆、概括、作业、反馈。班杜拉的社会学习理论把行为、个体和环境看作相互影响的三个决定因素。因而，提升新教师的岗位胜任力既需要在新环境下教学行为的练习与强化，也需要关注新教师内部心理结构的改变与形成，在教学实践中新教师个体的实际操练与师傅的跟进式指导相结合变得尤为重要。依据认知—行为主义学习理论，新教师培训的主题可定为提升新教师的岗位胜任力这样的综合性内容。

（四）人本主义学习理论

以往的研究者都从第三人称的角度考察人的学习行为，但人本主义者是从第一人称角度考察人的学习行为，即每一个人都具有发展自己潜力的能力和动力。以往的研究者将人的各个方面（如行为和认知）进行分割地分析，人本主义者探讨的是完整的人。人的认知、行为以及情感相互影响，是不可分割的统一整体。人本主义者认为，“学习即成为（becoming）；成为一个完善的人，是唯一真正的学习。”[①] 从这个意义上说，真正的学习涉及整个人，能够使学习者发现他自己独特的品质。罗杰斯把学习分为两类：无意义学习和意义学习。与奥苏贝尔提出的“意义学习”相似，罗杰斯的“意义学习”也强调联系。只不过前者关注的是新旧知识之间的联系，而后者强调的是学习内容与个人之间的联系。罗杰斯认为，意义学习主要包括四个要素：第一，学习具有个人参与的兴致；第二，学习是自我发起的；第三，学习是渗透性的；第四，学习是由学习者自我评价的。他主张，废除教师中心，提倡学生中心。从学生身份转变为教师身份的新教师，也是开启职业生涯后，个体对于工作环境的适应与融入，是自我在不同人生阶段的追求和发展。依据人本主义学习理论，新教师培训的主题可定为以问题解决为导向的自主探究。

综上所述，不同理论流派有不同的倾向，往往取决于各流派研究问题的角度。对于教师培训而言，既需要借助理论探究解决实际问题，也希望理论的工具能够深入现象的内部，挖掘到教师专业发展的本质规律。因而，以上介绍的四类理论不可能完全单一地应用于教师培训模式设计，往往是在综合使用之中又对某一方面有所侧重。

---

① 施良方：《学习论》，北京，人民教育出版社，2001。

二、新手型教师培训模式建构的实践探索

从新教师专业发展的政策导向和现实需求入手，经过实践分析与理论阐释，初步形成培训主题。确定主题之后，经由培训模式生成模型建构具体的可操作的培训模式，包括培训目标、培训内容、培训方式三个要素。例如，“教学规范化”主题进入培训模式生成模型，首先定位为学科教学—专业能力培训，在认知、情感、行动学习过程之中侧重于行动；“新教师实践性知识建构”主题，可定位为学科教学—专业知识培训，在认知、情感、行动学习过程之中侧重于认知；而“提升新教师的岗位胜任力”主题既有学科教学—专业知识培训，也有学科教学—专业能力培训，属于综合性培训项目，需要在认知、情感、行动完整的学习过程之中逐步推进。

（一）基于“教学行为规范化”的新教师培训模式

基于“教学行为规范化”的新教师培训模式也被称为“诊断式”培训，培训模式各要素如下：

（1）培训目标。提升学科教学能力：熟悉任教学科课标的基本内容，能正确解读教材内容，掌握学情分析方法，撰写规范的学科教学设计方案，掌握基本教学方法和教学技能，顺利进行课堂教学。提升班级管理能力：理解学生身心发展特点和规律，掌握班级管理的基本知识和技能，能顺利开展班级管理工作，分析解决学生教育和班级管理实践中的问题。

（2）培训内容。教育教学知识转化与技能训练：围绕认识学校、理解学生、把握课堂、学会班级管理等主要问题，逐渐形成教师开展课堂教学与学生管理的基本能力，具体包括学科教学知识与技能、学科教学知识与技能应用、班主任管理与家校沟通、日常教学中的课堂管理、中小学生心理发展特点与教育策略、培养与提升学生的学习动机等课程。教育教学实践指导：以学员为主体通过实践性、体验性、参与性的跟进式指导，提升学员的教育教学能力，具体包括备课与试讲、学科教学实践指导、优质课例观摩学习、教学风采展示等课程。

（3）培训方式。新教师培训以参与式讲座、工作坊、微格教学、课例观摩、跟进式指导等方式，紧紧围绕学员的教育教学工作，突出问题导向、实践原则、学习共同体的特点。以知识转化、技能训练、实践指导为核心内容，解决新教师在教育教学中的实际问题。

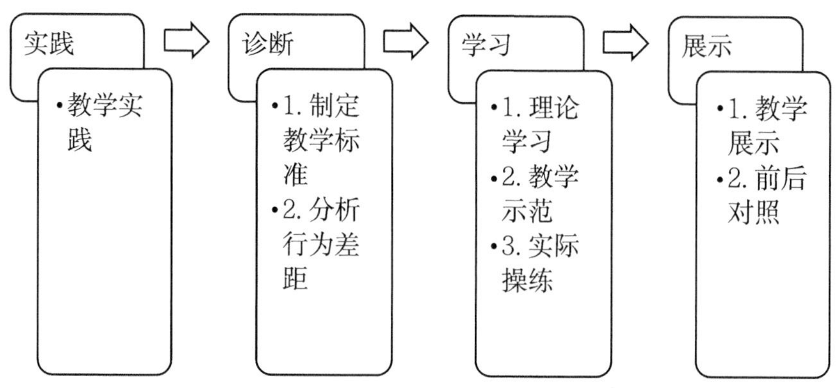

图 3-3　基于“教学行为规范化”的新教师培训模式

基于“教学行为规范化”的新教师培训模式分为四个阶段实施：第一阶段，由新教师完成常态课的教学实践，不作任何指导与干预，希望反映出新教师真实的教学水平。第二阶段，由指导教师听课后，依据教学能力标准的指标和描述作出评价，重点在于分析新教师现在行为水平与目标行为水平之间的差距，找到努力的方向。第三阶段，针对新教师教学中存在的问题，开展理论学习、教学示范与实践指导。这里的理论学习一般适用于解决新教师共同的问题，而实践指导可以有针对性地帮助新教师基于个体的特征与需求提升自我。第四阶段，经过一段时间的学习与练习之后，再次进行教学实践，由指导教师听课、评课。评课的重点在于将新教师的教学行为前后对照，分析其改进的地方，总结教学能力提升的方法与策略。

基于“教学行为规范化”的新教师培训模式，关注新教师个体的行为改变，对于促进其教学能力的提升效果显著。这种模式对于新教师人数有一定的要求，如果新教师数量过多，只能新教师自身结合教学标准进行自我诊断，指导教师无法参与，影响了诊断的精准性；另外，结合自身差距的学习效果，也需要指导教师或学校师傅的跟进式指导，通过对照—练习—展示促进新教师教学行为规范化不可能一蹴而就，而是一个长期的循环过程。

（二）基于“实践性知识建构”的新教师培训模式

基于“实践性知识建构”的新教师培训模式也被称为“公开课”培训，培训模式各要素如下：

（1）培训目标。在教学实践中促进新教师理论知识实践化与实践性知识建构。

（2）培训内容。新教师从入职第一年听公开课，公开课观摩包括观课准备、观摩现场、观课反思；第二年上公开课，公开课实践包括备课、试讲、研讨、改进；第三年赛公开课，公开课展示包括说课、教学展示、教学反思。第三年新教师赛课的作品又可以成为当年入职教师听评课的学习素材。

（3）培训方式。以每年的公开课为一个单元，包括理论学习、自我操练与实践指导。

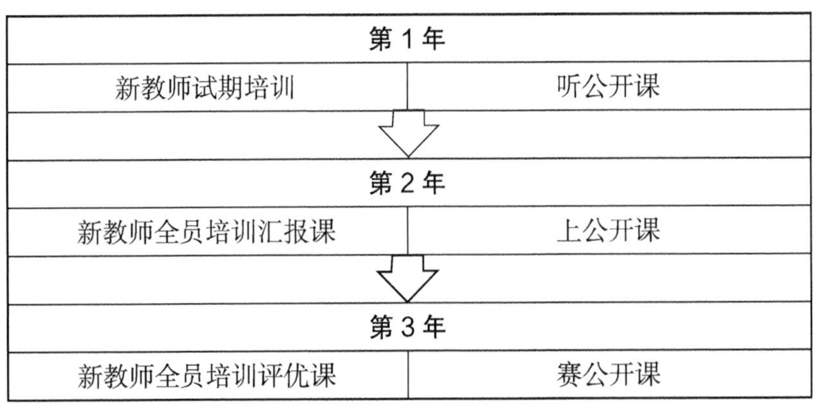

图3-4 基于“实践性知识建构”的新教师培训模式[①]

公开课成为促进新教师专业发展的关键事件。对于关键事件，教师必须有一个自我澄清的过程才能获得关键事件对于教师专业发展的意义。有关研究表明，教师经历的关键事件，经过焦点明朗化、作抉择、反思等内部调控过程，从而获得专业结构的形成、改变或强化，这也形成了专业发展的基本循环[②]。

首先，关键事件：引起原有认知冲突。关键事件是指能强化当事者的原有认知或引起当事者原有认知冲突的事件[③]。对于新教师而言，更多的是引起他们原有认知的冲突，例如：对于教学理念认知的冲突，或者是对于教师职业认知的冲突。关键事件所引起的认知冲突，常常表现在课堂教学的过程中，新教师可以通过课堂效果感受到，指导教师也可以通过课堂观察察觉到。

其次，焦点明朗化：知识的情境化。新老师在与指导教师讨论时，找到了问题的焦点。这些理论知识或许新教师在教科书中见过，但是具体到教学实际却无法应用。通过指导教师的指引，找到了问题的症结，也是将教学理念嵌入到真实的教学情境中进一步理解与思考。

再次，作抉择：知识的实践化。找到了问题之后，最为重要的是经过分析作出抉择，为新教师提供程序性的知识，在实际教学中具有可操作性。

最后，反思：从教学知识到实践知识。很多从大学校门直接进入工作岗位的新教师的共同问题，即如何将大学教科书中的教学知识转化为真实情境下的实践知识。“新教师需要发展实践知识，实践知识是与抽象的规则和概括的理论相对而言的特殊的具体的知识。”[④]

① 黄伟，张建芳：《探索新教师成长规律，构建新教师培训模式》，载《中小学教师培训》，1998（5），引用时有改动。
② 白益民：《教师的自我更新：背景、机制与建议》，载《华东师范大学学报（教育科学版）》，2002（12）。
③ 苏红：《关键事件：抵及教师专业发展的核心》，载《教育科学研究》，2011（11）。
④ 段冰，施春阳：《新教师成长研究综述》，载《天津师范大学学报（基础教育版）》，2007（12）。

实践知识主要源于教学真实的经历和对教学经历的反思，其在教师成长过程中具有决定性意义。

从教学知识到实践知识，新教师至少需要做好两点：第一，在真实的教学情境中，以教学任务为导向，整合教学知识。例如语文学科一篇课文的备课与教学，既需要文本解读的知识（关于学科的知识），也需要课程与教学的知识（关于教学的知识），还需要学生心理的知识（关于学生的知识），通过调用与整合知识，完成教学任务。第二，将静态的知识转化为可操作的教学方法。师范生都学过教学一定要了解学生的认知起点，可是如何了解学情的操作方法需要新教师在教学实践中不断探索与总结。将教学知识转化为实践知识，标志着新教师从一名大学生成长为一名教师①。

公开课作为新教师专业成长的关键事件，对新教师具有专业知识的补充、专业能力的提升和职业认同的增强三方面的作用。只有实施有效公开课、关键事件显性化、重视培养反思能力，公开课才能真正促进新教师的专业成长。在现实当中，由于个体差异和新教师所在学校的差异，实施公开课的制度保障以及教学质量差异性较大，因而也影响了此类新教师培训的实际效果。

（三）基于“岗位胜任力提升”的新教师培训模式

如果说基于“教学行为规范化”的新教师培训模式侧重新教师教学行为的改变，基于“实践性知识建构”的新教师培训模式侧重新教师心理结构的改变，那么基于“岗位胜任力提升”的新教师培训模式可以看作是二者的综合。岗位胜任力原本就包括教学行为规范以及实践性知识建构等内容，是对新教师素养的整体要求。

基于“岗位胜任力提升”的新教师培训模式各要素如下：

（1）培训目标。增强思想政治素质与师德修养、提升教学能力与班级管理能力、建立专业发展规划的意识。

（2）培训内容。以知识转化、技能训练、实践指导为核心内容，着眼于新教师知、行、意等全面发展。培训课程分为三类，包括思想政治与师德修养、教育教学知识转化、校本实践指导。第一，思想政治与师德修养，聚焦强化学员的思想政治与职业规范，具体包括习近平总书记关于教育的重要论述、教师职业道德规范等课程。第二，教育教学知识转化。具体包括学科教学知识与技能、学科教学知识与技能应用、班主任管理与家校沟通、日常教学中的课堂管理、中小学生心理发展特点与教育策略、培养与提升学生的学习动机、专

① 胡春梅，邱磊：《以公开课为关键事件：探索促进新教师专业成长的有效路径》，载《中小学管理》，2022（6）。

业发展规划等课程。第三，校本实践指导。除了以上规定学时的集中培训，新教师应以校为本，在日常教学中将理论与实践相结合，学练一体进行知识转化与技能练习。以“市区校”三级联动的方式，定期研究和协同，形成最大合力，在校本教学实践的过程中助力新教师专业发展。

（3）培训方式。以参与式讲座、工作坊、微格教学、课例观摩、跟进式指导等方式，紧紧围绕学员的教育教学工作，突出问题导向、实践原则、学习共同体、市区校三级联动的特点。

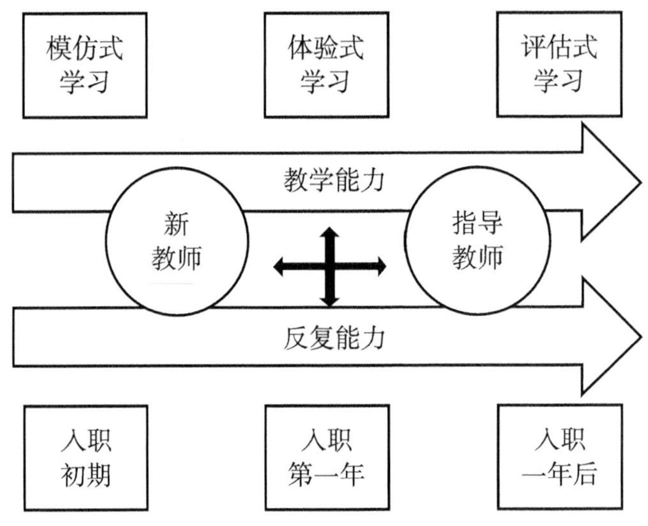

图 3-5 基于“岗位胜任力提升”的新教师培训模式

基于“岗位胜任力提升”的新教师培训模式以新教师入职第一年为周期，分为以下三个学习阶段：

入职初期：模仿式学习，将教育理念转化为教学行为。

新教师在入职初期，为了胜任岗位主要是模仿式学习，通过应用教育教学理论或是模仿教育教学案例将大学期间学习过的教育理念转化为教学行为。新教师入职初期的模仿式学习可分为两个阶段：第一，理论学习与案例学习。理论学习主要是向新教师讲授学科教学是什么，案例学习则通过具体的来自教学一线的优秀课例展示给新教师学科教学怎么做，二者往往结合在一起。学科教学包含教学设计、教学实施、教学评价与教学反思四个主要内容，每部分内容讲解之后附一个教学案例，便于新教师结合案例理解理论知识。第二，模拟教学。模拟教学一般紧随其后，新教师模拟教学的真实场景，需要完成一份教学设计，进行一个教学环节的现场教学实施，由同伴模拟学生全程参与。最后，指导教师进行点评，新教师依据教师点评和自我反思完成教学反思。

理论学习与案例学习是模仿学习的第一阶段，为新教师提供模仿的主要对象和主要内容；模拟教学是模仿学习的第二阶段，为新教师提供模仿的空间环境与实践过程。在模仿学习的过程中，新教师的基本教学技能训练是主要目标，只有掌握了教学技能，开展日常教学，新教师才能分析自身的教学行为从而形成反思能力。

入职第一年：体验式学习，在具体情境中解决真实问题。

入职的第一年，新教师已经完全承担起学校的教育教学任务，新教师长时间沉浸在教育教学的环境之中，直面真实而丰富的教学现象，需要不断提升在具体情境中解决实际问题的能力。美国教育家大卫·库伯提出，体验式学习要经历“具体体验、反思观察、抽象概括和行动应用”[①]四个阶段，这一理论可以应用于新教师在入职第一年的体验式学习中，可分为课堂教学、集中研讨、专家点评和教学改进四个步骤。

体验式学习的四个阶段构成环形结构，新教师的体验式学习也可以以课堂教学、集中研讨、专家点评和教学改进四个步骤循环下去。这里的同伴，既可以是同级同地区的新教师，也可以是同校同教研组的老师；这里的专家，既可以是高校的研究者，也可以是地区的教研员、本校的师傅。新教师在体验式学习中，不仅通过教学实践练习了教学基本技能，更为重要的是培养了新教师发现问题、分析问题与解决问题的能力，促进了新教师反思能力的形成，这也是推动教师专业发展的强大动力。

入职一年后：评估式学习，在展示中培养反思意识。

在入职一年后，很多新教师面临用人单位的“亮相”考核。对于一年之内新教师的收获与成长进行评价考核是非常必要的，但是评价不只是“验证”新教师有了哪些发展变化，也可以利用时机将评价考核当作“学习”的机会。柯氏四层评估模型按照评估的深度和难度递进的顺序，分为反应层、学习层、行为层和结果层。对于一年内新教师“学习层”的评估，检测新教师掌握了哪些知识技能以及掌握到什么程度是切实可行、能够操作的，现行的主要方式是举办学校—区县—全市三级联动的新教师教学展示活动。首先，各区县新教师“结业设计”。在入职一年之后，以区县为单位，在学校师傅的指导下每一位新教师完成一份“结业设计”，包括一份教学设计、现场说课（包括教学反思）和教学片段展示。“结业设计”是对新教师在入职第一年专业发展水平的一次总结汇报。其次，全市“新教师风采展示活动”。各区县的新教师“结业设计”普及到每一位新教师，经过评比选出区县代表参加全市的“新教师风采展示活动”。展示活动当天，全市的新教师可以通过网络

① 【美】D.A. 库伯：《体验学习——让体验成为学习和发展的源泉》（王灿明、朱水萍等译），上海，华东师范大学出版社，2008。

视频同步观看，“新教师风采展示活动”以展示促学习，以展示促成长。

新教师在此次展示活动中大多经历了查阅资料、自我设计、师傅指导、专家评点，在多次的磨课与试讲之中对于教学技能精益求精，更为可喜的是一些新教师能够汲取多方的建议，增强了教学反思的能力，逐步培养成一边教学一边研究并在教学中有所创新的意识。2020 年，一位参加全市“启航杯风采展示活动”的新教师在教学反思中写道：“我一遍遍推翻自己的教学设计，在反复研读文献和思考的过程中，对于如何备课有了更加深入的思考。感谢‘启航杯’比赛给予我深入研读课文的机会，其中的困惑和乐趣能够让一个语文教师成长。”

（四）基于“问题解决自主探究”的新教师培训模式

随着社会对于教育水平需求的提高，尤其是在新时代新手型教师学习热情高、学习能力强、学习方式多样、学习资源丰富的情况下，教师学习的主动性日益增强。新教师的所在校或是教师培训机构摆脱传统意义上教师培训主导者的角色，以学习促进者的身份取而代之。促进者的任务是提供各种学习资源，提供一种促进学习的氛围，使新教师知道学习的途径，等等。

基于“问题解决自主探究”的新教师培训模式各要素如下：

（1）培训目标。通过自主探究解决个人教育教学中的实际问题。

（2）培训内容。如何梳理问题、确定个人发展目标；如何分析问题、融入学习共同体；如何解决问题、寻求支持与资源。

（3）培训方式。师徒制、同伴分组合作探究、校本研修。

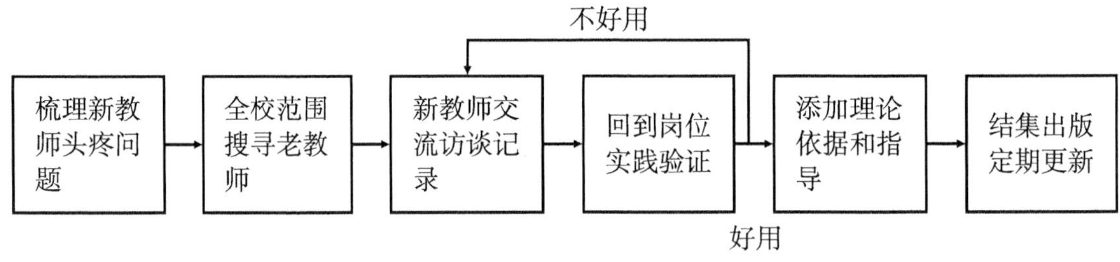

图 3-6 基于“问题解决自主探究”的新教师培训模式[①]

基于“问题解决自主探究”的新教师培训模式方兴未艾，以上模式来自北京海淀区十一学校新教师实战工作手册经验萃取，从新教师、带教师傅、所在学校三方的主体责任

① 本图源于“学习体验设计”庞涛：组织经验流转和复用最佳标杆，十一学校新教师实战工作手册经验萃取。

关系，可见培训模式的创新性[①]。首先，凸显新教师学习的主体性。在结集出版的书籍中，新教师们称此学习过程为“初职教师痛点解疑”“快速‘变老’的艺术”。全部学习过程由梳理问题、分析问题、解决问题、凝练成果组成，主体是新教师自己，也就是新教师自己梳理问题，然后寻求支持分析问题、解决问题。其中满足了新教师的个性化需求，再由新教师小组认领话题，通过小组合作探究，利用多种方式解决问题。对于行之有效的方法、工具和策略结集出版，为未来的新教师提供了帮助，也留下了进一步探究的空间。其次，建立新型师徒制。新型师徒制不只是老教师单向传授，而是新老教师双向互惠的相互学习、相互激励。新教师在问题解决自主探究的过程中实现自我发现，从老教师的经验中提取价值，与自己的优势对接，探索自己的教育教学方式；老教师在答疑解惑、指导新教师的过程中，激活了长期的知识储存，提炼了以往的实践经验，强化了积极的自我概念。最后，建构校本研修新模式。学校是新手教师最为重要的学习场所，学校为新教师学习提供了各种学习资源和一种促进学习的氛围，使新教师知道学习的缘由、学习的途径、学习的效果，也推动了不同阶段教师开展自发的学习与互惠的学习。这种项目式学习的培训方式，值得不同级别的培训机构借鉴与思考。

基于“问题解决自主探究”的新教师培训模式，充分尊重教师学习的主体性，满足其个性化需求。这种模式如果能够借助市、区、校形成合力打造教师学习数字化平台，可以在一定程度上解决教师培训所面临的“工学矛盾”难题，大大提升教师学习的积极性与实效性。福建教育学院持续推进培训模式改革创新，探索教师培训整校研修模式改革，构建“教师申报、能力诊断、菜单选课、教师选学、校本研修、应用实践、考核评价”于一体的选学流程，优化培训管理系统。各级单位分工明确，省市级培训机构负责培训管理系统的建设、培训课程的统筹规划，区级培训机构负责课程建设与学习资源供给，学员所在校负责校本研修实践应用。线下项目与线上选学相结合的混合式研修方式，将是新教师培训的必然发展趋势。

第三节　新手型教师培训模式实施有效机制

朱旭东认为，教师专业发展需要通过一定的机制才能实现，不同发展阶段有不同机制[②]，新教师专业发展机制有别于其他阶段。机制就是行为主体围绕特定工作系统的目标来揭示

① 赵继红：《初职教师20个怎么办》，北京，中国人民大学出版社，2017。
② 朱旭东：《论教师专业发展的理论模型建构》，载《教育研究》，2014（6）。

事物运行规律和本质，不仅包括事物变化发展的过程，而且包括事物内部各要素之间相互作用的关系和功能[①]。新手型教师培训模式实施的有效机制，不仅受到新教师个体因素影响，而且受到组织因素的制约，只有双方各要素协调发展才能有利于新教师的专业发展。在实践中，各地区基本都已建立助力新教师成长的各项管理机制，例如“师徒制”“校本研修”“新教师入职培训”等。

新教师培训更多的是基于新入职教师的共性问题集中或分组学习，对于新教师的个性化问题以及实际工作中遇到的具体问题不可能面面俱到，这就需要结合不同的培训模式建立新教师的指导机制、校本实践机制、系统培训机制等，以满足新时代新教师专业发展的需求，提升培训项目的精准性。

一、关键时期、关键事件和关键人物的指导机制

刘加霞教授曾撰文指出：新教师发展机制中的组织激励机制的核心要素是相关组织顶层设计的关键任务及其表现标准，构建不同级别展示平台和激励制度，并伴有基于标准的建构性指导[②]。新教师的专业发展既需要自我能动发展机制，也需要组织激励机制，两种机制相互作用形成合力才能促进新教师发展。叶澜等专家指出：在教师的专业发展过程中，的确有许多重复性的工作，教师并非能从专业生活经历的时时、事事中都发现对自身专业发展的意义。而只有课堂专业生活的某些特定事件以及特定时期和特定人物，对教师专业发展才会产生重大影响，这就是所谓的关键时期、关键事件和关键人物[③]。因此，新教师培训需要关注对新教师发展产生重大影响的关键时期、关键事件和关键人物，做好以下三点：

（一）关键时期

教师学习既有理论性学习也有实践性学习，学校的领导要认识到新教师实践性学习的重要性，认识到“硬实践”要与“软实践”相辅相成、协调发展。所谓“关键时期”，顾名思义是指关键事件发生的敏感期，教师内在专业结构多在这一时期出现改变，即教师专业发展多在这一时期。在入职初期、入职第一年以及入职一年后评估的重要时期，要重视新教师的入职培训，把新教师的发展放在学校未来发展的重要战略地位。关键时期的保障，是基于核心能力发展的新教师入职培训体系建构的时间节点。

---

① 严运锦，赵明仁：《教师学习的内在机制解析》，载《教育理论与实践》，2017（4）。
② 刘加霞：《标准导向下任务驱动的新教师发展机制研究》，载《中国教育学刊》，2020（10）。
③ 叶澜，白益民，王枏，陶志琼：《教师角色与教师发展新探》，北京，教育科学出版社，2001。

（二）关键事件

无论是模仿式学习、体验式学习还是评估式学习，新教师需要按照标准完成关键任务，在完成任务的过程中提升能力、积极反思，从而获得专业成长。例如，模仿式学习中的模拟教学，体验式学习中的集中研讨以及评估式学习中的结业设计，都可以视作促进新教师成长的“关键任务”。如果一个新教师在学校承担各项工作，整日忙着“跑腿儿”，不分主次，没有时间专注于教学，没有用心完成关键任务，便错失了重要的发展时机。关键事件的保障，是基于核心能力发展的新教师入职培训体系建构的“硬件”要求。

（三）关键人物

在入职的第一年，新教师无论在教学技能的练习还是反思能力的培养方面，多是通过个人“试误”来应对现实的冲击。这种“单干”的形式，可能会造成初任教师对教学产生一种“畸形”的、窄化的理解，并对自己教学的成功与失败作出错误的诠释①。新教师通过个体学习与集体学习相结合，可以在同伴中找到认同感，缓解新入职场的焦虑。更为重要的是，指导教师能够帮助新教师快速地适应工作环境、解决教学实践中的问题、科学合理地完成关键任务。因而，新教师需要有学校师傅、地区教研员以及高校专家的专门引领与专业指导。关键人物的保障，是基于核心能力发展的新教师入职培训体系建构的“软件”要求。

二、校本实践的落实机制

《北京市中小学新教师规范化培训指导意见》的培训对象，是全北京市任教三年以内的中小学教师。第一年集中开展通识培训，一般由市级或区级培训机构组织；第二年以及第三年主要采取实践取向的校本研修方式，强化第一阶段通识课程在教育教学实践中的理解运用。实践证明，基于实践取向的校本培训是新教师适应岗位需要、尽快进入专业发展轨道的有效途径。如果说集中培训主要针对新教师共性问题和认识问题，校本实践则需要关注新教师的个性需求，并将理性认识在教学实践中落地。

（一）校本实践的组织：“市—区—校”三级联动

以“市—区—校”三级联动的方式，定期研究和协同，形成最大合力，在校本教学实践的过程中助力新教师专业发展。市级培训机构负责统筹新教师培训工作，制定全市新教师培训政策制度，新教师培训的监督与指导，收集、提炼典型经验和优秀成果；各区根据

① 叶澜，白益民，王枬，陶志琼：《教师角色与教师发展新探》，北京，教育科学出版社，2001。

总方案和实际情况制定本区新教师校本实践实施计划与了解区域特色的地方课程，共同组织各区县新教师培训，构建新教师学习与发展支持服务体系；学员所在校为新教师配备师傅，带领新教师全面了解并融入学校环境，建立新教师培训管理制度，支持新教师专业学习，做实在岗实践的过程监管与考核评估，做好培训工作总结与成果展示。

（二）校本实践的实施：有意义的教学模仿

在学校师傅以及教研组的指导下，新教师在岗实践是一项有效的学习途径。吸收传统“师徒制”现场学习的经验，结合新教师教学模仿的相关研究成果，新教师学科教学的校本实践是一个完整的过程，可以分解为实践练习—教学观摩—实践改进—教学反思四个阶段，如表 3-4 新教师在岗实践学习四阶段：

表 3-4 新教师在岗实践学习四阶段[①]

指标	理想行为	实施目的	认知加工
实践练习	1. 独自备课，进行教学实践 2. 师傅听课，指出问题	发现问题	选择“问题”内容
教学观摩	1. 完整的观摩课例 2. 主讲教师陈述教学思路 3. 师傅分析理论知识的实践与实践知识的表现	课例信息结构化	组织选择的信息，进行符号表征
	1. 对比自身的教学实践 2. 表达学习收获	连接自我	将表征的内容与原有的内容相整合
实践改进	设计与实施实践改进的具体做法	动作再现	自我调整，创造性反应
教学反思	在师傅的引领之下复盘整个学习过程	总结发现问题、分析问题、解决问题的途径	促进实践性知识的建构

新教师观察学习的效果直接影响教学模仿的质量。班杜拉认为，观察学习是受注意、保持、动作再现以及动机等心理过程支配的[②]。个体通过观察他人的行为而形成从事某些新

① 胡春梅：《新教师教学模仿的主要特征、关键内容与认知过程》，载《教育科学研究》，2021（1）。
② 施良方：《学习论》，北京，人民教育出版社，2001。

行为的观念，观察者获得的实际上是他人活动的符号表征，也就是需要将视觉映像进行言语编码贮存在记忆中，这些记忆编码用来指导行为。在新教师学习过程中，教学观摩最大的问题在于教学观察时未对他人的行为进行符号编码，因而无法保存在记忆中，也就无法实现对行为的指导作用。对成年人而言，言语编码要比视觉信息更易于贮存和记忆。由于在独自的教学实践中，通过师傅的点评，新教师发现了教学问题，因而在教学观察时，新教师主要观察如何解决这一问题，观察他人怎么做，这就是注意相关信息的“选择”。课例结束之后，通过主讲教师陈述教学思路以及指导教师分析理论知识的实践与实践性知识的表现，组织选择的信息进行符号表征。最终课例设计与实施的每一环节与新教师的实践练习建立连结与整合，新教师在对比与差距中总结收获，提出实践改进的具体做法。当学习者在学习过程中经历以下三个重要的认知加工时，意义学习就发生了，包括选择、组织与整合[①]。

在新教师经历了独自的实践练习、教学观摩之后，其实践改进并不完全是教学观察时的动作再现。当然教学观摩时的现场效果，成为其动作再现的动机，言语编码也为动作再现提供了指导。可在通常情况下，人们都会在效仿的基础上加上自身的调整。如果新教师有多个模仿榜样，例如市级公开课、网络上的优秀课例视频、学校的教学师傅，其模仿的榜样行为就会变为各种榜样特征的组合。由于榜样的多样化，新教师就有可能做出创造性的反应。因而，新教师的教学模仿不只是让新教师完全模仿师傅那样去教学，跟随师傅亦步亦趋；榜样多样化的教学模仿也为新教师专业发展过程中创新能力的萌发奠定了基础。最后，新教师需要在师傅的引领之下复盘整个学习过程，总结发现问题、分析问题、解决问题的途径，以此促进新教师实践性知识的建构。

三、1～3年系统性培训机制

从教师发展的角度看，由师范生到初任教师的导入阶段对教师也至关重要，它不仅决定着教师的去留，而且影响他们将成为什么样的教师[②]。如何缩短理论与实践的距离、促进新教师知识转化的顺利完成，这需要教师培训者为刚刚站上讲台的新教师提供入职适应性的帮助。舍恩在其著作中提出了这样一个发人深思的问题：“专业教育的现行理念能产

---

① 【美】理查德·E. 梅耶：《应用学习科学》（盛群力、丁旭、钟丽佳译），北京，中国轻工业出版社，2019。

② 叶澜，白益民，王枬，陶志琼：《教师角色与教师发展新探》，北京，教育科学出版社，2001。

生适合充满复杂性、不确定性、矛盾性特征的实践世界的课程吗？”[①] 实际工作情境的复杂性、不确定性和矛盾性，成为专业教育适应实践世界的一大难题。

刘徽在其著作《大概念教学》中，曾引用诺丁汉提出的“学习深坑理论”，将学习划分为四个阶段[②]。学习者经历了“清晰—困惑—清晰”的逐渐转变，最终通过思考解决认知冲突，在反思总结的推动下达到的新的认知水平，是对先前知识的反思与超越。从新教师知识转化这一视角来看，在实践情境中的认知发展过程可以划分为认识情境、认知冲突、解决冲突，反思总结四个阶段，同样经历了“清晰—困惑—清晰”的逐渐转变，而这一过程并不是在新教师入职第一年就能完成，一般要经历 1~3 年的周期。

新教师最初的“清晰”或许只是表象，是其为了适应新的工作环境对学校、学生、教学的初步画像。在方向上、概念上似乎找准了，但在新教师开始教学工作以后，先前知识与实践情境之间不断产生认知冲突，也就是许多新教师工作以后所表达的“越来越困惑”。这期间需要通过情境与新教师之间的互动影响，重新建构其先前的知识。而最终的“清晰”是在经历了真实情境中的认知冲突，通过思考解决认知冲突后，在反思总结之中建构了学习者的元认知。结合新教师在实践情境学习的关键特征，表 3-5 新教师实践情境学习的关键特征与发展阶段可以作为新教师 1~3 年系统性培训机制确立的理论基础。

表 3-5 新教师实践情境学习的关键特征与发展阶段[③]

关键特征		认识情境	认知冲突	解决冲突	反思总结
发展阶段	从符号概念到具体经验	以概念认识情境	概念与经验脱节	概念与经验建立联系	知识应用的指涉性
	从“是什么”到“怎么用”	分析情境特征	情境与知识无关联	情境与知识建立联系	知识应用的条件性
	从分门别类到统整联合	依据情境需要选择知识	知识之间无关联	知识之间建立联系	知识应用的整合性
	从过度学习到多元呈现	以唯一观点认识情境	观点与现实不符合	分析、比照、整合其他观点	知识应用的多元性

① 【美】唐纳德·A. 舍恩：《培养反映的实践者：专业领域中关于教与学的一项全新设计》（郝彩虹、张玉荣、雷月梅、王志明译），北京，教育科学出版社，2008。
② 刘徽：《大概念教学：素养导向的单元整体设计》，北京，教育科学出版社，2022。
③ 胡春梅：《新教师实践情境学习：特征、困境及破解》，载《北京教育学院学报》，2023（3）。

以“从符号概念到具体经验 ”维度为例，在实践情境中新教师认知发展的第一阶段是认识情境，以理论学习的知识认识校园、认识学生、认识教学，在记忆的知识库里筛选出一些重要的概念。随着教学实践增多，实践情境的模糊性、复杂性与不确定性不断涌现，使得新教师出现理论知识与实践经验相脱节。要么是完全照搬书本知识，没有与实践情境的特征与需求相符合；要么是将学过的理论知识抛之脑后，因为找不到与实践情境的关联而成为无法调用的“惰性知识”。这就是新教师认知发展的第二阶段——认知冲突。此时的新教师坠入“困惑”的深坑。而在具体情境之中面对以上的认知冲突，新教师可以通过自我思考、师傅相助、同伴讨论等多种形式逐渐澄清自我认识、解决认知冲突。这是新教师认知发展的第三阶段——解决冲突。值得关注的是，多数新教师在这一阶段通过解决冲突提升了自我效能感，但是只有对整个过程的梳理、反思、总结才能通过具体情境中的认知冲突与解决，建构起对情境、策略和自我的认知，真正体验到从理论学习的“封闭的话语”走向实践情境的“深刻的理解”，实现认知的提升与超越。这是新教师认知发展的第四阶段——反思总结。新教师知识转化的关键特征构成不同维度，在经历了认识情境、认知冲突、解决冲突、反思总结四个阶段的认知发展后，才能完成知识转化、胜任教学实践，这也启示新教师培训者需要有目标地设计培训内容、有组织地实施推进。

依据新教师实践情境学习的关键特征与发展阶段，可将新教师入职的头三年做系统设计。入职第一年，对应于发展阶段的“认识情境”，新教师的主要任务是通过知识的补充与整合、教学的观察与模仿达到认识学校、认识学生、认识教学的目标；入职第二年，对应于发展阶段的“认知冲突”和“解决冲突”，新教师的主要任务是通过有指导的教学实践以及透过实践情境的反思能够在实践情境中解决实际问题；入职第三年，对应于发展阶段的“解决冲突”与“反思总结”，新教师的主要任务是能够做到教学与反思相辅相成，以过程性反思和主题性反思建构起对情境、策略和自我的认知。新教师 1~3 年系统性培养计划正处于实验阶段，以上内容有待在实践中检验论证。

第四章　熟练型教师培训模式创新

【学员感言】2018 年，作为一名教龄 10 年的一级教师，我很有幸参加了北京市首批优秀青年教师培训项目。在为期两年的学习中，我提前学到“真实情境”“大单元教学”“学、练、赛”等与新课标相关的教学理念和形式，并在诸多专家的引领下深入学习。我觉得“青蓝班”与其他培训最大的不同就在于：别的培训只是听一听、看一看，而“青蓝班”要求我们必须学懂、会用，培养的是实践运用能力和举一反三的思维方式，帮助我们逐步形成自己的教学风格。“青蓝班”给我提供平台和机会，帮助我取得了很多成果，使我的业务能力得到质的提升。我从一级教师晋级为高级教师，从区级学科带头人成为北京市级骨干，并在 2022 年荣获“北京市优秀教师”称号。

——北京市西城区宏庙小学　贾萌　北京市优秀青年教师培训项目学员

熟练型教师处于教师专业发展的第二个关键阶段，经历了新手型教师发展阶段的知识持续储备与教学经验积累的规范化培养，处在熟练应对重复性教学与教育教学方式持续改进优化阶段。本章分为三节，第一节基于熟练型教师的界定和内涵特征，熟练型教师专业发展的政策导向、价值实现、现实需求，以及熟练型教师专业发展需求模型解析，明确熟练型教师专业发展的核心要义为“教育教学方式的持续改进与优化”，为培训模式建构提供依据。第二节主要是在分析反思性实践的认识论、情境学习理论、成就目标定向理论等熟练型教师培训模式建构的理论基础上，进行“案例研究”与“协同式行动研究”两种熟练型教师培训模式的例析。第三节主要是从培训需求诊断、培训目标定位、培训内容呈现、培训方式运用、培训学员考核等培训模式构建的五个关键要点阐述熟练型教师培训的方案设计，并从管理体系、培训团队、培训时间、研究方式、学习方式五个方面呈现熟练型教师培训的实施策略。

第一节　新时代熟练型教师发展需求分析

新时代出台了很多关于基础教育教学与教师教育等方面的新政策与新举措，提出很多新理念与新要求，这既是教师发展的挑战，又是教师发展的机遇。新时代背景下，熟练型教师各自有着不同的教育与文化背景、学历与学科背景、专业和综合能力背景，其概念界定与内涵特征、价值实现与现实需求也在不断地变化，并存在显著的差异。只有在遵循教师专业发展基本规律的基础上，运用多样化的需求分析工具，确定新时代熟练型教师的最近发展区及其在专业信念、专业知识与专业能力方面的新需求，才能不断优化熟练型教师发展的专业路径。

一、熟练型教师的界定和内涵特征

（一）熟练型教师的界定

熟练型教师主要是指从教 5~10 年，职称多为一级和二级，拥有较丰富的教学知识与经验的区级和校级青年骨干教师。熟练型教师具有熟练的教学技能，能较好地把握学科知识结构，对学生比较了解，但缺乏对学科思想的深度把握，以及对学生差异的把握[①]。熟练型教师能制订较为规范的教学计划，基本了解课堂教学规范和课堂教学结构；能进行教学内容的讲解与示范，了解主要内容的教学过程与方法；能较好地控制课堂，基本能防止或处理教学中的突发事件；但对学生课堂学习的表现重视度不够，问题解决能力尚待提高。

（二）熟练型教师的内涵特征

1. 爱岗敬业：做到言行一致，有较强的大局意识与工作责任感

熟练型教师能够做到关爱学生身心健康，严格要求自己，努力提高知识和思想水平，保持言行一致和良好的行为方式；能够做到顾大局、识大体，自觉主动协调时间，以完成教学和管理任务为目标；对工作有较强的责任感，不断追求学识增长，视野开阔。

2. 职业认同：认真对待工作，对学校与教师有一定的认同感

熟练型教师能够按照国家规定的课程上课，在教学中投入较多的精力；开始反思自己的职业价值观，对教师工作与学生发展有一定的认识；对所在学校有一定的认同感，能较快融入教师集体；能够关注学生身心发展，但细节还做不到位，对简单和熟悉的工作有热情，而对复杂和陌生的工作缺乏热情。

3. 专业态度：主动投入教学，专业态度与发展正在不断成熟

熟练型教师有积极的专业态度，但遇到艰难险阻容易犹豫甚至退缩；虽然知道要进一步提升自己的专业水平，有短期或中期规划，但工作创新能力有待提高；充分备课，精心设计教学的每一个环节，课堂气氛较为活跃；主动与学生及其他教师交流，关注学生的学

① 中小学教师专业发展标准及指导课题组：中小学教师专业发展标准及指导·体育与健康，北京，北京师范大学出版社，2012。

习与收获，逐渐体会到教师职业的幸福感。

4. 知识技能：学识较为扎实，教法有效运用熟练度高于学法

熟练型教师具备基本的教育教学知识，能够说出教学设计与教学过程的依据，有效地运用基本方法和技巧传授知识技能；除讲授课标中规定的学科知识外，还能适当拓展其他学科知识；对中小学生的学习心理特点和认知发展规律有一定的了解，能有针对性地进行教学内容与方法的选用，但对学法指导与目标检测要点掌握还不熟练。

5. 教学策略：熟练驾驭课堂，呈现出重课中、轻课前的特征

熟练型教师经过多年教学实践，对课堂相关内容比较熟悉，对于课前的教学计划与准备已经形成一种定式，课前准备速度快、时间短，但教学策略刻板或僵化，程序性或套路性内容较多，课堂教学灵活度不够，不能很好适应不同的教学情境；教学常规工作程序逐渐熟练，能达到一种自动化的水平，保证教学有序且有效地进行①，也能根据课堂情境和学生学习的反应及时调整教学计划，及时关注学生间的交流与沟通，采用多种方式维持学生的注意力等。

6. 教学反思：有意识反思自我，教学反思后的改进有待提升

熟练型教师能够有意识地对自己的课堂教学和社团活动实践进行回顾、审视和反思，分析和解决自己教学中存在的问题和不足；较为关注课堂教学是否有效，课后评价以课堂教学是否成功作为主要内容，还不善于课后教学反思，在如何开展教学反思、反思什么、如何改进教学、改进什么等方面还有待提升。

7. 信息技术：简单操作熟练，尝试数据处理与网络交互教学

熟练型教师能够根据教科研需要进行信息检索与筛选，了解一些专题性教学资源网站，并获取相关信息，能熟练操作 PPT、视频剪辑和网络平台上传；了解数据处理的简单方法，尝试并初步分析课堂教学中相关数据的价值和有效性；尝试利用网络平台进行交互式校本教研和自主专业学习。

8. 教育科研：逐步探索科研，跟随团队与自主研究行为并存

熟练型教师能够通过课堂观察、师生交流、家长反应和学习效果检测等渠道，获取教学反馈信息，并据此反思自己的教育教学行为，归纳总结形成的教学文案能获校区级奖，尝试撰写与发表论文；能够跟随骨干教师参与科研课题研究，尝试自主选题，初步了解课题方案与研究报告的结构与写法，独自或与其他成员共同承担部分研究内容。

---

① 孟迎芳，连榕，郭春彦：《专家—熟手—新手型教师教学策略的比较研究》，载《心理发展与教育》，2004（4）。

二、熟练型教师专业发展的政策导向、价值实现和现实需求

（一）熟练型教师专业发展的政策导向

1. 国家级培训对乡村熟练型教师专业发展的政策导向

教育部教师工作司印发的《“国培计划”有关项目实施指南》（2020）中专门设立青年教师助力培训指南，目标任务定位在对任教三年以上、有发展潜力的乡村中小学青年教师开展不少于10天的师德养成与学科育人能力培训，助力乡村青年教师实现从合格到胜任的转变；聚焦乡村青年教师专业发展核心价值、必备品格和关键能力，依据教师培训课程指导标准，围绕师德修养、专业理念与学科知识、学科育人与教学反思、信息技术与学科融合四个维度设置培训课程；按学科组班，将教师工作坊贯穿于诊断示范、集中研修、研磨提升、规划成长等培训全过程，支持乡村青年教师持续成长。

2. 北京市级培训对熟练型教师专业发展的政策导向

2021年，北京市教工委、教委印发《关于“十四五”时期北京市中小学教师培训工作的实施方案》，文件在“重点工作（五）优秀中青年教师素质提升项目”里提到“面向优秀中青年骨干教师，开展学科教学、学生心理、科研能力、团队合作等方面的学习培训，提升其教育教学能力和教学研究能力，打造数以万计的优秀中青年教师队伍，为教师队伍提供充裕的后备力量”；并在“重点工作（十四）国际视野拓展项目”中提到“整合多渠道国际化培训资源，探索多种形式的国际化培训”“组织优秀青年教师到国际学校参观见习，探索与高校国际学院合作开展相关培训”。

（二）熟练型教师专业发展的价值实现

1. 在授业者价值实现的基础上，开始萌发学科专家思维

熟练型教师已经不满足于理解书本上、教材上的知识，而是转向理解学科知识是如何建构并与其他学科形成关联的；从既有知识的传授，转向持续不断的学习；从热衷于教学技能的训练提升，转向教育教学理论知识的充实；从关注学生学习上的进步，转向关注学生的素养培养。熟练型教师将自己定位为授业者与学习者，开始萌发完整的知识体系、系统的教学思维、追根溯源的概念能力、逻辑清晰的分类能力等学科专家思维。

2. 在产生课堂驾驭成就感的基础上，尝试开展研究与反思

熟练型教师已经能熟练地按照教材、教学参考资料、考试试卷和标准答案开展教学；但对于为什么教这些内容、为什么要这样教学、怎样才能教得更好，还未能进行深度思

考[①]。熟练型教师在产生课堂驾驭成就感的基础上，逐步能够以自己的教学活动为思考对象，尝试对自己的教学行为以及由此所产生的结果进行审视和分析，开始关注并逐步吸收与运用他人研究成果；在专家引领或教研组的带领下，能对发生在自己周围看似平常的教育现象进行探究，尝试开展针对教育教学真问题解决的行动研究，进行针对教师教学方式改进与学生学习方式指导的反思。

3. 在收获教师职业幸福感的基础上，逐步体验教师职业光辉

熟练型教师能够怀着满腔的热情投入到教师工作中，并在教师职业中享受着愉悦，体味到学生在预定的计划和教学单元里，带着兴趣完成学习任务的满足感；感受到学生的成长和进步是教师辛勤劳动的最好回报，也是教师在不断付出和给予中的价值所在。熟练型教师不再满足于做知识与技能的搬运工，而是开始探索学生的内心世界与有效的育人方式，根据不同的学生、内容和情境因材施教、推陈出新、学以致用，促进教师职业的艺术化，从而体验到教师职业光辉。

（三）熟练型教师专业发展的现实需求

1. 理念与能力提升的现实需求

熟练型教师理念与能力提升的现实需求依次是教育科学研究能力提升、学科教育教学能力提升、视野拓展及理念更新、专业发展规划能力和论文撰写能力提升。

2. 知识与技能提升的现实需求

熟练型教师知识与技能提升的现实需求主要是会分析教材内容体系，能正确把握教材所反映出来的学科知识体系和呈现逻辑；逐步深入了解学生学习的一般特点和规律，初步掌握研究学生、促进学生学习与发展的基本方法与必备技能；进一步掌握科学的教育方法和有效的教学技能，逐步发展教育教学能力，增长教育教学经验[②]。

3. 培训形式的现实需求

熟练型教师对培训形式的现实需求主要集中在个性化指导、案例分析讨论、教学示范（观摩教学）、经验交流、实地考察，其次是工作坊研讨、参与课题研究、撰写教育教学论文、校本教研（研讨、集体备课），对于专家讲座、读书指导的现实需求度不高。

4. 培训专家的现实需求

熟练型教师对培训专家的现实需求主要集中在教育教学专家、知名教师、中小学学科带头人、教材编写人员四类人群，对培训机构专职教师、教育行政人员的现实需求度并不高。

---

① 王枬：《论教师职业的内在价值》，载《教育研究》，2000（9）。
② 陈雁飞，张庆新：《精准·精细：农村中小学体育教师教学能力培训指南》，北京，北京教育出版社，2020。

三、熟练型教师专业发展需求模型解析

根据教师的专业发展基本规律，结合熟练型教师的内涵特征分析结果，熟练型教师的专业发展短板主要体现在专业知识掌握不够系统、教学经验不够丰富、对教学内容深度把握不够、对学生缺乏系统了解研究，其专业发展任务主要集中在加深加宽知识、准确把握教材、有效指导教学和系统了解学生，相应的专业发展的侧重点主要是使教师会分析教材内容体系，能正确把握教材所反映的知识技能体系和呈现逻辑；了解学生学习的一般特点和规律，了解学生研究的基本方法；掌握必要的促进学生学习和发展的基本技能，进一步提高教学能力，增长教学经验。

鉴于此，北京教育学院研训团队结合多年来从事中小学教师教育的相关教学与研究经验，提炼出熟练型教师专业发展的核心要义为“教育教学方式的持续改进与优化”，即在面对不同的学生、不同的内容、不同的情境，逐步熟练应对重复性教学的基础上，从专业信念、专业知识、专业能力等维度进行评估诊断、实践反思、比对分析、扬长补短，持续开展学科育人方式、课堂教学方式的改进，以及学科育人能力、教学研究能力的提升，进一步提高教师职业的认同感、成就感、幸福感，努力发展成为胜任型教师。

（一）最近发展区需求模型解析

教师的专业发展是一个动态发展的过程，在每个发展阶段，其专业发展的特征与需求都有所不同。关于教师专业发展需求模型并不多见，主要有教师培训需求分析的冰山模型、弓箭模型，以及行为导向的教师培训需求分析进阶模型。冰山模型从人员需求、工作需求、组织需求、社会需求四个维度进行分析，突出强调冰山之下容易被忽略的工作需求、组织需求、社会需求；弓箭模型提供了组织需求和人员需求不一致时的满足顺序[①]；行为导向的教师培训需求分析进阶模型分为建构理想行为、分析行为差距、定位培训需求三个阶段[②]。

为了加强熟练型教师专业发展的准确定位与精准指导，可以在借鉴上述较为成熟的教师培训需求分析的基础上，首先，从专业信念、专业知识、专业能力三个方面及其下维关键指标入手，通过文献、调研、诊断、测评、访谈等方式，分析提炼熟练型教师的核心素养与具体行为的理想状态与现实状态，比对并确定熟练型教师不同专业发展指标的差距；其次，结合人员需求、工作需求、组织需求、社会需求四个维度及其满足顺序的分析，确

---

① 余新：《教师培训师专业修炼（第2版）》，北京，教育科学出版社，2022。

② 申军红，王永祥，郝国强：《教师培训需求分析模型建构研究——以海淀区中小学新任班主任为例》，载《教师教育研究》，2016（6）。

定熟练型教师不同专业发展指标的需求程度与排列顺序，进而构建“熟练型教师最近发展区需求分析模型”（如图 4-1 所示）。

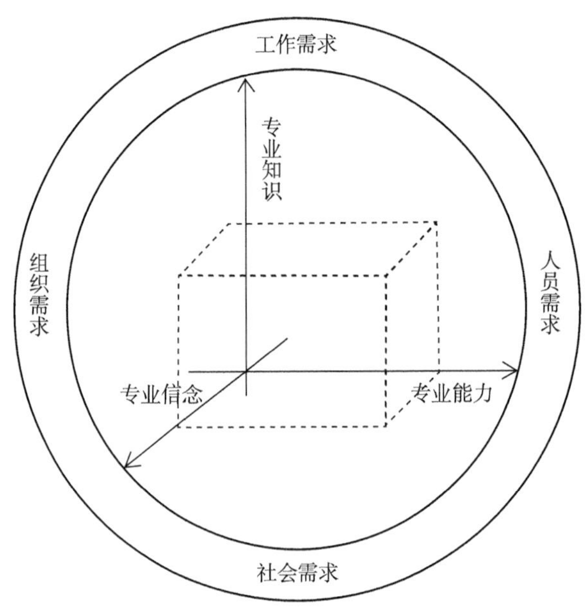

图 4-1 熟练型教师最近发展区需求“三维向度”分析模型

熟练型教师专业发展的理想状态是指向“教育教学方式的持续改进与优化”的各类指标都能达到该发展阶段的最佳状态，会呈现出一个较为规范的正方体或长方体，但因为不同熟练型教师专业发展的起点并不相同，敬业爱岗、职业认同、关爱学生、专业态度、行为修养等专业信念深度强弱不一，对于“教育教学方式的持续改进与优化”所需的教育知识、课程知识、学科知识、学生知识等专业知识储备存在差异，以及在学习环境创设、学习方案设计、教学活动实施、学习方法指导、学习评价开展、课堂组织管理、学生品行教育、教学反思、诊断评价、教育科研、信息技术、自身规划等方面的专业能力水平高低有别，其发展的现实状态会呈现出一个个形状独特、容积不同的多边体，甚至有个别指标已经达到胜任型教师的核心素养与具体行为要求。

（二）需求分析工具

熟练型教师专业发展需求分析可以从教师、学校、区域、学生四个维度，训前、训中、训后三个阶段，采用 SWOT 分析、问卷调查、课堂观察、研修日志、测评法、小组研讨、访谈法、自我分析、专家法、档案分析等方法进行①。目前，北京教育学院研训团队自主开

① 王晔，李津：《构建多维需求调研模型，服务教师精准培训实施——基于人工智能的 TSDS 多维需求调研分析建模创新实践》，载《河南教育（教师教育）》，2023（3）。

发的熟练型教师需求分析工具主要有熟练型教师能力检测表（如表 4-1 所示）、熟练型教师单元教学设计与实施能力诊断表（如表 4-2 所示）等。

表 4-1　熟练型教师能力检测表

检测内容	检测维度	检测要点	分值
专业信念	专业理想、职业理念	对教育的认知，教师观、学生观、素质教育观等	10
	职业发展目标	职业理想和目标、职业规划、职业投入等	10
专业知识	学科知识	学科专业知识和技能	10
专业能力	学科教学	学科教学设计、教学实践、教学反思与评价、教学案例分析等	10
	教育科研能力	科研方法、科研经历和经验、科研成果等	10
	与学生相关的教育事件	师生关系、教师作用、学生变化等	10
	遇到问题寻求的支持	问题分析、寻求支持途径、问题解决过程等	10
	阅读与获取信息途径	自身学习和发展意愿、阅读与获取信息的途径和经历、学习变化等	10
	关注或进行的教学改革	对教改要求的了解、适应教改的措施、对教改问题的解决等	10
	沟通反思能力	自身现状分析、沟通技巧、团队领导能力、自我反思能力等	10
满分			100

表 4-2　熟练型教师单元教学设计与实施能力诊断表

诊断维度	诊断要点	分值	诊断结果
1. 主题名称与概述	1.1 体现育人意义与育人价值的大主题 1.2 促进学生核心素养发展的大概念，而非简单列出内容名称 1.3 关注学科的特性、学习内容与学习过程的结构，而非单一知识与技能或是目标的堆砌	10	

续表

诊断维度	诊断要点	分值	诊断结果
2. 学情分析	2.1 分析学生已有生活、知识、活动、方法等经验 2.2 着眼于本单元涉及内容的整体性、具体化描述，而非笼统性、不具备区分性的描述 2.3 采用经验和数据相结合的方式	10	
3. 单元学习目标	3.1 整体涵盖学科核心素养及其下维的内容要点 3.2 体现学习目标的三要素："条件""行为与表现""结果" 3.3 尽可能具有可观测性与表现性，关联核心素养或学业质量	10	
4. 开放性学习环境	4.1 列出具体的、数量适宜的教具，适当使用现代信息技术、智能终端等物理环境 4.2 适当采用数字资源、软件工具、网络平台等虚拟环境 4.3 注意创设师生、生生互动或是融入学校地域的人文环境	5	
5. 教学过程（挑战性学习任务或活动）	5.1 完整的单元教学设计方案 5.2 符合学生的有一定选择性的挑战性学习任务或活动 5.3 提炼出每节课或小单元学习主题，或是有较为清晰，有一定区分度的学习任务或活动 5.4 每节课均有学习结果的知识与技能运用或检测 5.5 不单独设置测验课，在学习任务或活动等运用情境中完成学习评价，实现教学评一体化	40	
6. 持续性学习评价	6.1 基于核心素养提炼具体、简便、可检测的表现性学习评价指标 6.2 基于过程性记录的学习评价 6.3 前后量化性数据测试或是可视化学习结果呈现，形成学习前后的比对	10	
7. 教学反思与改进	7.1 体现出各课时的反思性教学改进，汇总提炼出的单元教学反思与改进设想 7.2 具体明确主要经验或需要改进的方面	10	
8. 单元作业设计	8.1 作业与所学内容有一定的关联，要体现学习目标的达成与单元学业评价 8.2 关注实践性、综合性及长周期作业的设计	5	
总分		100	

第二节　熟练型教师培训模式建构

为了更好地助推熟练型教师向胜任型教师发展，要深入剖析熟练型教师专业信念、专业知识与专业能力方面的表现，围绕熟练型教师专业发展的核心要义“教育教学方式的持续改进与优化”，凝练出指向学科育人能力、课堂教学改进等方向的培训主题，基于反思性实践的认识论、情境学习理论、成就目标定向理论等，构建有针对性、实效性的培训模式，在真实的课堂教学与研究情境中，通过有组织的学习共同体，围绕具有一定挑战性的个人或团体的展示、交流、分享等任务，对自我的教学实践开展持续性深度反思。

一、熟练型教师培训模式建构的理论基础

（一）反思性实践的认识论

“反思性实践”是由美国当代著名哲学家、教育家唐纳德 · 舍恩（Donald Schon）提出的一种对学术与实践之间的关系重新进行审视与评估的新的“实践认识论”[①]。舍恩认为，“反思性实践是早期教师教育的重要组成部分，教师的专业知识不仅是通过实践来发展的，而且是通过对他们的经验的系统分析来发展的，这种反思的过程可以帮助教师理解为什么一个关键事件会发生，以及如何在未来减轻或解决它。与此相反，不参与反思的教师往往会导致教学的僵化，如果没有通过反思性实践认识到实践的优点和缺点，教师就可能缺乏改进方法的动机和有效改进方法所必需的证据，最终限制了他们创造性地应对意外情况的能力”[②]。而有针对性、实效性、持续性的深度教学反思是熟练型教师专业发展的关键要点。

反思性实践的认识论有两个基本的观点：“在行动中认识”与“在行动中反思”。在行动中认识是反思性实践的前提，在行动中反思是反思性实践的核心[③]。在行动中认识通常是指实践者在行动中的思维随着活动开展的发生而持续改变的过程，即对思维的认知需要根据行动来了解[④]。在实际的教学活动中，有经验的教师在问题解决过程中除了使用分析、

---

① 【美】唐纳德 · A. 舍恩：《培养反映的实践者：专业领域中关于教与学的一项全新设计》（郝彩虹、张玉荣、雷月梅、王志明译），北京，教育科学出版社，2008。

② SCHON D A. Educating the reflective practitioner:towards a new design for teaching and learning in the professions [J].Australian Journal of Adult Learning，2010，50（2）.

③ 郑旭东，杨九民，苗浩：《反思性实践的认识论：教学设计实践审视与教学设计人员成长的新视角》，载《中国电化教育》，2015（5）。

④ 尹坚勤，田燕，陈华：《“反思性实践者”：新时期学前教师教育特征解构与路径探讨》，载《江苏高教》，2019（12）。

推理与逻辑性的显性知识外，还采用各种直觉、艺术和想象等隐性知识，且这些隐性知识经常难以用结构清楚的言语表达出来，往往潜藏于教师与学生在不同情境进行交互的感受当中[①]。

在行动中反思是实践者在行动过程中展现出来的思考，是其结合自身原有的经验知识和理论观点与问题情境进行交互的过程[②]。从教师实际教学活动的开展时序来说，反思性实践可以分成为行动反思、行动中反思、对行动反思三个基本步骤。其中，为行动反思发生于教学活动开始之前，主要是教师对教学活动设计的一些思考和实施策略。行动中反思发生于教学活动实施过程中，是教师根据教学活动开展的实际情况，利用不同的问题假设和解决策略，思考不同的潜在方法，并根据这些信息采取行动。对行动反思通常发生于教学活动结束之后，是教师对教学实践行动进行的总结性反思，将其中的教学经验进行归纳与提炼。

（二）情境学习理论

情境学习理论是 20 世纪 90 年代以来当代西方学习理论领域研究的热点，其关于学习的隐喻是“学习是社会协商，学习的实质体现为从边缘性参与实践共同体逐步过渡到核心参与实践共同体这一过程”[③]。

情境学习理论的主要观点是“情境认知、合法的边缘性参与、实践共同体”[④]。情境学习理论强调情境性是知识的固有属性，并不存在所谓的脱离情境的普遍性的知识，相较于知识的迁移，更准确的说法应该是知识的泛化，即“个体在一种情境中成功地参与了活动，能够帮助其更好地参与其他活动”[⑤]。人类学家让·莱夫（Jean Lave）在《情境学习：合法的边缘性参与》中指出“应该从参与实际活动的过程中学习知识，但是学习历程是由周边开始再不断向核心推进，逐步深入参与真实的活动的过程”[⑥]。基于情境的学习者必须是共同体中的“合法的”真正的参与者，而不是被动的观察者，同时他们的活动也应该在共同

---

① 孙华，张志红：《反思性实践认识论引领下的人工智能科技教师培训模式创新》，载《未来与发展》，2022，46（4）。

② SchoN，D.A. Knowing -in -action:The new scholarship requires a new epistemology. Change:The Magazine of Higher Learning，1995，27（6）.

③ 王中男，崔允漷：《教师专业发展为什么要学校本位——情境学习理论的视角》，载《上海教育科研》，2011(7)。

④ 周靖毅：《情境学习理论视角下教师培训模式的变革》，载《教育理论与实践》，2017，37（4）。

⑤ Greeno，J. G. On Claims that Answer the Wrong Questions.Educational Researcher，1997，26（1）.

⑥ 陈梅香，连榕：《情境学习理论在教育中的应用》，载《当代教育论坛》，2005（4）。

体工作的情境中进行[①]。实践共同体的概念使得情境学习理论突破了师徒制的界限，实践共同体是建立在实践活动基础上的学习体，其存在形式是多种多样的，可以是一个学习小组，也可以是一个巨大的学习网络；可以是一个面对面交流的实体，也可以是一个在线交流的虚拟体；可以是一个结构化的正式组织，也可以是非正式的甚至无形的组织[②]。

情境学习理论给予我们的启示是：知识不仅要“活学”，还要“活用”。如何在为熟练型教师提供专业知识的同时，为其创造或开发出运用这些知识的任务情境或活动，是开展熟练型教师专业发展活动时所要思考的关键问题。接下来要思考的问题是，知识怎么活用？任务性情境或活动如何展开？围绕什么展开？我们认为，熟练型教师的专业发展特征与需求决定了其应该在情境中学习、在情境中迁移和重组知识、在情境中进行知识的传承和转化、在情境中建构认知的生长。

（三）成就目标定向理论

“目标定向”这一概念源于美国人格心理学、社会心理学和发展心理学领域的杰出研究者卡罗尔·德韦克（Carol S.Dweck）及其合作者基于对学生群体成就动机研究所提出的成就目标理论[③]。德韦克指出成就目标定向是在成就情境中，个体所拥有的对成功及其标准和意义等的认知观念，是个体对成功的价值取向，即个体对认为有意义的事情愿意去做，并力求取得成功的一种内部推动力量[④]。艾姆斯（C.Ames）认为成就目标定向是成败归因、情感、能力信念的组合形式，是个体对学习意义、工作任务以及成功追求的知觉[⑤]。从研究者对成就目标定向所下的定义可以看出，成就目标定向反映了个体对于自己及所追求目标的认知，对个体的行为倾向有极强的推动作用[⑥]。

心理学家们经过长期的研究，认为在成就情境中存在两种会对个体的成就行为产生重要影响的目标定向，一是学习目标或任务目标或任务定向，二是成绩目标或自我定向[⑦]。学习目标定向占优势的个体的显著特点是把注意力集中在对任务的把握和理解之上，因此他

---

① 谢丽，李念：《情境学习理论对教师培训的启示》，载《中小学教师培训》，2006（11）。
② 周靖毅：《情境学习理论视角下教师培训模式的变革》，载《教育理论与实践》，2017，37（4）。
③ 朱丽雅：《大学生成就动机、成就目标定向、学业自我效能对成绩的影响模式探析》，吉林大学，2012。
④ Dweck，C.S.Motivational processes affecting learning.American Psychologist.1986，41（10）.
⑤ Ames，C. Classroom：goal，structures，and motivation . Journal of education psychology，1992，84.
⑥ 邹军：《教师变革型领导与青少年领导力的关系：自我效能感与成就目标定向的中介作用》，湖南师范大学，2019。
⑦ 廖美玲：《新手—熟手—专家型教师成就目标定向与人格特征的研究》。福建师范大学，2002。

们倾向于把能力的提高和对任务的掌握和理解程度作为成功的标准。他们在行为中表现出“控制”的反应模式，失败被看作是寻求解决问题的方法和达到特定目标的有效途径。

对于熟练型教师而言，成就目标定向占优势者有向他人展示自己才智和能力的意愿，但极力回避那些可能失败或会表现出自己低能的情境，因此他们倾向于以参照群体来评价自己的成功。当他们的工作绩效较低时，就会怀疑自己的能力，并做出一些非适应性行为，在行动中就会表现出“无助”的反应模式[①]，这也是熟练型教师专业发展需要重点关注的方面。

二、熟练型教师培训模式建构的实践探索

（一）“案例研究”培训模式

1．基于案例研究的 LDGPIP 培训模式

教师的知识结构 = 原理规则的知识 + 教育案例知识 + 实践智慧知识，处在不同发展阶段的教师，其专业知识，从一般原理规则的知识，到特殊案例的知识，再到运用原理规则于特定案例的策略知识是不同的[②]。熟练型教师正处于在教学实践中逐步积累案例知识（指学科教学的特殊案例与个别经验），有意识反思自我，但教学反思后的改进有待提升的阶段，因此，采用案例教学与实践反思相结合的案例研究是熟练型教师专业发展的必由之路。

案例研究是熟练型教师培训项目实施的核心和重点内容，根据案例研究的逻辑思路设计了以下六个阶段：引发思考、问题碰撞、选题确定、理论设计、教学实践、反思改进。为了保证这六个阶段顺利开展并取得相应的成果，培训项目组在每个阶段设置不同的培养要点，同时根据培训需求设计“LDGPIP”的培训模式，最后每个阶段都明确具体的成果要求。以 2020—2022 年北京教育学院“优秀青年教师素质提升研修项目”小学体育学科育人能力提升——课课赛案例研究培训模式为例（如图 4-2 所示）。

“LDGPIP”培训模式包括：引领（leading）、对话（dialogue）、指导（guidance）、实践（practice）、反思（introspection）、提高（progress）等六种[③]。其中，引领（leading）特指教育专家、训练专家和科研专家授课引领，包括教育理念发展的最新趋势，核心素养、结构化、情境化和大单元教学理念，案例研究基本能力知识等，分别应用在案例研究的“引发思考”“问题碰撞”“选题确定”等方面。对话（dialogue）是指学员在充分聆听专家授课之后，或与专家进行小学体育学科育人能力提升——课课赛问题研讨以及选题确定时，

① 王雁飞，方俐洛，凌文辁：《成就目标定向与社会认知的关系》，载《心理学动态》，2001（3）。
② 王明平：《案例研究实践反思与教师实践性智慧发展》，载《中小学教师培训》，2003（10）。
③ 史红亮，张庆新：《基于“案例研究”的小学体育优秀青年骨干教师培养路径探索》，载《体育教学》，2023，43（3）。

与专家就自己的困惑和发现的问题进行面对面或网络形式的充分沟通与交流，分别应用在案例研究的“引发思考”“问题碰撞”“选题确定”等方面。指导（guidance）是指培训项目组为不同运动项目小组研究安排的理论与实践导师，全程指导课课赛案例研究的过程，包括“问题碰撞”“选题确定”“理论设计”“教学实践”等方面。实践（practice）直接指向学科育人案例的“理论设计”“教学实践”和“反思改进”，目的是验证课课赛案例设计的合理性。反思（introspection）和提高（progress）主要是指教师根据实践反馈，反思课课赛案例设计的合理性，并根据问题调整设计内容，提高课课赛案例设计的合理性、有效性，并提高教师的案例设计能力，主要应用在“反思改进”阶段。

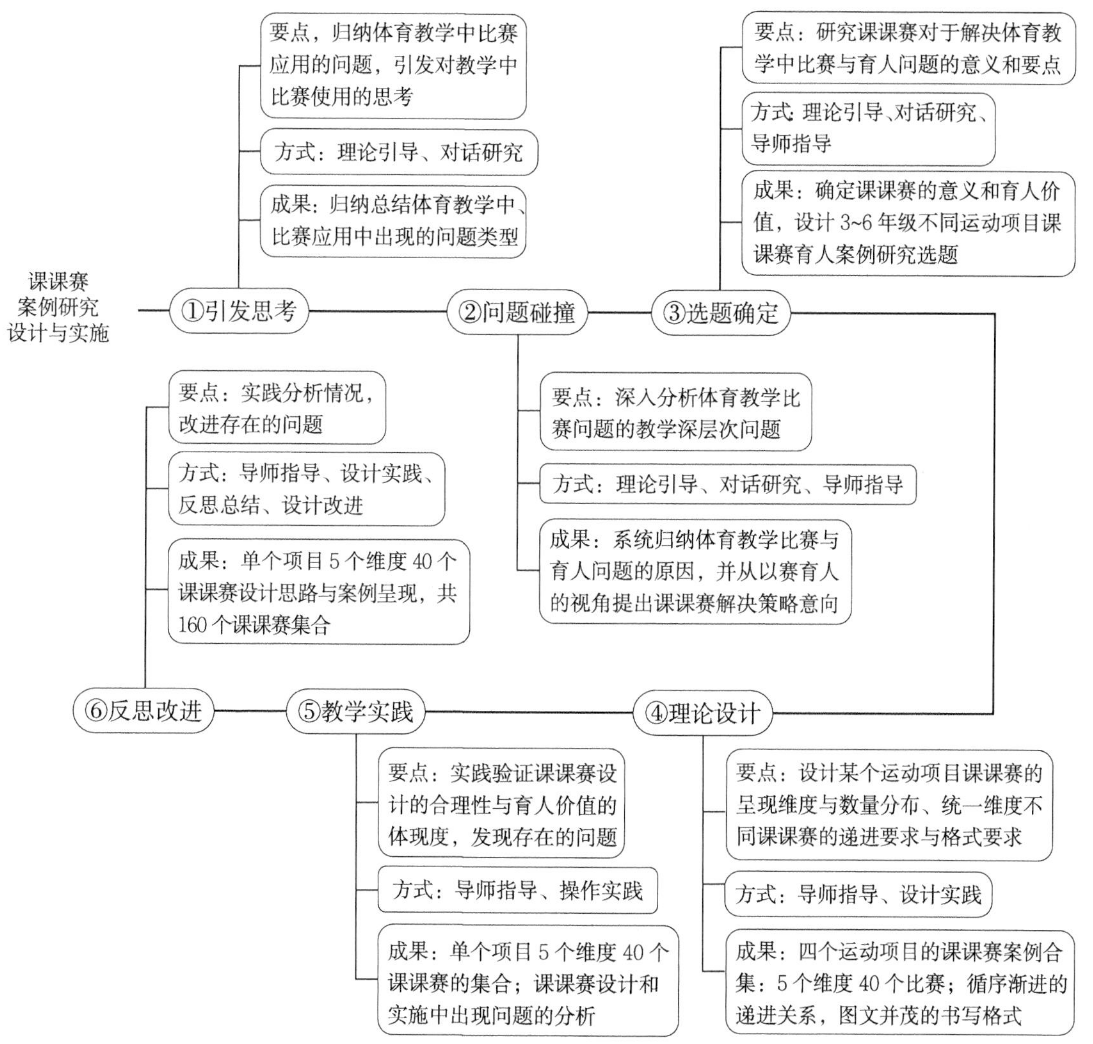

图 4-2 “优秀青年教师素质提升研修项目”小学体育学科育人能力提升——课课赛案例研究

2. 基于案例研究的培训推进方式

熟练型教师培训项目周期为 2 年，分 4 个学期，共计 280 学时。结合熟练型教师培训定位、发展方向以及学科特点，培训项目突出以案例研究为主线的培训思路，依据熟练型教师应具备的专业理念、专业知识、科研能力和实践检验设置教学观念模块、学科教学理论模块、案例研究能力模块、案例研究设计与实施模块。第一阶段进行的是教学观念模块的教学，让教师在一开始就形成学科育人的指导思想，掌握教育教学发展的最新动态，使案例研究从一开始就具备正确的指导思想和正确的研究方向。第二阶段同时进行学科教学理论模块和案例研究能力模块的教学，让教师掌握学科课程的主要思想、核心素养的概念、结构化教学的流程、基于情境的教学、大单元教学等相关理念，为案例研究的开展提供专业教学理念方法。同时进行案例研究规范与流程、研究方法和策略等科研知识的学习，让教师掌握规范的案例研究要求。第三阶段进行案例研究设计与实施模块教学，通过选取适宜的学科育人主题，设计案例内容，进行实践检验等方式完成案例撰写，形成最终成果（如图 4-3 所示）。

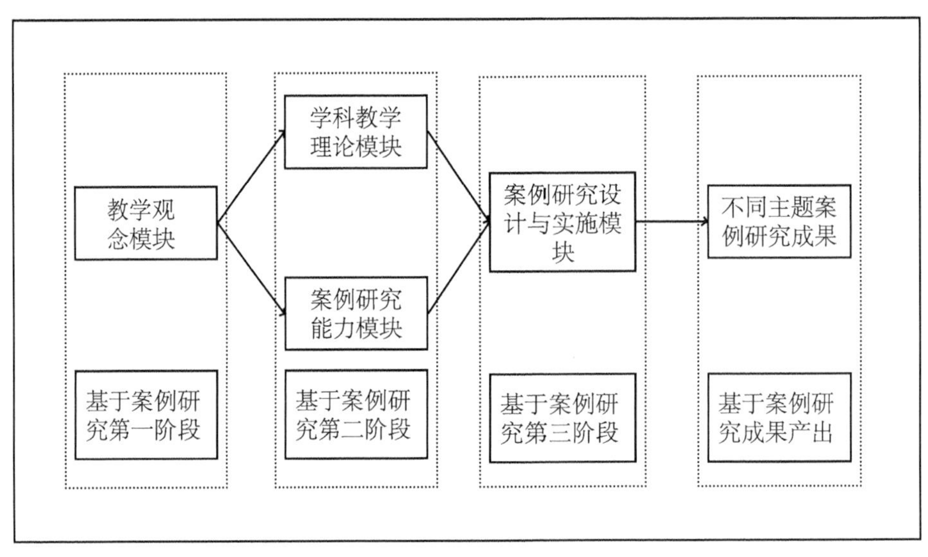

图 4-3　基于案例研究的培训推进方式示意图

（二）“协同式行动研究”培训模式

以区级青年骨干教师为主体的北京市通州区名师工作室“协同式行动研究”培训模式作为案例，与“优青班”（原“青蓝班”）的案例研究模式操作路径不一样。案例研究指向的是熟练型教师内涵特征中的教学策略、教学反思、知识技能，主要是促进教学经验积累与实践智慧形成；协同式行动研究指向的是熟练型教师内涵特征中的教育科研、教学策略、教学反思，主要是提升在行动中的研究能力。

1. 基于协同式行动研究的培训模式构建

随着基础教育改革的深入推进，要求教师树立“教学即研究”的课程意识，形成“发现问题—明确课题—实践研究—解决问题—专业提升”的研究路径。而熟练型教师表现为逐步探索科研，跟随团队与自主研究行为并存，但也出现选题时无从下手、研究中单兵作战、出现问题不知求助等研究状态。因此，开展协同式行动研究的培训模式是熟练型教师培训模式的一个新探索，基于教师开展行动研究的实践性取向、行动与研究融合、教师本人即研究者、改进教师工作、提升教师工作状态等特点①，集结课题研究小组的研究行为、学习共同体的学习行为、体育教师的教学行为，采用主题式研究引领、导师制全程跟进、教研训一体化、阶段性任务驱动、不同成果同步交流等方式，提升熟练型教师在研究中行动的能力和在行动中研究的能力。

熟练型教师协同式行动研究的培训模式，即在总项目组行动研究主题的引领下，各学科培训团队结合学科特点与教师实际情况生成更为具体的学科行动研究主题。每位教师在学科行动研究主题的范畴内，结合自己的教学特长与教学现状，2 年内的教学对象与教学内容、教学现状调查与问题分析，各自选定一个行动研究子主题，从问题形成与选题确定、方案撰写与方案实施、教学实践与教学观察、教学反思与教学改进、结论归纳与报告撰写等方面展开持续 4 个学期的“1 个大主题 +N 个子主题”“1 个研究进度 +N 个同类研究同步交流”“1 个工作室引领 +N 个校本研修团队推进”的协同式行动研究全过程训练（如表 4-3 所示）。

表 4-3　北京市通州区中小学体育名师工作室行动研究主题示例

总主题	学科主题	名师工作室行动研究主题
基于新课程标准的学科课堂教学改进	新课标、新义考背景下中小学体育教学改进	新课标、新义考背景下小学生体能游戏化教学改进
		新课标背景下小学三年级学生敏感期体能“课课练”的设计与实施
		体能“课课练”对提高小学高年级学生 50 米跑成绩的教学改进
		新课标背景下小学二年级操控性运动技能游戏化教学改进
		新课标背景下小学体操类技巧组合大单元教学改进
		新课标背景下小学四年级中国式摔跤大单元教学改进

① 陈向明：《参与式行动研究与教师专业发展》，载《教育科学研究》，2006（5）。

续表

总主题	学科主题	名师工作室行动研究主题
基于新课程标准的学科课堂教学改进	新课标、新义考背景下中小学体育教学改进	新课标背景下小学高年级足球大单元教学改进
		跨学科视角下数学知识融入基本运动技能教学的实践研究
		新课标背景下小学“体育＋红色教育”跨学科主题学习的教学改进
		北京体育义考新政策下小初体能教学衔接策略实践研究
		新课标背景下功能性力量训练对中学生体育课堂效果的相关性研究
		新义考背景下核心力量训练对提高现场考试素质项目Ⅱ成绩的影响
		新课标、新义考背景下“学练赛”一体化的技巧大单元设计与实施
		绳梯训练在新义考体育“足球折返运球＋射门组合”中的应用研究
		视频反馈教学法在新义考体育排球垫球教学中的实践研究

注：北京市通州区中小学体育名师工作室成员均为区级青年骨干教师，与熟练型教师的界定基本保持一致。

2. 基于协同式行动研究的培训推进方式

培训项目根据实施方案，围绕协同式行动研究主题与“研究引领、创新教学”的培养理念，根据能力诊断、研究具象、教学改进、成果固化四个阶段不同的培养要点，从理念、方法、案例、技术、策略多角度精选新课标修订小组核心成员、行动研究专家、学科专家，以及一线正高级、特级教师、教研员、名师，分别采用课堂诊断、名师访谈、作品分析、专题讲座、行动研究、研究指导、开题论证、教学改进、案例分享、报告撰写、研讨答辩、成果展示等多样化的学习形式，通过教研训一体、线上与线下混合式、京内与京外相结合的方式，开展多样化、有针对性、有实效性的活动。具体可参考第三期北京市通州区中小学体育名师工作室以“新课标、新义考背景下中小学体育教学改进”为主题的协同式行动研究推进方式（如图4-4所示）。

此外，熟练型教师培训项目注重教师行动研究与学习以及教学实践的紧密结合，注重技能实操与能力迁移、成果转化，在每一个阶段均有具体的任务驱动推进，在每一个阶段均有具体的成果产出。对于参训教师绩效总结性成果的要求是“1-1-2-1”标识性成果，即完成1个主题行动研究开题报告、1个单元教学设计、2节代表性课例研究或讲座、1个主题行动研究结题报告。

第三期北京市通州区中小学体育名师工作室“协同式行动研究”推进方式

①能力诊断
- 要点：自我与他人诊断，细化成果目标与研究方案
- 形式：课堂诊断、名师访谈、专题讲座
- 活动 1：专业和综合教学能力诊断、学员已有成果交流、交流行动学习与研究方向
- 活动 2：体育学科前沿理论、新课标与新义考体育理念等理论学习专题讲座
  - 任务 1：1 份我的教学能力诊断 SWOT 分析
  - 任务 2：1 节教学能力初步诊断的课例展示

②研究具象与教学改进 1.0
- 要点：初步实施研究方案，调整预期成果目标
- 形式：行动研究、专题讲座、研究指导、开题论证
- 活动 1：个人行动研究方案研制与完善、开题论证
- 活动 2：体育老师如何开展行动研究等参与式学科专题讲座与分组指导
- 活动 3：新义考体育考试内容的特性分析与教学策略、体育大单元、学练赛一体化设计与实施等参与式学科专题讲座、分组指导与观摩学习
- 活动 4：新课标、新义考背景下中小学体育教学改进成果展示与教学反思 1.0、行动学习与研究过程进展交流 1.0
  - 任务 1：1 份个人行动学习与研究方案
  - 任务 2：1 个学期大单元教学设计 1.0
  - 任务 3：1 节学练赛一体化的课时教学设计与课例

③教学改进 2.0
- 要点：多轮次教学改进研究，提炼与指导研究成果
- 形式：教学改进、案例分享、研究指导、专题讲座
- 活动 1：京内外访学交流与观摩学习（线上与线下）
- 活动 2：基于课例研究的高效课堂教学改进与基于成果导向的复合型名师成长培养策略等参与式学科专题讲座
- 活动 3：新课标、新义考背景下中小学体育教学改进成果展示与教学反思 2.0、行动学习与研究过程进展交流 2.0
  - 任务 1：学期大单元教学设计 2.0
  - 任务 2：1 节凸显教学特长的课时教学设计与课例
  - 任务 3：1 次与行动研究主题相关的校本教研活动

④成果规划
- 要点：集结不同特色研究成果，完成答辩与展示
- 形式：报告撰写、专家指导、研讨答辩、成果展示
- 活动 1：行动研究成果提炼、写作辅导
- 活动 2：行动研究成果撰写与投稿指导
- 活动 3：行动研究成果专题研讨、答辩
- 活动 4：行动研究成果的观点分享与成果全员展示
  - 任务 1：个人行动研究报告
  - 任务 2：行动研究成果展示

图 4-4　第三期北京市通州区中小学体育名师工作室“协同式行动研究”推进方式

第三节　熟练型教师培训模式应用

高质量的教师培训模式应用需要高质量的培训方案作为核心载体，需要创新型的培训实施策略作为基本保障，需要多元化的培训学习评价作为检测依据。因此，熟练型教师培训模式的应用要在深入研究熟练型教师专业发展规律和学习特征的基础上，运用“学用结合、研训结合”“实践导向、成果导向”的培训理念与方略，不断完善培训模式、提高培训质量，助推熟练型教师的教育教学方式改进、优化、创新，专业与综合素养补短、促强、提升。

一、熟练型教师培训的方案设计

熟练型教师培训方案是熟练型教师培训项目的施工蓝图，是对培训项目各方面整体化设计的文本表达。培训方案制定的好坏，直接影响培训项目的质量和成效。设计熟练型教师培训方案，需要在深度了解熟练型教师的内涵特征的基础上，深度剖析新时代熟练型教师专业发展的政策导向、价值实现与现实需求，针对培训需求诊断、培训目标定位、培训内容呈现、培训方式运用、培训学员考核等关键要点，开展调查、分析、思考、研究、设计、讨论等系列工作，进而形成指向熟练型教师最近发展区的高质量培训方案。

（一）多维度、多视角的培训需求诊断

首先，针对参训的熟练型教师基本情况和培训需求做好精准化的科学调研是确保培训质量和落实培训目标的首要基础。高质量培训需解决的首要问题是清楚“为什么培训”的问题。根据教师专业发展相关政策文件与理论指导，在清晰熟练型教师培训的总体任务和目标后，采用前期调研、问卷调查、教学案例分析与教师能力诊断多种方式，对参训教师的培训需求进行深入分析。

例如，指向学科课堂教学改进的熟练型体育教师培训团队根据《北京市中小学体育教师专业发展指导》的研究结果，结合北京市中小学体育教师队伍现有政策与问题的调研报告，以及前两期通州区中小学体育名师工作室培训经验，对第三期培训对象进行前期调研、问卷调查与综合分析结果显示（如表 4-4 所示）。

表 4-4　第三期北京市通州区体育名师工作室成员基本情况的多维分析结果

维度	分析结果
发展阶段	区级青年骨干教师，多数为熟练型教师，有自己的创新意识与实践成果

续表

维度	分析结果
基本素养	爱岗敬业，精力充沛，能发挥承上启下的作用
教学能力	有比较丰富的教学经验，有一定的专项背景与成果积累，但分布较广，后期要加强跟进与分类指导
培训经历	多次参加北京市级或区级专项教师培训或特级教师工作室学习
培训认知	有非常强烈的成长需求与发展欲望，对于体育新课标与北京新义考的核心理念、内容要求的及时学习与认知比较到位，但对于新课标、新义考的落地途径、实操方式、创新策略的学习与运用还有待进一步提高
发展需求	属于具有主动科研意识的实践型教师，但理论研究有所欠缺，对自己的实践成果缺乏系统梳理与特色形成，对自己的教科研发展方向还未定准定型，在通州区的影响力还不够

（二）小而精、热而实的培训目标定位

培训目标是熟练型教师通过培训所要达到的标准，是熟练型教师培训工作的出发点和归宿，聚焦熟练型教师的主体与方向，牵引熟练型教师的进步与提高，凝练熟练型教师的努力与追求，也是对“培训要达成什么”这一问题的回答。

例如，指向学科育人能力提升的北京教育学院“2022年优秀青年教师素质提升研修项目”高中物理班，基于熟练型教师的专业发展需求，立足于学科教师立德树人的根本任务，通过专业理念更新、专业知识深化、专业能力提升等多维度的研修，聚焦青年教师的教学领导力，为北京市培养一批视野开阔、学科育人能力突出、综合素质优秀的青年教育人才。具体研修目标如表4-5所示。

表4-5 “2022年优秀青年教师素质提升研修项目”高中物理班具体研修目标

目标维度	具体内容
进一步提升思想政治素质和师德修养	通过市级公共课中《思想政治素质与师德修养》模块的学习，以立德树人的根本任务为志向，在教育教学中全面贯彻党的教育方针；培育深厚的教育情怀和崇高的教育理想，自觉在教育教学中践行社会主义核心价值观

续表

目标维度	具体内容
了解并形成学科育人的专业理念	通过关注物理教育改革前沿，把握物理教育改革的方向；通过阅读和梳理教育理论与文献，了解物理教育教学发展的动态和前沿；通过物理学科德育的学习与研讨，把握物理学科育人的理念与策略
拓展深化学科育人的专业知识	能深入理解高中物理课程标准及高中物理教材；掌握所教物理学科课程资源及校本课程开发的主要方法与策略；了解中学生在学习物理过程中的心理特征和认知特点；掌握针对物理学科内容进行教育教学的方法与策略；拓展物理学科的专业知识与教育教学的通识知识
提升学科育人的专业能力	能科学设计并实施教学，能利用评价工具多视角评价学生发展；能主动收集并分析相关信息，不断进行反思，改进教育教学工作；能通过课例研究及反思进行案例论文撰写；能发现教育教学工作中的现实需要与问题并转化为研究课题，学会运用科学的研究方法解决问题，形成研究成果并转化应用

（三）主题式、混联式的培训内容呈现

培训内容是实现熟练型教师培训目标的主要途径和培训活动的直接载体，优质的培训内容是培训承办单位的核心竞争力，在很大程度上决定着培训的质量和效益，回答的是“培训什么能有效达到目标”的问题。熟练型教师培训要在前期的需求诊断与目标定位后，根据不同的培训主题，设计不一样的培训内容。

例如，既可以从师德修炼与理念更新、知识梳理与问题碰撞、专项技能与实践提升、专业成长与创新成果四个专业发展要素视角入手呈现四个模块与具体的课程培训内容；又可以按照行动学习与研究的逻辑，从问题诊断与计划、第一轮行动与反思、第二轮行动与反思、研究总结与展示四个阶段呈现不同的培训内容；还可以结合不同的学习方式，安排必修与选修、集中学习与自主学习、线上学习与线下学习、同步学习与异步学习等多样化与混合式、弹性化与个性化的学习内容。不同的培训内容沿着培训主题和达成实效，直至教师的教学行为表现呈现出纵向推进关系，而不同推进阶段的内容互相之间存在着横向衔接关系，最终指向的是“造就一支师德高尚、业务精湛、结构合理、充满活力的高素质专业化创新型教师队伍”的战略目标。

（四）生本化、创新化的培训方式运用

培训方式是围绕熟练型教师培训内容采用不同的、具体的教与学的方式、途径。熟练型教师培训要围绕不同的主题，兼顾学员需求诊断、培训内容搭配、培训师资来源、培训时长限制、培训成果生成、项目资源整合等因素，采用以参训学员为本、融入实践情境、能引发学员持续反思、获得学习成就感的培训模式，如指向学科育人能力提升的案例研究培训模式、指向学科课堂教学改进的协同式行动研究培训模式，以及指向教研训能力提升的小课题研究培训模式等。

此外，熟练型教师培训模式的运用还需要组建一支涵盖一线优秀教师、学科指导教师、教研员、教育专家四维一体的高水平师资团队；创设固定分组、主题论坛、课例研修、驱动观摩、即时交流、成果展示等学员个体与全体的参与方式；还可采用5分钟的点评交流、15分钟的案例分析、20分钟的成果汇报、40分钟的课例展示、60分钟的名师解析、90分钟的实践指导、180分钟的理念剖析等不同的学时分配方式，以及“串联式”专家传教、“菜单式”教材分析、“融合式”课例研修、“比对式”同课异构、“联动式”驱动观摩、“主题式”培训论坛等以参训学员为本、丰富多样的创新性培训方式，力求培训的实效性。

（五）可量化、可操作的培训学员考核

培训学员考核是学员在培训中应完成的过程性作业和最终成果及其具体要求（评估指标）。过程性考核主要是指在培训过程中监测和评价培训活动及其结果，包括出勤、作业、参与、角色、表现等事项的考核；成果考核主要是指在培训结束后对培训取得的成果进行评定。熟练型教师培训按照过程考核和结果考核相结合、集体考核与个别考核相结合、学员自评与教师评价相结合、专项技能和教学技能相结合的原则，从熟练型教师的德行素养、能力表现、培训成果方面进行综合考核。

例如，指向学科育人能力提升的熟练型教师培训学员考核可分为必做与选做部分。必做部分包括一份体现学科育人理念的教学方案设计与课例反思；承担至少1次区级及以上学科育人研究课，形成研修课例；结合课例或所学课程内容进行1次专题发言。选做部分包括结合研究课及研修课例，完成1篇有理论支撑、格式规范的案例论文；完成1个微专题研究，形成1篇基于微专题研究的研究报告或论文等。

又如，指向学科课堂教学改进的熟练型教师培训学员考核可分为“1-1-2-1-1”必选考核内容和“1+N”自选考核内容。学员必选考核内容包括完成1个在学科主题范畴内的行动研究方案和行动研究报告，质量高者可以申报学院学员课题；完成1个与个人行动研究相关的单元教学设计；至少完成2节体现个人行动研究成果的代表性课例研究（含教学设计、

教学录像、教学反思等）或讲座；完成 1 份中期学习总结和 1 份终期学习总结。学员自选考核内容包括在培训期间指导 1 名青年教师参与个人行动研究相关活动；合作完成小学和中学两个学段的教学计划方案；撰写一篇与个人行动研究相关的论文，质量高者发表等。

二、熟练型教师培训的实施策略

（一）建立“三位一体”管理体系

为实现熟练型教师培训有计划、有组织、同协调、可监控的系统管理，在“制度是根本、团队是灵魂、执行是保证、高效是目标”的管理理念基础上，可由北京市、各区、学校建立“三位一体”管理体系，分别从统筹管理、质量监控、过程实施、经费执行等方面，组建专项工作微信群，进行持续跟进与专项指导，定期汇报与问题研讨，年度总结与成果分享，为工作室各项工作开展提供优质服务保障，形成高质量培训的督查和考核机制。

（二）组建“1+1+N”培训团队

熟练型教师培训团队组建了“1+1+N”的指导模式，其中配备项目负责人、项目助理和小组指导专家，明确了各自的工作任务和职责，确保了培训项目各项工作的有效组织和顺畅实施。其中，项目负责人主要负责项目的整体设计与实施，精选授课教师与指导教师完成培训任务；项目助理主要负责学员联络沟通和管理细则跟进等各项事务性工作的落实；指导专家主要负责学员具体行动研究与代表性课例研究指导。“1+1+N”的培养团队为开展案例研究与协同式行动研究奠定了很好的组织基础，能较为稳定和有效地共同基于课堂教学真问题进行教学研讨与教学研究。

（三）实施“固定 + 灵活”学习日

熟练型教师培训的学习日可以采用每周固定时间，也可在每年度学习计划制定的时候，结合承训单位各类培训项目推进，进行整体设计与资源共享，根据个别重大展示、特色活动、主题论坛的工作灵活调整学习日，但一定要做到提前和学员沟通。同时，在制定与调整学期学习计划时，项目负责人、项目助理和指导教师也要进行充分的沟通，在固定学习日的基础上，也可适当进行跨区、跨市相关学习活动的一体化设计，以及针对个别小组、个人需求、个别学员单独安排学习时间。

（四）开展“自选 + 聚焦”行动研究

熟练型教师培训一般是 15~25 人组班，涉及小学、中学，涉及不同特长、不同内容、不同主题的案例研究或是行动研究。可结合熟练型教师专业发展的核心要义“教育教学方式的持续改进与优化”，项目组统一设计的“指向学科育人能力提升”“指向学科课堂教学改进”等主题，自主选择一个年级、一个内容，聚焦该年级该内容的行动研究，开展课例展示、案例研究、行动研究、教研活动，在项目组的指导与引领下进行完整的案例研究或行动研究。

（五）采用“集中＋自主”学习方式

熟练型教师培训，一般会按照培训小组学习概念，分为若干个小组，设立班长和组长角色。项目组采用“轮值”的方式进行班级、学员管理，集体学习时，所有学员都能直接对话项目负责人和项目助理，小组学习时，每个小组直接对话指导专家。此外，学习日更多是阶段性学习与研究结果的分享与指导，学习与研究结果的文本撰写、方案形成、展示任务准备、教研活动设计、行动研究推进、论文或报告撰写都需要学员自主研修与自主管理，指导教师则随时跟进，实现课内外的培训学习一体化。

第五章 胜任型教师培训模式创新

【学员感言】为期两年的特级教师工作室学习，让我既有观念上的洗礼，也有理论上的提高；既有知识上的沉淀，也有教学技艺上的增长。主要表现在以下几个方面。一是专家引领提素养。工作室为我们提供了充足的实践学习机会，并且邀请专家对课堂教学进行指导，说课活动、备课指导、备课展示、说课展示等。二是博学慎思强理论。我们共读经典，定期开展读书论坛分享活动，通过公共通识课为我们拓展知识空间，精心设计的教育研究系列专题学习让我们在研究中成长。三是同伴互助促发展。学习过程中，同伴教我学会了对教学的深度思考、对教材的解读和使用，让我的课堂真实地发生了改变，让我更加关注学科核心素养的落实和教学创新。四是追求卓越长规划。在工作室研修过程中，我不断进行实践研究，在教学实践中找到差距并不断努力，形成自己的教学特色。

两年来，我做了19节市区级展示课和研究课，撰写了论文和案例十余篇，获市区级一、二等奖，参加了北京市中小学第二届“京教杯”青年教师教学基本功培训与展示活动并获北京市二等奖。在2019年北京市中小学道德与法治学科教师教学基本功培训与展示活动中，我获得笔试展示一等奖。近年来，我荣获密云区“优秀教育工作者”“优秀教研组长”“巾帼公德榜样”等称号①。

——高树君 北京市密云区第二小学2019年北京市道德与法治学科特级教师工作室学员

教师的职业发展是一个连续的、动态的、纵贯整个职业生涯的过程。胜任型教师需要不断地学习和实践，进一步提高自己的教学水平，不断完善自己的教学风格和教学方法。胜任型教师培训帮助教师提升师德修养水平、教育理论水平和课堂教学改进的能力，培养一批在区域内有广泛示范引领作用的学科教师，助力胜任型教师专业成长。

本章分为三节。第一节是“新时代胜任型教师发展需求分析和理论基础”，包括：胜任型教师的界定和内涵特征，胜任型教师专业发展的政策导向、价值实现和现实需求以及胜任型教师专业发展需求模型解析，分析新时代胜任型教师发展的理论基础，明确胜任型教师的发展需求，为培训模式建构提供依据。第二节是“胜任型教师培训模式建构”，主要分析胜任型教师培训的模式。第三节是“胜任型教师培训模式应用”，主要包括方案设计和实施策略。

---

① 高树君：《厚基固本 追求卓越：特级教师工作室研修体悟》，载《北京教师培训》，2022（1）。

第一节　新时代胜任型教师发展需求分析和理论基础

一、新时代胜任型教师发展的需求分析

（一）胜任型教师的界定和内涵特征

1．胜任型教师的界定

美国学者亚利桑那大学教授伯利纳在对教师教学专长发展的研究中，提出了教师教学专长发展的五阶段理论。伯利纳认为，教师教学专长的发展可以划分为新手教师、熟练新手教师、胜任型教师、业务精干型教师和专家型教师等五个阶段。在伯利纳看来，教师从新手阶段起步，随着知识和经验的积累，大约经过 2~3 年，新手教师逐渐发展为熟练新手教师。其中，大部分熟练新手教师经过教学实践和职业培训，经过 3~4 年成为胜任型教师，这是教师教学专长发展的基本目标。此后，大约需要 5 年知识和经验的积累，部分教师会发展为业务精干型教师。最后，只有少数业务精干型教师会在以后的职业发展中成为专家型教师[①]。

我们认为，胜任型教师指具有 5~10 年教学实践和职业培训经验、已经进入教学成熟期的教师，他们“具有一定的职业认识，纯熟驾驭课堂教学，把握学科知识结构体系，深刻理解学科本质和思想方法，初步形成自身的教学风格”。这类教师一般具有 10 年以上教龄，教学基本功扎实，教学经验丰富，学科知识完备，课堂生成性强，对学生关注度高，有较为深厚的学科认知，能站在学科逻辑的角度对教材进行整合与重组，能对教学方式创新进行一定的思考和探索[②]。

2．胜任型教师的内涵特征

从整体上来讲，胜任型教师年富力强，教学经验丰富。胜任型教师能按照个人的想法处理与解决教学事件，也有了自己对于教学情境做出反应的计划，对事情承担更多责任。

钟祖荣、张莉娜认为，探索和定位期（工作 10 年左右）教师的主要任务是纯熟驾驭课堂教学，把握学科知识结构体系，深刻理解学科本质和思想方法[③]。

胜任型教师的特征包括：他们的教学行为有明确的目的性；能区分出教学情境中的重要信息，选择有效的方法或手段达到教学目标；对自己的行为结果表现出更强的责任心，

---

① 任淑琦，李克军：《基于教师发展阶段理论的高校新教师专业发展探微》，载《河北教育（综合版）》，2023（1）。

② 朱国河：《从胜任型教师到骨干型教师的培养路径》，载《中国民族教育》，2020（6）。

③ 钟祖荣，张莉娜：《教师专业发展阶段的调查研究及其对职后教师教育的启示》，载《教师教育研究》，2012（6）。

对于成功和失败表现出强烈的情绪情感反应；但教学行为还没有达到快捷性、流畅性、灵活性的程度。

（二）胜任型教师专业发展的政策导向、价值实现和现实需求

1．胜任型教师专业发展的政策导向

（1）政策文件要求

新时代，国家出台了一系列助力胜任型教师发展的相关政策，为胜任型教师发展提供了强有力的保障。1999 年，教育部出台的《面向 21 世纪教育振兴行动计划》提出，“重点加强中小学骨干教师队伍建设，发挥骨干教师的带动和辐射作用”。2010 年，《国家中长期教育改革和发展规划纲要（2010—2020 年）》指出，“努力造就教育家。通过研修培训、学术交流、项目资助等方式，培养教育教学骨干、双师型教师、学术带头人和校长，造就一批教学名师和学科领军人才”[①]。2018 年，《中共中央 国务院关于全面深化新时代教师队伍建设改革的意见》提出，“到 2035 年，教师综合素质、专业化水平和创新能力大幅提升，培养造就数以百万计的骨干教师、数以十万计的卓越教师、数以万计的教育家型教师”。2021 年 9 月 30 日，北京市教育委员会发布《北京市“十四五”时期教育改革和发展规划(2021—2025 年)》，其中第六条是“建设高素质专业化创新型教师队伍”。

胜任型教师是教师队伍的中坚力量，在教育教学全过程中发挥着不可替代的示范引领作用。因此，加大胜任型教师培养力度，对于促进教育高质量发展具有重要意义。

（2）课程改革的背景

《义务教育课程方案和课程标准（2022 年版）》中提出了以核心素养培育为导向的课程与教学，由此，课程由知识本位转向育人本位，教学由以教为主转向以学为主，教师由以往的讲授者、控制者逐渐转向基于数字技术的学生学习的引导者、支持者与评价者。作为以支持教师学习与发展为己任的教师培训，更要关注教师实施新课程、新教学素养的发展，而不仅仅关注政策、理念与知识[②]。胜任型教师要深入理解课程改革理念，提高课堂教学能力和实践反思能力，辐射带动其他教师。

2．胜任型教师专业发展的价值实现

胜任型教师专业发展的趋势是由传授技能走向发展素养，教师专业发展由学科知识、教学技能走向更加整合的专业素养，而专业素养的表现就是能够把教学理论转化为教学实

① 国家中长期教育改革和发展规划纲要工作小组办公室：《国家中长期教育改革和发展规划纲要（2010-2020 年）》，中华人民共和国教育部，http：//www.moe.gov.cn/srcsite/A01/s7048/201007/t20100729_171904.html，2010-07-29。

② 陈霞：《教师培训转型的理论、内涵与实践路径》，载《上海教师》，2023（2）。

践，能够根据学生的发展需求开展教育教学活动。

3．胜任型教师专业发展的现实需求

胜任型教师具备一定的实践经验，有个人专业发展的愿望，主动迎接新时代教育领域综合改革和信息技术广泛应用的挑战。在“双减”和课程改革的背景下，胜任型教师面临着教学挑战。出于教师专业发展的现实需求，胜任型教师要提升综合素质，结合学校和学生实际情况，审视、探索、开拓、实践，形成独到的教学风格和适应学生发展需求的教育教学路径[①]。钟祖荣、张莉娜认为，探索和定位期（工作 10 年左右）教师专业发展的主要困难在于专业知识的深度、广度不够，其次是不知道如何开展教育研究[②]。

对胜任型教师的现实需求是具备深厚的专业知识、丰富的教学经验和独特的教学风格，能够在教学中自如地运用各种教学策略和方法，有效地解决教学中的各种问题。同时，胜任型教师还需要具备较高的教育研究能力和创新意识，能够开展教育教学研究，探索教育教学规律，推动教育教学改革。

（三）胜任型教师专业发展需求模型解析

诺尔斯指出，成人学习者具有明确的学习需要，并且这些需要与其所扮演的社会角色密切相关。由于教师个体差异性、教学情境多样性的存在，教师的教育理想和教学主张会有差异，从而产生不同的专业发展需求[③]。

我们要注重从国家教育政策要求、区域教育发展需求、培训对象岗位职责分析、教师发展需要等角度调研胜任型教师的专业发展需求。北京教育学院研训团队结合多年来教师培训经验，提炼出胜任型教师专业发展的核心要义为“建构高质量的教学体系，提升教师专业素养”，在高质量的学科教学体系的建设过程中促进教师专业能力的提升。

胜任型教师的专业发展理想化建模，是以基于小课题研究的教学改进能力为核心的专业情意、专业知识和专业能力的发展。

1．胜任型教师的专业情意

教师的专业情意是教师专业行为的心理倾向。它比一般心理学意义上的愿意、喜欢、向往的态度有更深刻的涵义和更高的境界，是基于对所从事的教师专业价值、意义深刻理解的基础上形成的奋斗不息、追求不止的一种精神[④]。

---

① 朱国河：《从胜任型教师到骨干型教师的培养路径》，载《中国民族教育》，2020（6）。

② 钟祖荣，张莉娜：《教师专业发展阶段的调查研究及其对职后教师教育的启示》，载《教师教育研究》，2012（6）。

③ 顾咸霜，肖其勇：《诺尔斯成人学习理论视域下优化名师工作室运行效能的路径探析》，载《继续教育研究》，2021（10）。

④ 冉玉霞：《新课程背景下的教师专业情意体现探析》，载《牡丹江教育学院学报》，2006（5）。

在教师专业标准中，专业情意包含在专业理念与师德中。冉玉霞认为，专业情意体现在四个方面。一是专业理想，即教师对成为成熟的教育教学专业工作者的向往与追求。具有专业理想的教师对教学工作产生强烈的认同感和投入感，愿意终生献身于教育事业。二是专业情操，即教师对教育教学工作带有理智性的价值评价的情感体验。三是专业性向，即教师成功从事教学工作所应具有的人格特征，或适合教学工作的个性倾向。教学的风格和特色与教师的个性发展的成熟度有着直接的关系。四是专业自我，即教师个体对自我从事教学工作的感受、接纳和肯定的心理倾向，这种倾向将显著地影响到创新教学的教学行为和教学效果[①]。

2．胜任型教师的专业知识

胜任型教师的专业知识包括教师通识知识、学科知识、专业知识和实践知识，以及“教会学生学习”的知识、“育人”的知识和“服务”的知识。

3．胜任型教师的专业能力

胜任型教师的专业能力包括教学设计能力、教学实施能力、班级管理与教育活动能力、教育教学评价能力、沟通与合作能力、反思与发展能力、专业实践能力、教育研究能力、创新能力等。

二、新时代胜任型教师发展的理论基础

教师实践性知识、教师发展高原期理论、学习理论是胜任型教师发展的理论基础。

（一）教师实践性知识

教师实践性知识起源于20世纪80年代初，英国学者波兰尼首先提出“个人知识”，个人知识就是教师以独特的方式拥有一种特别的知识。此后，加拿大学者艾尔贝兹通过质性研究描述教师五类关于自我、环境、学科、课程和授课静态的实践性知识，后来加拿大学者康纳利和克兰迪宁“建构了以叙事统一体、个人哲学、专业知识场景、意象和叙事探究等概念为标志的教师个人实践性知识思想”[②]。西方学界对教师实践性知识的研究大致“经历了分析—理性取向、个体—经验取向、实践—反思取向、社会—文化取向等四重旨趣变迁”[③]，研究重点也从个体的实践性知识逐渐转移到集体的实践性知识。20世纪末，中国

① 冉玉霞:《新课程背景下的教师专业情意体现探析》，载《牡丹江教育学院学报》，2006（5）。
② 康晓伟:《论康纳利和克兰迪宁的教师个人实践性知识思想》，载《外国教育研究》，2016（5）。
③ 魏戈:《西方教师实践性知识研究的旨趣变迁》，载《比较教育研究》，2019（10）。

学者也开始关注教师实践性知识。林崇德等人最早将教师实践性知识视为教师教学经验的积累[①]。

陈向明认为，教师的实践性知识是教师在日常自我导向的学习中形成的，“对自己的教育教学经验进行反思和提炼后，并通过自己的行动做出来的对教育教学的认识”[②]。陈向明指出，教师实践性知识具有可反思性、强烈的实践感和行动性，它是教师专业发展的主要知识基础，在教师的工作中具有不可替代的作用。刘新娜等人认为，实践性知识是在教学实践过程中教师通过学习获得的，是教师慢慢成长、走向成熟的标志，其形成是一个动态变化的过程[③]。这种知识体现了教师自己主动的教育决策和行动，因而彰显了教师的主体性。

我们认为，胜任型教师的实践性知识是指教师在实际教学中所具备的课堂情境知识以及与之相关的知识。这种知识是教师教学经验的积累，是教师在日常教学中不断探索、反思和积累的结果。

胜任型教师的实践性知识包括学科专业知识、教学理论知识、课堂管理知识、学生评价知识以及实践性经验等。胜任型教师实践知识的自我导向性决定了胜任型教师个人的探索与学习是其自我发展的重要途径。

（二）教师发展高原期理论

教师职业发展到一定阶段，经常会产生职业高原现象。教师职业高原是教师个体在职业发展过程中，由进一步增加工作责任与挑战有关的职业进步（如晋升、流动等）的缺失而引发的一种发展暂时停滞或倒退的现象，是教师职业发展的必经阶段[④]。

教师职业高原包括：职级层面上，教师很难实现等级、职务、职称的跨越；专业内容层面上，教学能力在达到一定水平后，就很难再获得专业和知识的进一步提高；从层级方面来看，向学校的决策中心靠近很难，难以承担更重要的工作责任和获得决策权、自主权[⑤]。

在教师生涯发展阶段中，经验型教师面临职业倦怠等心理问题和思维惯性等阻碍因素的内部困境，以及同伴指导缺乏和学校支持不足等外部困境，导致其专业发展极易进入高原期[⑥]。

---

① 林崇德，申继亮，辛涛：《教师素质的构成及其培养途径》，载《中国教育学刊》，1996（6）。
② 陈向明：《搭建实践与理论之桥：教师实践性知识研究》，北京：教育科学出版社，2011。
③ 刘新娜，江静文，赵美荣：《质性研究下教师实践性知识的形成与发展案例分析》，载《赤峰学院学报（自然科学版）》，2022（6）。
④ 杨红艳：《小学教师职业高原现状研究》，福建师范大学硕士论文，2015。
⑤ 皇甫凤华：《H 市城郊小学教师职业高原现象研究》，聊城大学硕士论文，2021。
⑥ 张蕊：《关心伦理视角下经验型教师专业发展的困境与突破》，载《教学研究》，2023（1）。

对于胜任型教师来说，职业高原可能表现为教学水平无法再提高，职务、职称晋升无望，学术研究成果难以发表，等等。

（三）学习理论

1. 建构主义理论

建构主义学习理论认为“情境”“协作”“会话”和“意义建构”是学习环境中的四大要素或四大属性[①]。我们要创设适宜的胜任型教师学习的情境，创建学习型组织（学习共同体），调动胜任型教师合作与对话，要尊重胜任型教师的既有经验，让每个胜任型教师能够基于自己的理解构建新的世界图景，而不是提供唯一的答案。

“支架式教学（Scaffolding Instruction）是为学习者建构对知识的理解提供的一种概念框架（Conceptual Framework）。”这启发我们要调动胜任型教师的积极性、主动性。培训师是作为学习促动者，而不是知识传授者。我们要引导胜任型教师积极参与活动、体验、反思。

抛锚式教学（Anchored Instruction）模式注重学习情境的创建，以问题发现为需求、以问题探讨为导向、以问题解决为目标，在实践运用中取得了良好的效果。抛锚式教学模式运用于胜任型教师培训有四个基本环节：一是确定课题，自主设计；二是创设情境，确定问题；三是交流探索，研讨问题；四是理论引领，解决问题[②]。

2. 成人学习理论

美国著名教育心理学家马尔科姆·诺尔斯（M. Knowles）认为，要科学地说明成人学习，必须运用最近对成人心理发展的研究成果，应当运用一种有机的、具有能动性的心理学理论，尤其是马斯洛、罗杰斯的人本心理学理论。

在胜任型教师培训过程中，要尊重胜任型教师的既有经验，充分利用胜任型教师的经验，将之作为重要的课程和学习资源；尊重教师的差异性，通过分组合作的方式解决层次较多的难题；努力尝试用行动学习来改进学习效果；注意成人身体心理机能的特征，将培训内容适当进行碎片化处理；设计对胜任型教师真正有用的、对实际教育教学工作改进有帮助的课程体系等。

3. 学习圈理论

美国学者大卫·库伯（D. Kolb）在他的《体验学习——让体验成为学习与发展的源泉》

---

① 钟正，陈卫东：《基于VR技术的体验式学习环境设计策略与案例实现》，载《中国电化教育》，2018（2）。

② 朱勇勇：《浅谈抛锚式教学模式的实施》，载《亚太教育》，2016（25）。

一书中提出了经典的、切合人类学习及职业提升的规律的“体验学习圈”理论(Experiential Learning)。库伯认为经验学习过程是由四个适应性学习阶段构成的环形结构，包括具体经验（Concrete Experience）、反思性观察（Reflective Observation）、抽象概括（Abstract Conceptualization）、活动性实践（Active Experimentation）[①]，这是一个首尾相连、连续反复的、完整的学习过程。

这启示我们：一是要设计真实的体验，唤醒胜任型教师的经验。通过设计体验活动，设计体验情境，唤醒、激活胜任型教师的原始经验与原有知识，与新授内容建立深度链接。二是要重视反思与提炼，引领胜任型教师超越经验。要预留时间和机会给胜任型教师表达他们对问题的认知与理解，甚至展开讨论或辩论，在交流与碰撞中澄清问题，完成对意义的建构。三是要坚持理论与实践并重，引导教师学以致用。结合胜任型教师的工作实际设计问题，让胜任型教师在学习过程中掌握解决问题的思想和方法，应紧扣新知识设计尝试应用或练习的环节，促进教师学以致用，鼓励实践创新。

第二节　胜任型教师培训模式建构

教师专业发展是一个持续不断、循序渐进的动态过程。胜任型教师处于教师专业发展的第三个关键阶段，这一阶段决定着专业发展的后期走向，即成为骨干型教师，甚至向更高目标的专家型教师进发。为助推胜任型教师向成熟型教师发展，我们深度剖析胜任型教师专业发展的政策导向、价值实现和现实需求，分析胜任型教师的专业情意、专业知识和专业能力的发展，基于教师实践性知识、教师发展高原期理论、学习理论等，凝练出指向培训主题、针对培训需求诊断、培训目标定位、培训内容呈现、培训模式运用、培训考核评估等关键要点，构建适切的胜任型教师“特级教师工作室”培训模式、“名师工作室”培训模式、“研修工作坊”培训模式。

一、特级教师工作室培训模式

中共北京市委教育工作委员会、北京市教育委员会印发《“十四五”时期北京市中小学干部教师培训工作方案》明确指出，要建设一批特级教师工作室，充分发挥特级教师引领示范作用。特级教师工作室是一种促进教师专业成长的共同体，是对教师培训模式的一

---

① 库伯：《体验学习：让体验成为学习和发展的源泉》（王灿明等译），上海，华东师范大学出版社，2008-04。

种创新，显现了其特有的教师教育功能。

为加强北京市中小学教师队伍建设，大力营造有利于优秀人才成长和脱颖而出的环境，努力造就一支高素质专业化的教师队伍，充分发挥骨干教师的引领与辐射作用，北京市教育委员会委托北京教育学院、首都师范大学组织“北京市特级教师工作室”研修项目（后简称“工作室”），通过培养，使首都教师持续提升专业理论研究能力与教学实践能力。

（一）培训需求诊断

陈绪峰、刘红认为，在培训之前，要通过召开座谈会、调研、问卷调查、网络调查等形式对每个梯队、每个骨干教师的培训需求进行全面、细致的分析，区分教师发展中的“真实需求”，从而针对性设计培训方案①。北京教育学院通过对参训教师的问卷调查、参与式观察、访谈及文本分析等方式，找到了骨干教师在引领教学创新路径与方式上最有需求和最具实效的几个方面：一是项目学习采用教育改革推动前沿研究的创新教学理念；二是项目学习基于改革要求，重构课程与教学内容；三是在学习中改进教学方法与策略，实施多元教学评价；四是注意整合并提供丰富多元的教学资源；五是能够在学习中营造良好的师生关系及学习环境；六是在项目中，名师能够引领教学研究，促进教师在共同体中相互学习成长②。

（二）培训目标定位

以“新时代、新课程、新质量”基本理念为指导，旨在通过为期两年的培养，提升教师的师德修养水平、教育理论水平、课堂教学改进能力、科研能力或教育改革创新能力，帮助教师初步把握学科教学的本质，进行高质量的学科教学，形成教学风格特色，培养一批在区域能示范引领、在全市有影响的教育家型教师，助力优秀骨干教师和学科带头人专业成长。

（三）培训内容呈现

基于工作室的研修实践，北京教育学院承办的特级教师工作室培训模式为“单核双轮式”（见图 5–1），单核指的是在核心目标指导下的课程设计，双轮指的是“学科实践”与“资源配置”。“单核双轮式”保证了胜任型教师能够在参训过程中学有所得。具体的实施方式以“研修工作坊”培训模式为主，通过理论导师 + 实践导师“双导师培养”，突出教师在培训过程中的思维参与和行为参与，通过参与更好地理解本学科的教学，同时经过跨学科、跨学段的交流，对学科课程体系和教学实践有更深入的理解。

---

① 何劲松：《新时代教师专业发展实践：教师培训之全景篇》，北京：北京理工大学出版社，2020–11。
② 雷灵，苏珊：《“十三五”北京这样培养好老师》，载《现代教育报》，2020–12–22。

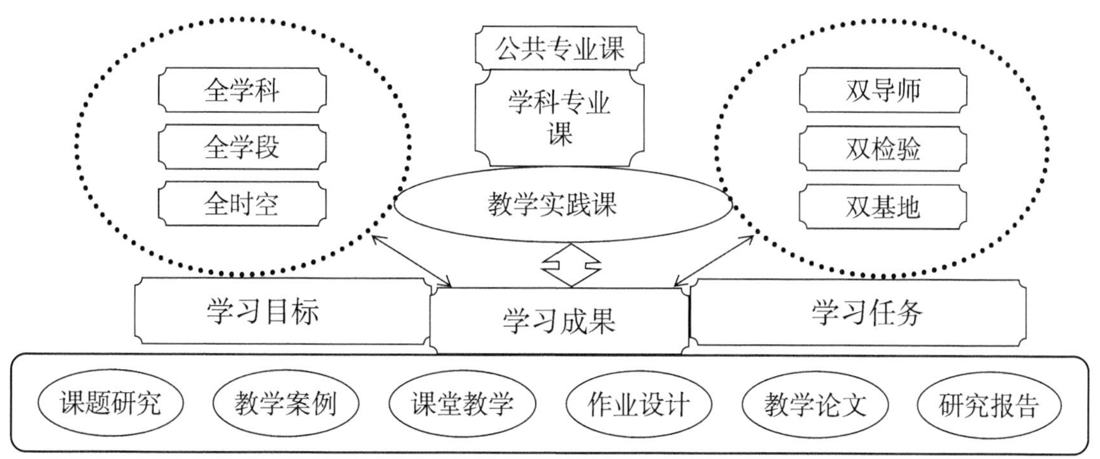

图 5-1　胜任型教师“单核双轮式”课程设计与实施

特级教师工作室在以学习强理论、以反思引行动、以实践提素养、以成果促成长的“学”“思”“行”“著”四位一体的专业培养模式中强化教师的专业素养，促进教学专业成长[①]。

如北京市中小学英语特级教师工作室，以“单元视域下中小学生英语学习能力提升”为主题，成员围绕在一线教学中发现的问题确立研究点，形成微课题。特级教师等专家基于教师的研究方向进行讲座分享、精细指导和现场指导，实行“自主行动＋课例研究”双轮驱动。在前期自主行动的基础上，工作室聚焦“如何将教育戏剧融入主题单元教学”，开展了为期四周的主题课例研究活动，明确主题课例方向，智慧众筹打磨细节，理论初步转化实践，教育戏剧助力素养落地，之后继续以书面的形式提炼主题成果。

（四）培训模式运用

1．学科实践活动融合策略

特级教师工作室项目包含了语文、数学、英语、体育、美术、政治、学前等（多领域），打通不同学科之间的阻隔，在学科知识体系的基础上建立学生核心素养发展的趋势，以学科教学发展学生核心素养，有利于建立以学生学习能力发展为目标的教学体系。

2．学段核心素养结合策略

特级教师工作室项目包含了学前、小学、初中、高中。公共专业课，能够面向全体教师进行，分组活动也会采取不同学段混合分组的方式，有助于参训教师形成全学段的意识，使参训教师能够准确定位自己所在学段的学生特征，进而能够确定恰当的育人目标和实施方式。

---

① 高树君：《厚基固本 追求卓越：特级教师工作室研修体悟》，载《北京教师培训》，2022（1）。

3. 学习方式方法整合策略

特级教师工作室项目采用线上、线下，研究与实践相结合的方式。比如北京市中小学英语特级教师工作室借助“北京教师学习网”方便教师进行线上备课。同时，工作室会把培训与日常教学结合起来，改变培训与教学脱节的问题。培训的过程就是以新的方式解决教学问题的过程，教学体系建构、课题研究、课例呈现等都与课堂教学紧密结合。

（五）培训考核评估

对特级工作室及其成员开展有效评估，是优化特级工作室运行效能必不可少的手段之一。其既有利于正确引导胜任型教师的行为方式和价值取向，也有利于激发其内在的学习动机。

特级教师工作室以表现性评价为基本准则，采用以学习成果为表现的逆向教学设计。

1. 设计适当的学习目标

理论意识与研究方式是一线教师教学改进的基础。在解决具体的教学问题过程中，这有利于理论学习和实践经验之间的碰撞，也有利于提升教师教学实践能力。所以，每次的培训活动都要设计适当的教学目标，这有利于教师在学习活动中获得发展。

2. 创设整体的学习情境

学习情境是准确定位个人角色的前提，能够以不同的角色解决问题，这会让教师有不同的思维角度，有利于改善教师的思维模式。每次培训活动都应该创设一个学习情境，让参训教师承担不同角色，从角色的角度进行思维和实践。

3. 布置具体的学习任务

学习任务包含学习程序和学习要求，参与者在完成任务的过程中能够体会到学习过程，通过反思可以发现个人学习的优势与不足。在任务的驱动下，能更明确地解决学习问题。

4. 形成可见的学习成果

以学习成果检验学习的效果，如提出问题、听课反思、教学设计、课例评价、小组研讨记录等。让教师把隐性思维外化为显性的成果。工作室在学习任务的设计时就应充分考虑成果的表现。

特级教师工作室模式对教师培训模式的创新和对教师专业成长的价值主要体现在：构建专业共同体，成就优秀教师群体；优化培训组织，实现研训一体；发挥辐射效应，共享优质资源；形成培训网络，促进梯队成长①。

---

① 殷赪宇：《浅论名教师工作室对教师培训模式的创新》，载《江苏教育研究》，2011（25）。

二、名师工作室培训模式

名师工作室是由教育行政部门或学校领导组织协调，在主持人的引导下，通过同伴互助、专家引领、校际交流和区域协作等途径，利用公开课展示与研究、论文撰写指导、读书心得交流、外出学习考察等方式，用先进的教育思想和管理方式开展教师研修、课题研究、教学研讨等教育教学研究活动[①]。徐新民、缪爱明认为，名师工作室的长效管理运行机制包括以价值导向、任务导向、行为导向为主的行政导向机制，以专业指导、任务落实为主的指导落实机制，以及以服务式的监督、激励式的保障为主的监督保障机制[②]。

（一）北京市东城、西城、朝阳、密云、顺义、石景山区名师工作室模式

在北京市名师工作室的带动下，北京市各区也根据实际情况，以区内名师为引领，开设各学科名师工作室，加大教师培养培训力度，充分利用名师资源，带动区内教师成长。北京市东城区教委坚持人才强教，抓好领军人才队伍建设，打造人才发展高端平台。在区域内实施名校长（书记）、名教师“双名”工作基础上，于 2020 年启动了名学科基地和名教研员工作站的建设，同时将“优秀班主任工作室”纳入“名师工作室”管理体系，形成“四名”工程，着力培养领航的教研员，树立研修品牌，为教育教学质量的提升提供坚实保障。北京市西城区教委也在积极推动“名师工作室”建设，通过名师引领带动青年教师和骨干教师成长。对于骨干教师，北京市朝阳区则充分利用基于学科建设的骨干教师研究工作坊，建立了基于内生式发展的市级研修合作共同体项目，开展多项主题研修活动。北京市密云区引导和带动教师进行自我赋能，通过加大骨干教师培养力度，打造有影响力的名师队伍[③]。

为有效促进名师成长，北京市顺义区将“理论熏陶”和“实践磨砺”结合，构建了“关注梯次，覆盖全员”的骨干教师培训体系。第一，分层施训。按特级教师、市级学科带头人、市级骨干教师、区级骨干教师、校级骨干教师 5 个层级采取不同的方式实施培训。第二，覆盖全员。所有骨干教师轮训一遍。第三，导师制。为区级以上骨干教师聘请高校专家及特级教师作为其导师。第四，实践取向。强调骨干教师在教学实践中创新性解决问题，发挥引领辐射作用，实现自主发展[④]。

北京市石景山区在名师工作室学科能力提升方面，研修内容主要围绕“发展学生核心

---

① 徐新民，缪爱明：《名师工作室的长效管理运行机制》，载《教育理论与实践》，2012（26）。
② 同①。
③ 雷灵，苏珊：《“十三五”北京这样培养好老师》，载《现代教育报》，2020-12-22。
④ 单海霞：《关于区域名师培养的思考》，北京教育学院，https: //login.bjie.ac.cn/wxzl1/2021-07-05/27883.html，2021-06-18。

素养的有效教学策略；如何以课例研讨为载体，提升以落实学科核心素养为核心的教学设计水平；以培养学科素养为目的，进行单元整体备课的设计与实施；在课堂教学中对学生学科核心素养发展状况进行有效评价的实施策略；进行课堂教学诊断分析的基本思路与有效策略”五个主题展开，学习效果明显[①]。

（二）北京市通州区名师工作室模式

以北京市通州区骨干教师培训为例。通州区以“名师培养工程”和“高端引领培养工程”作为两大品牌工程，以“师德重塑 专业修炼 国际视野 多元融通”作为培训核心理念，全面打造骨干教师的专业成长之路。其一，依托北京教育科学研究院专家团队资源协同创建 15 个“特级教师工作站”。三年来共培养 300 多名师德高尚、理念先进、业务精湛、辐射性强的优秀教师。在专家引领下，将高效提升全体站员的学习力、教学力、研究力、指导力和影响力，打造优质课堂教学，形成教学的特色和风格，带动全区教师队伍专业化建设、教育教学质量的提升，并把学校的健康发展作为工作目标。其二，依托首都师范大学协同创建 23 个“名师工作室”。通过开展“6+1 助推计划”“名师讲堂”“名师精品课展示”“名师支教送教”等系列活动，实现问题式助推、跨校指导、名师引领、教学示范等广角式辐射，真实见证“名师”品牌的效力[②]。

为提升骨干教师的育人意识和能力，通州区在调研骨干教师发展需求、精准设计培训课程的基础上，优化培训方式，采取“2+1+N”的名师工作室引领培训模式（即 2 位导师、1 位主持人、多位成员），促进骨干教师走向卓越[③]。

1. 精准设计培训课程

通州区学科带头人、骨干教师的培训目标是培养具有视野开阔、业务精湛的卓越之星。面向骨干教师的课程分为三大类：第一类是专题研修课程，其中涵盖师德修养、学科前沿、学科标准、学科教学改革、专业技能提升等课程，锤炼骨干教师政治品格，提升骨干教师专业境界；第二类是高端特色课程，其中涵盖国际视野提升、信息化素养培育、人工智能、大数据诊断研修等，促进骨干教师的教学创新、视野多元、形成特色；第三类是拓展延伸课程，其中涵盖文化考察型、交流互动型、观摩研讨型、问题探究型等课程，在域外辐射培训、支教送教中发挥作用，提升骨干教师的教学研究意识与能力。

① 何劲松：《新时代教师专业发展实践：教师培训之全景篇》，北京，北京理工大学出版社，2020-11。

② 肖月：《通州区中小学教师专业发展需求及培训策略研究》，载《2020 全国教育教学创新与发展高端论坛会议论文集（卷四）》，2020（7）。

③ 闫德胜：《基于供给侧改革的“研学共振、精准培训”》，北京教育学院，https：//www.bjie.ac.cn/wxzl1/2021-07-06/27898.html，2021-06-18。

2. 分层分类推进

分区域、按学段、分学科、分层次开展骨干教师的专题研修、高端特色、拓展延伸课程，通过集中通识、分科重点等方式分类分层推进。例如，依据地域开展小学农村骨干教师培训、农村薄弱校骨干教师培训等；分学段组织中学、小学、幼儿园骨干教师培训等；分学科组织小学英语、道德与法治骨干教师培训等；从骨干层次上，举办区级骨干国际化视野提升培训等；促使广大骨干教师达成课程育人的理念共识，提高人才培养能力[①]。

3. 优化培训方式

（1）开展名校访学活动

采取个性化培养与全面打造原则，开展名校访学活动，为骨干教师提升育人能力提供政策和资源支持。如遴选优秀骨干教师赴美国、英国、芬兰等国家研修，增强国际理解水平；走进各地高校、中小学校深度访学研修，开阔教学和思维视野；走进市属高校和名校访问交流。通过深度研修，促进学习反思，拓宽骨干教师的视野。

（2）导师带教

导师带教贯穿培训全程。理论导师和实践导师通过专题讲座、案例研修、工作坊等形式，引领成员提升教学理论水平，帮助解决教学实践问题，突破教育教学瓶颈，建立教学特色。

（3）线上研修

充分运用网络平台，开展线上研修，激发骨干教师信息技术应用能力提升的内生动力。与北师大未来教育高精尖创新中心合作，利用大数据分析工具，帮助骨干教师进行精准教学；美国教授实时远程在线授课，参训教师在线学习课程、互动交流、小组研讨并完成作业[②]。

三、研修工作坊培训模式

研修工作坊作为教师专业学习共同体，集教学、实践、研究于一体，能助力教师从经验型向研究型过渡，是促进教师专业发展的有效途径。教师学习共同体作为一种组织模式和发展理念，可推动教师进行专业交流、分享和学习，使教师收获专业知识和专业技能。所谓教师专业学习共同体，是指以教师（或其他助学者）自愿为前提的，以共同解决教育实践中存在的问题为目的，以学生的全面发展和教师的专业发展为目标，以“分享、合作”为核心，由有着强烈的学习愿望和研究精神的教师及相关人员组成的团体。共同学习的氛

---

① 肖月：《加强骨干教师培训 精准提升育人能力》，北京教育学院，https：//www.bjie.ac.cn/wxzl1/2021-07-06/27900.html，2021-06-18。

② 同①。

围，有助于教师自身专业知识的拓展、专业能力的提高、专业发展意识的提升，同时对处在这个学习共同体中的教师之间也有一种激励的作用，从而促进教师个体专业化和群体专业化的实现[①]。本节主要介绍“众筹工作坊”培训模式、“学科工作坊”培训模式。

（一）“众筹工作坊”培训模式

1.“众筹工作坊”培训模式

众筹工作坊的重点在于“众筹”。“众筹”是利用培训者、学习者在教学实践中的经验、智慧、资源，通过理论与实践的融合，为教师培训活动提供必要的支持和帮助，从而实现教师培训需求的精准对接、培训动力的自主内生、培训资源的优质生成等。教师培训“众筹”包括智慧众筹、资源众筹、优势众筹和成果众筹等。

基于建构主义理论，“众筹”是指让教师成为知识的建构者和发现者。教师不再以“听众”的身份进行活动，而是自愿参与共同体学习。基于骨干教师的群体特征，大多数教师具有多年的教学与学习经验，所以研修的主题、内容、方式、成果等都可以成为众筹的范畴。在尊重教师已有经验和个体价值的基础上，专家、个体、群体之间相互借力，生成新智慧，使教师成为知识的创造者，从而促进研修成果的多样化和深度化[②]。

刘一星将众筹式教师培训模式分为五个步骤：众筹需求，明确主题；众筹资源，内生动力；众筹智慧，交流互动；众筹实践，关注实效；众筹成果，理论提升[③]。

2. 区域“众筹工作坊”培训实践

北京市海淀区教师进修学校从参训人员的角度考虑，在有经验的骨干教师或以上层次的教师研修中采用“众筹工作坊”研修模式。面向教师的众筹工作坊以教师学习共同体为主体，通过逆向设计的思路，倒推规划研修的路径，从而将教师在教学实践中的经验、智慧汇聚起来，与专家观点相碰撞、融合，在提升研修质量的同时，形成优质的研修资源[④]。众筹工作坊内包括坊主、坊员、指导者和促进者四类成员类型，这四类参与者在骨干教师研修中致力于实现共同的研修目标，是合作共赢的关系[⑤]。

北京市海淀区教师进修学校梳理、总结的众筹工作坊研修实施流程如图：

---

① 刘耀明：《反思性教学与教师的专业发展》，载《北京教育（普教版）》，2003（10）。
② 李琳琳，王永祥：《基于五要素的教师混合式研修模式探究》，北京教育学院，https://www.bjie.ac.cn/wxzl1/2021-07-06/27914.html，2021-06-18。
③ 刘一星：《众筹式教师培训模式的构建与实施》，载《辽宁教育》，2023（8）。
④ 申军红等：《中小学骨干教师研修指南》，北京，教育科学出版社，2021-01。
⑤ 赵杰志：《中小学骨干教师“众筹工作坊”研修模式的建构与应用——以北京市海淀区骨干教师研修为例》，载《中国教师》，2023（5）。

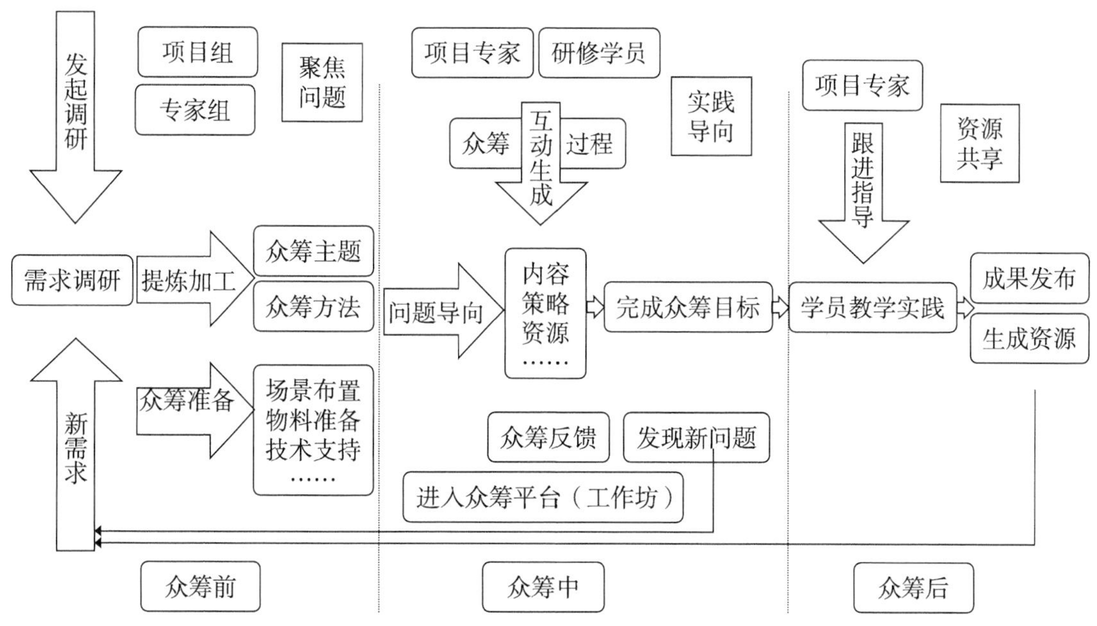

图 5-2　众筹工作坊研修的实施流程[①]

众筹前，发起需求调研，根据调研情况，确定众筹目标和主题课程，重点落实众筹主题、众筹方法、众筹准备；众筹中，通过工作坊构建教师学习共同体，强调互动体验，营造民主型学习氛围，关注实际获得，以学习者为中心，唤醒主体意识，搭建脚手架，提供学习支持，加强研究与反思，合力促进成长；众筹后，项目专家跟进，指导学员将工作坊的众筹结果用于教学实践，尝试解决教学问题，生成资源，进行成果推广[②]。

北京市东城区为贯彻落实《东城区教育队伍建设质量提升三年行动计划（2021 年—2023 年）》等文件精神，培养骨干教师终身学习和教育创造能力，拓宽骨干教师国际视野，由东城区教育科学研究院教师培训部组织开展“东城区骨干教师项目式学习能力提升培训项目”。在教师自主学习、独立完成了项目式教学设计之后，东城区教育科学研究院教师培训部开展“东城区骨干教师项目式学习能力提升培训线下工作坊”。教师们通过专家讲授、小组协作、作品展示、同伴评价、汇报交流等方式，深入探讨了项目式学习的实践方法。通过实际操作，教师们了解了项目式学习的方法，学会了使用项目式学习工具。线下工作坊是区域骨干教师继续探索和应用项目式学习的全新起点，督促教师将先进的理念与教学方式真正应用于教学实践[③]。

① 申军红等：《中小学骨干教师研修指南》，北京，教育科学出版社，2021-01。
② 同①。
③ 李雪珊：《东城区骨干教师项目式学习能力提升培训线下工作坊》，北京市东城区教育科学研究院，https：//mp.weixin.qq.com/s/dWf2rsGm6dRMHYRUoD__9Q，2023-07-14。

北京市丰台区面向区级骨干教师开展“春雨计划”项目。参与此项目研修的是丰台区区级骨干教师，即已经初步胜任教育教学工作的教师。这一阶段的教师既积累了一定的教育教学实践经验，又有着旺盛的精力和进取心。因此理论和实践并重是这个阶段的重点①。“春雨计划”项目立足于“双减”背景下教师普遍面临的教学转型、作业改进、家校关系等方面的新问题、新挑战，聚焦“基于‘教学评一体化’的形成性评价实践探究”“单元作业设计与实施”“双减背景下家校共育中‘冲突’问题探究”三个专题，以集中培训、工作坊专题式团队研修、网络课程自主选学以及校本实践指导等多种方式，为骨干教师提供有效的学习支持，以项目推动教师的学习发生和行为改变。通过“知识众筹式”工作坊研修模式，以问题和成果为导向开展共同体研修，初步形成“以学习者为中心”的学习模式和问题解决的培训形态，助推学习者向培训者的转变，发挥骨干教师的辐射和引领作用②。其研修路径为：形成研修主题；建立分享机制，展开前期思考；知识分享交流，实现问题的重构；形成分析和解决策略，资源准备和行动计划；形成解决方案和实践范例，凝练成果。

众筹实现了实践问题的解决和学习共同体成员的专业发展，激发教师参与的积极性、自主性，促进反思和资源的生成，在提升研修的针对性、实效性的同时，形成优质的研修资源。

（二）“学科工作坊”培训模式

北京市朝阳区为落实《朝阳区教育系统“名师工程”实施方案》《朝阳区“十四五”期间教师培训实施方案》的相关要求，依据《朝阳区区级骨干教师培养项目方案》，为全面提升骨干教师思想道德素养、师德师风水平、新课程背景下教育教学能力，举办区级骨干教师工作坊研修，开展区级骨干教师课堂教学改革专题培训，分学科、分阶段、分主题开展研修。

1. 确定研修主题

培训设计对标“实训主题、实训目标、实训原则、实训内容”，既面向全体教师，又关注关键群体。基于问题导向的原则，坚持问题导向和需求导向相结合，聚焦教学关键问题，提高教师育人水平和专业能力，以“基于新课标的课堂教学改革”为主题，帮助一线骨干教师解决实际问题。

2. 精选培训内容

从宏观、微观两个层面设计培训课程。顶层设计课程体系为教师系统化、差异化的学

---

① 何劲松：《新时代教师专业发展实践：教师培训之全景篇》，北京，北京理工大学出版社，2020-11。

② 周萍：《2022 年丰台区“春雨计划”骨干教师研修项目顺利结业》，北京教育学院丰台分院，https：//mp.weixin.qq.com/s/HnYdWwBvnR0GqpTHM0hT6Q，2023-01-04。

习需求提供课程选择菜单。培训内容包含政治素养与师德修养、教育政策与教育理论、核心素养与课程实施、教育科研与教育实践、师生心理健康与发展、信息技术与学科深度融合等。

朝阳区依托“朝阳区教育系统干部教师学习服务平台”，为各学科开设多元丰富的“基于学科核心素养的教学关键问题”的系列学科培训课程，如课程标准理解、核心素养培育、拔尖创新人才培养、教育教学基本功锤炼、作业设计质量提高等。各学科培训者指导学科骨干教师优化课堂教学设计、教学实施及教学评价等，丰富了教师的课程资源。

3. 研修方式选择

基于培训对象的共性和差异性成立的 50 个工作坊，其分别研究不同领域、不同维度的教育教学问题，引发了各校一线教师的关注，为进一步推动后续研究过程、解决教育教学问题，搭建了全方位的平台。其将培训过程有机地融合在研究和实践过程中，大幅提升了实训效果[①]。

集中培训后，这 50 个工作坊以“基于核心素养的教学关键问题”为主题，坚持问题导向、实践导向，开展自主化研修活动。研修活动采用有合有分、共性与个性共存、线上与线下结合的方式，持续开展实训工作[②]。网上培训内容与形式多样，有理论学习、讨论研究、视频讲解、作业设计等。这种共性与个性相结合的做法提高了培训实效性，强化了骨干教师的政治素养的提高、师德养成、素质能力的提升。

北京市朝阳区为充分发挥骨干教师工作坊项目优势，在“十四五”时期基于第五轮“双名工程”对工作坊进行了转型创新，以人为本，建立线上线下校本三维立体培训通道，提供全时空、多维度、个性化、自适应的专业设计和辅导，为教师提供专业化、个性化、有温度的指导服务，用多元方式唤醒成长自觉，激发内驱力，为教师专业发展赋能[③]。

第三节　胜任型教师培训模式应用

高质量的教师培训模式需要多方面的支持和保障，包括高质量的培训方案设计、创新型的培训实施策略、专业的培训团队和完善的培训管理体系等。因此，胜任型教师培训模

① 北京朝阳教育：《实训赋能 | 朝阳区教育系统培训者畅谈实训》，https：//www.sohu.com/a/716221577_121106842，搜狐网，2023-08-30。

② 姚咏梅，陈侠，何书利：《朝阳区区级骨干工作坊研修项目暑期实训暨课堂教学改革专题培训成功举办》，北京市朝阳区教师发展学院，https：//mp.weixin.qq.com/s/hubfLmiIwXEXaqz5Mo9v3w，2023-07-17。

③ 北京市朝阳区教委：《朝阳区区级骨干教师培养项目启动会暨课堂教学改革专题培训举行》，北京市朝阳区人民政府，http：//www.bjchy.gov.cn/dynamic/news/4028805a894a848b01894d09b4f50086.html，2023-07-13。

式应用要进行方案设计、采取适当的实施策略，不断优化培训模式，提高培训实效性。我们只有综合考虑这些方面，才能构建出适合教师需求的培训模式，助推胜任型教师的教育教学方式改进、专业素养与综合素养提升。本节以北京教育学院承办的 2022 年“北京市特级教师工作室”项目为例，盘点胜任型教师“特级教师工作室”模式的方案设计和实施策略。

一、“特级教师工作室”模式的方案设计

培训项目方案设计是在培训需求分析的基础上，以系统思维对培训项目的各个核心元素（包括培训对象、培训主题、培训目标、培训预期成果、培训课程、培训方式、培训师资、培训时间、培训设施、培训效果评估方式和经费预算等）进行整体分析、计划安排和部署[①]。

陈霞认为，教师培训项目的课程要像以学习者为中心的培训课程那样设计教师培训项目，要求教师培训项目主题适切，目标定位具体、清晰、可测，内容富有逻辑结构，实施活动体现教师充分参与、互动与自建构的特点，项目评价能够充分检测目标的达成度，而且各要素之间具有内在的逻辑一致性[②]。

我们认为，培训方案要确定培养目标、培养课程、培养周期、培养方式、考核评估和师资队伍等。特级教师工作室在设计培养方案时要重点关注培训目标定位、培训主题提炼、培训课程设计、培养方式确定、开展考核评估等方面。

（一）培训目标定位

教师培训目标指向该项目的受训群体在培训后期望达到的可测可评效果，体现学员培训后在知识、技能、能力、态度、行为等方面的变化和发展状态[③]。

北京教育学院实施“北京市特级教师工作室”项目，旨在通过相关理论与实践策略的学习，助力骨干教师进一步成长并发挥其示范引领作用。

1. 总体目标

以“新时代、新课程、高质量”基本理念为指导，旨在通过为期 2 年的培养，帮助优秀区级骨干教师和市级骨干教师提升师德修养水平、教育理论水平、课堂教学水平、教育管理水平、教育科研能力或教育改革创新能力，初步把握学科教学的本质，能够进行高质量的学科教学，形成自己的教育教学风格特色，培养造就一大批在区域能示范引领、在全市有影响的高素质、专业化、创新型、教育家型的学科卓越教师。

---

① 余新：《教师培训师专业修炼（第 2 版）》，北京，教育科学出版社，2022-04。
② 陈霞：《教师培训转型的理论、内涵与实践路径》，载《上海教师》，2023（2）。
③ 同①。

2. 具体目标

通过培养，帮助优秀区级骨干教师和市级骨干教师专业成长：

（1）提升学科教师的专业水平，能理解并转化为学科课堂教学的行为；

（2）提升学科教师的教学改进能力，促进学生学科核心素养的发展；

（3）提升学科教师的教学交流意识，培养在本区域能示范引领的学科教师。

根据本学科本学段的特点确定合适的课程目标，教师在总体提升专业素养的前提下，能在具体的教学领域获得操作性的提升。

（二）培训主题提炼

培训主题是对培训主要内容进行准确而概括的描述，涉及培训将要解决的主要问题和活动内容，一般提炼为一句话，在项目名称中通过一两个关键词就能体现出来。余新认为，培训主题要把握教育实践前沿，把握教育政策前沿，把握学术理论前沿[①]。

特级教师工作室基于理论层面分析问题、实践层面解决问题来提炼主题，根据课程改革的重点和教学实践的难点确定精确的学习主题。培训主题紧扣“新时代、新课程、高质量”理念，紧扣基础教育教学改革任务，体现教育教学改革热点问题和学科专业特点，涵盖教师的困惑点和困难点，能够指导教改课程和教师课题研究方向，以形成主题相对集中的成果。

特级教师工作室培养主题为“以建构高质量的教学体系提升教师专业素养，在高质量的学科教学体系的建设过程中促进教师专业能力的提升。”以此为主题的研究和实践在具体的项目中实现教师多方面的发展。

构建高质量的学科教学体系，是整个培训的目标方向。每个学科根据本学科的特征以适当的方式和方法进行，以本学科的某个点切入，如单元整体教学、整本书教学、学生作业设计、表现性评价等。

北京教育学院特级教师工作室各学科项目培训主题如下表：

表 5-1 北京教育学院特级教师工作室各学科项目培训主题

学科	项目培训主题
学前阶段	将中华优秀传统文化融入幼儿园课程
小学语文	基于学习任务群的小学语文单元整体教学设计与实施

① 余新：《教师培训师专业修炼（第 2 版）》，北京，教育科学出版社，2022-04。

续表

学科	项目培训主题
小学语文	关注学生真实表现的小学语文单元学习任务设计与实施
小学体育	“健康知识 + 基本运动技能 + 专项运动技能”的体育教学模式实践
小学美术	基于传统文化的小学美术“双减”课后服务质量提升策略
中学语文	课程知识视域下的语文单元教学实践
中学体育	指向体育核心素养培育的单元学习表现性评价
中学心理	中学生心理评估与干预模式
（跨学段）数学	指向高阶思维能力培养的教学与评价
（跨学段）英语	核心素养导向的中小学生英语学习能力提升
（跨学段）信息技术	中小学人工智能教学实践

如北京市中小学特级教师工作室（英语）以“新时代、新课程、高质量”基本理念为指导，以北京市特级教师作为实践导师，以北京教育学院专家作为理论导师为引领，以“主题单元视域下中小学生英语语言学习能力提升”为大主题，依托合作式主题教学课例改进与持续的自主行动，深度把握学科教学的本质，开展高质量学科教学，促进学生核心素养的发展。

（三）培训课程设计

培训课程设计实质上就是为学习者绘制一份以终为始的行动学习导图①。特级教师工作室课程设计采取统筹与分学科项目进行的方式，依据课改的要求、课标的要求、学生的需求、课堂教学的实际情况设置课程。公共专业课，原则上由统筹项目集中安排，以便形成共识。加大“专业课”的比重，放大“实践课”的作用，教师的每一节课都与现实的教学有关（如图 5-3 所示）。

① 余新：《教师培训师专业修炼（第 2 版）》，北京，教育科学出版社，2022-04。

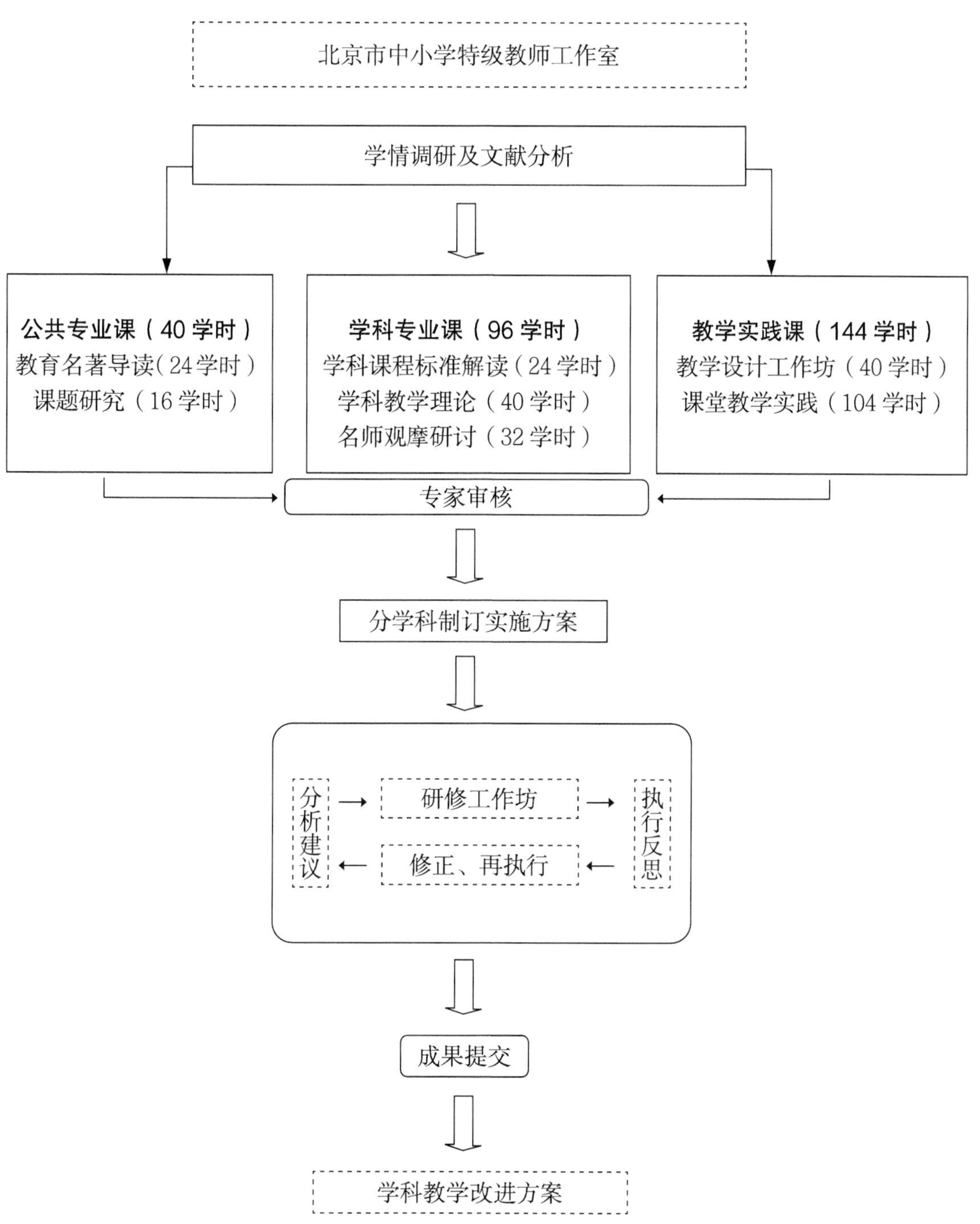

图 5-3　北京市中小学特级教师工作室课程结构图

以 2022 年北京教育学院特级教师工作室项目为例，培训课程包括：

1. 教育理论课和教育研究课

公共专业课是各学科各学段老师都要参与的课程，分为教育理论课程模块和教育研究课程模块两个部分。教育理论课程以教育名著导读为主，以北京教育学院开发的“我们如何思维”为教育名著导读课程，其目的是提高教师的教学理论水平。通过对书籍的阅读和讨论，教师掌握基本的理论基础。课题研究，以教学改进的研究为主题，进行课题研究和课程设计。每个教师都可以带着自己的小课题参与到培训之中。

2. 学科课程标准解读，学科教学理论和名师观摩研讨

学科专业课包括学科课程标准解读、学科教学理论、名师观摩研讨三门课程。学科课程标准解读课程，由专家对 2022 年颁布的义务教育课程方案的理念进行解读。学科教学理论课程，在“双减”和发展核心素养的课程改革背景下对本学科教学的重新定位与考量，依托学科教育名著导读，进行 1~3 本书的阅读与分享，以此为基础，向教师推荐本学科精读和略读书目，让教师养成阅读和思考的习惯，使教师能够从阅读中获取理论知识，也能够为教学实践找到理论支撑，实现理论与实践相结合。名师观摩研讨课程，以本项目实践导师（特级教师）的课堂教学和观摩活动为主，在教学实践基地进行体现教学改进精神的课堂教学研讨活动，由学术导师和实践导师按照主题进行设计。

3. 教学设计工作坊和课堂教学实践

教学实践课即课堂教学改进课程，包括教学设计工作坊和课堂教学实践两门课程。本学科的实践课程，是在理论支持、课题研究的指引下进行的教学方面的改变，以本项目的教师的课堂实践为主，进行课例研讨、教学改进。

教学设计工作坊，以本学科的教学单元为参照，结合课程标准的理念及培训的主题，进行教学设计，研讨教学目标、教学内容、教学实施和评价，开发学生学习工具和评价量表，教学设计体现“教学评的一致性”。

课堂教学实践，以教师个人实践为基础，进行小组的集中展示与交流，体现教学的整体性、层级性和发展性。教师在实践、观摩、研讨的过程中，提高教学实践的水平。

（四）培养方式确定

培训方式是指培训者向参训者传授态度、知识、技能的方法和形式，包括培训组织形式、培训方法和培训手段①。培养方式强调理论与实践结合，辅导与自主学习结合，注重通过任务驱动学习与研究，遵循教师学习与提升的心理逻辑设计培训模式。为了实现培养目标，我们可以采取灵活多样的培养方式，例如：专家讲座、自主学习、考察参观、实践操作（任务带动）、拓展训练、学术交流、展示交流活动等。

---

① 杨克勤：《创新培训方式 体现教学特色——国家行政学院推进教学培训方式创新的探索实践》，载《学习时报》，2017-09-15。

因此，特级教师工作室的培养方式，借鉴项目学习（PBL）和STEM学习的方式，让参与教师在解决问题和完成项目的过程中获得发展、接受新的学习方式，以便在自己的课堂上实施。

培养方式强调理论与实践结合，以研修工作坊为主，辅导与自主学习结合，注重通过任务驱动学习与研究，遵循教师学习与提升的心理逻辑设计培训模式，采取灵活多样的培养方式，例如专家讲座、实践操作（任务驱动）、拓展训练、展示交流活动等。

（五）开展考核评估

考核立足胜任型教师的实际，把“教学改进方案”作为学习成果中的重点部分，既突出了教学实践的取向，又能整合教师学习过程中的单项成果；帮助教师梳理提炼，能够指导今后的发展。

1. 过程性评价

（1）个人专业发展计划书

教师培训前提交相应的文字材料，在导师建议的基础上，提交个人专业发展规划书。

（2）过程性成果

教师完成1节与课题相关的公开课：每个教师完成至少1节与课题研究相关的公开课，并提交相关材料（含教学设计、教学课件、教学反思和教学视频等）。

教师完成1篇个人经验总结的论文：每个教师完成1篇总结个人教学经验的论文。

教师完成1篇学习总结：每个教师完成1篇培训期间个人专业发展的学习总结。

过程性评价，目的是让教师及时记录、反思，养成良好的学习习惯，不断进行专业反思。过程性记录，能够把握教师专业成长的节奏。每一次的记录都是在“个人专业发展规划”的统领之下，与教师自我设定的目标相匹配，不断进行调试，使教师能够“自觉”。过程性评价有利于教师“自主学习、自我管理、自能教育、自由发展”。培训是“助力系统”，自我提升才是“动力系统”。不断激发教师的内驱力，让他们在学习过程中不断检视自我成长。

2. 终结性评价

培训结业时，每个教师应按照人才培养方案要求，提交相应的培训学习成果。教师结业考核采用论文答辩、论坛交流、公开展示等形式展示学习与研究成果，并注重成果的集结与出版发表。

（1）教师完成1篇学科教学改进方案

每个教师完成1篇以校为本的学科教学改进方案（含学情分析、学科教学现状分析、设计构想、教学案例等，不少于2万字）。

（2）教师完成结业考核

教师结业考核采用论文答辩、论坛交流、公开展示等形式展示学习与研究成果，并注重成果的集结与出版发表。

3. 增值性评价

教师的增值性评价主要表现为教师行为改变（教学能力、科研能力）、教师成果推广（教学能力、科研能力）、教师区域影响（区域内的示范引领的作用）等。

二、“特级教师工作室”模式的实施策略

（一）培训前：明确职责与分工

1．承办单位负责具体实施

明确培训的承办单位，负责“特级教师工作室”培养项目的具体实施工作。

2．明确组织管理职责与分工

明确组织管理及各自的职责与分工，如培训管理办公室和教务处负责沟通和协调相关工作要求；教务处负责统筹管理“特级教师工作室”培养项目，制订工作室年度设置计划和招生计划、审核理论导师和实践导师人选、组织遴选测试、督促课程建设、监控培养效果和组织评估验收等工作。

在教务处的统一组织下，二级学院负责各个工作室的教学建设、教学实施和日常管理工作，具体负责制订部门招生计划、推荐理论导师和实践导师、研制工作室培养方案、建设培训课程、开展遴选测试、组织教学活动和实施质量监控等工作。

3．明确导师和班主任职责

工作室采取“理论导师＋实践导师”的双导师培养模式。每个工作室原则上每20名学员配备2名理论导师和4名实践导师，每个工作室配备1名班主任。

由1名院内理论导师担任工作室负责人，其职责是负责全面管理工作室、研制工作室培养方案、组织专业课程建设、安排培训教学计划、参与培训课程教学、指导课题研究和接受评估验收等工作，并负责安排和组织实践导师开展教师指导任务。另一名理论导师在工作室负责人的统一安排下，可以参与专题讲座、实践指导、课题研究指导等工作。

实践导师的职责是在工作室负责人的统一安排下，充分发挥自身引领和示范作用，校长（园长）实践导师主要承担开设实践类课程讲座、指导教师办学实践、规划学校发展、问题诊断、咨询服务等工作任务；特级教师实践导师主要承担教学实践指导、学科教学观摩、指导教学改革实践以及课题研究指导等工作任务。

班主任的职责是负责协助理论导师（工作室负责人）开展教学管理、班级管理和学员管理等工作。

（二）培训前：组建团队

理论导师原则上由北京教育学院在职教师担任，应具备以下条件：具有副教授及以上专业技术职务；具有良好的思想政治素质和师德师风；具有较高的教育理论水平、专业能力和科研能力；具有良好的沟通能力、团队合作能力和项目推进执行力；担任过“青蓝计划”和“卓越计划”专业或项目负责人，或担任学科创新平台负责人，或正在承担院级及以上研究课题负责人。理论导师可以是院内教师，也可以是院外专家，后者条件要求应不低于院内在职教师。

实践导师由北京市中小学各学科特级教师担任，应具备以下条件：具有良好的思想政治素质和师德师风；具有丰富的学科教学经验和学科教育能力，有一定的教育思想和教育风格；具有较高的教育理论水平、较强的课题研究能力和课题指导能力；具有北京市特级教师荣誉称号的中小学在职教师（特殊情况下经学院批准后可以是退休教师）；身心健康且经所在区和单位同意，有足够的时间和精力保证参与工作室指导活动。入选教育部“国培计划”专家库且培训经验丰富的特级教师可直接作为实践导师人选。

（三）培训前：进行前测与招生

1. 公布招生条件

特级教师工作室培养对象的遴选条件：具有优秀区级骨干和市级骨干荣誉称号的教师，且女教师年龄不超过 50 岁，男教师不超过 55 岁；具有较高的教师思想政治素质和师德水平；教师个人有迫切的进修愿望；有丰富的教学经验和较高的学科教育能力；有较强的教育研究基础和研究能力，有较明确的研究方向。

2. 组织遴选工作

确定遴选测试工作小组，制订遴选测试工作方案，开展遴选测试工作。

胜任型教师培训对象遴选测试内容主要有三个方面十个维度：职业道德测试，重点考察教师的思想政治素质、师德修养水平和职业理想与教育追求；专业能力测试，重点考察教师的学科专业能力、学科教育能力（或者学校管理能力）、教育科研能力和经验总结能力；综合能力测试，重点考察教师的团队领导力、资源整合能力、学习能力和心智模式与态度等。

专家组负责按照测试题目、评分标准和考核方式对教师进行现场测试，负责记录测试内容和测试过程，最后给出每个教师的测试成绩。

各二级学院组织教师及时整理、统计和分析教师测试成绩。同时，二级学院建立教师档案，撰写教师测评报告，以此作为培养的依据。

（四）培训中：多元整合，课题引领

1. 多元整合，课题引领，发挥工作室的优势和特点

（1）汇聚理论导师和实践导师的智慧

工作室聚合多位具有丰富教学与研究经验的理论导师和实践导师，聚焦多个研修主题，通过不同的培训形式开展研修活动，深度整合各方面的资源，充分展现了导师对教育改革和新课标的理解与把握，激发参训教师思维的展开与发散，推动探索新课程改革，实现教育教学能力的提升。

（2）发挥参训教师的主观能动性

研修主题和研修内容具有针对性，能引起一线教师的共鸣。主题贯穿于活动之中，通过讨论和观摩推动教师将理论知识和教学技能深度内化。工作室充分发挥了教师的主观能动性，提升了教师的协同创新思维和自主思考能力，带动了教学质量和教学效果的提升。

2. 课题引领，课题研究中专业成长

教师通过课题研究可以积累丰富的教学经验，再通过不断反思—实践—再反思—再实践的过程，促进自身专业发展。

教师在工作室带领下申报研究课题，由理论导师、实践导师通过开题论证会对开题汇报做论证指导，提出规范课题研究的建议，通过结题论证会汇报课题研究情况。指导老师点评、指导，教师针对各自的问题对结题报告做出修改。课题研究帮助胜任型教师从经验思维转变为研究思维。此外，同行伙伴的互相激发和鼓励，也使胜任型教师受益匪浅。

（五）培训后：进行考核评估

特级教师工作室坚持科学性、多元化、多样化、综合化、动态性、可行性的原则进行评估。特级教师工作室选择多元化评价主体，将“他评”与“自评”相结合。主持人可以根据评价结果对特级教师工作室的各个方面进行改进、优化。成员也可以综合各方评价，发现自身问题，有效激发自身内在动机，释放学习激情，满足自我实现需要①。

特级教师工作室项目制订了结项验收标准：培训总结档案、培训组织与实施、学员学习与发展3个一级维度；总结报告、培训档案、管理团队、师资水平、学员管理、课程内容、培训方式、课程考核、结业考核、区校反馈10个二级维度；10项验收指标并赋予相应分值。

---

① 顾成霜，肖其勇：《诺尔斯成人学习理论视域下优化名师工作室运行效能的路径探析》，载《继续教育研究》，2021（10）。

综合本章分析，胜任型教师“特级教师工作室”模式、“名师工作室”模式、“研修工作坊”模式的建构和应用，为胜任型教师未来发展提供了明确方向与可能路径，有助于胜任型教师在实践研修中迅速成长，提炼经验成果，实现理论与实践创新，进而促进了中小学教师队伍素质的提升，同时也深化了课程改革，促进了教学质量的提升。

第六章 成熟型教师培训模式创新

【学员感言】每个人的成长都会有坎坷，然而当你坚定梦想时，就会有奇迹出现。已入天命之年的我，在教育战线上已经耕耘了27个年头。

在高研班的学习生活中，精心设计课程的过程是从优秀走向卓越的过程。教育哲学让我领略了教育发展的进程和对教育功能的重新认知，有了构建自己育人思想的重新考量，也在时刻回答着人生三问“我是谁？我是什么样的人？我想成为什么样的人？”在新课程标准解读中，我认识课程改革的迫切性和使命感；在以育人为根本目的的前提下，我认识到教学方式变革的紧迫性；在科研引领的认识里，我深知科研与实际教学融合的必要性，经验的教学需要被重新构建与选择；在新时代学校教育改革与发展的问题聚焦中，我深知五育分离的严重弊端，更加坚定“无体育、不教育”育人思想，在发展身体的同时，更要有对身体和思想的教育；在与同仁的交流与实践中，我得知了课程理念在教学一线的认识程度与角度，丰富了自己的教学策略认知和改进措施；在师友对话中，我们惦记着彼此的成长和发展需求，让成长多了一份守护、多了一份自信，更多了一份继续坚持的使命感。

——中国人民大学附属小学 李永辉

成熟型教师是教师职业生涯中极为重要的一个阶段，也是向专家型教师转化过程中的一个重要阶段。成熟型教师的专业发展是整个专业发展阶段的突破期，是走向专家型教师发展的必由之路。本章共有三节内容。第一节主要阐述成熟型教师的发展需求和理论基础，包括成熟型教师的界定和内涵特征、成熟型教师专业发展的政策导向、价值实现和现实需求以及成熟型教师专业发展需求模型解析。第二节在成熟型教师培训模式的理论基础上，阐述了成熟型教师培训模式建构，包括个人发展取向的名师工作室培训模式、实践取向的课题研究模式和卓越取向的专业发展模式。第三节成熟型教师培训模式应用，从研修主题、模块课程、培养方式和培训品牌建设等策略，给予提升成熟型教师培训生命力、实现培训可持续发展核心要义的指导，以不断开发、探索、应用和改进的培训模式。

第一节　成熟型教师发展需求分析

需求是培训工作的起点，是培训方案策划、培训目标确定和培训内容设置的实然证据，是因材施训、精准施训、增强培训针对性和实效性的基础。对培训者来说，需求分析是要了解基本情况、实际需求、教学困惑和发展目标；对参训者来说，需求分析是回答“我是谁、我从哪里来、我要到哪里去”的基本追问。

一、成熟型教师的界定和内涵特征

1. 成熟型教师的界定

成熟型教师是成为骨干和学科带头人的教师，或是专业发展达到业务精干阶段的教师，他们在教学实践中积累了丰富知识和经验结果，有一定的教学思想和教学特色，但还不够系统深入，有的教师会遇到暂时停滞的瓶颈期，需要积聚能量二次成长走向卓越。

2018 年 1 月，中共中央 国务院印发的《中共中央 国务院关于全面深化新时代教师队伍建设改革的意见》（以下简称《意见》），提出“到 2035 年，教师综合素质、专业化水平和创新能力大幅提升，培养造就数以百万计的骨干教师、数以十万计的卓越教师、数以万计的教育家型教师”。根据教师专业发展阶段，本研究中的成熟型教师即为《意见》中的骨干教师、正在走向卓越或已经成为卓越的教师，他们多数具有省市级骨干教师称号，在学科教育教学、教师队伍建设中发挥一定示范引领和辐射带动作用。

2. 成熟型教师的内涵特征

成熟型教师教学技艺成熟。随着任职时间和教育教学实践活动的增长，他们积累了相当的教育教学技能和育人经验，对教育教学活动有了深入理解和认识，有自己的思想、观点和见解，具有用教育理论观点分析研究一些问题的意识和能力，能游刃有余地处理教育教学工作中遇到的问题。

成熟型教师自觉关注学生。他们不仅能把握知识间的深刻联系，能自如地把教材知识和实际结合起来，对学生的关注更具体、更深入，了解学生的身体、心理发展和特点，善于倾听和观察学生学习和从事活动的动机、行为表现和思维方式，重视学生的差异和独特之处，了解不同学生的学习方式和方法。

成熟型教师充满激情。强烈的职业意识和责任感深植于我们的心灵深处，他们对于教师职业保持热情、充满激情。他们对个人和职业发展负责，了解并负责自己的情绪，健康并不断成长，心理适应能力逐渐增强并更趋于稳定，以最好的榜样激励学生和他人。他们每天努力成为一个更好的老师，但也会因身心疲惫、进取动力不足或底蕴不足等原因进入发展高原期。

成熟型教师具备一定科研能力。他们虽然存在“干得多总结少、经历多反思少、说得多写得少”“对理论的理解缺乏系统性和不能深入研究教育教学改革问题”等不足，以及存在研究能力缺失等问题，但都有主持或参加各层级课题研究、在各类期刊发表论文或论文获奖、参与各类教材或用书编写等经历。

成熟型教师有待形成稳定风格。他们对教学有经验，对事业投入热情，对学生投入感情，对工作充满激情，对教育充满韧劲，并逐步形成了自己的教学经验、思想和风格，但还没有形成稳定的个人风格，有待持续深入。

二、成熟型教师专业发展的政策导向、价值实现和现实需求

党的二十大报告提出，加强师德师风建设，培育高素质教师队伍。成熟型教师作为骨干教师或卓越教师，是高素质教师队伍的核心力量，也是高质量教育发展的中坚力量。培育高素质教师队伍，吹响了新时代“兴国必先强师”号角，为新时代教师队伍建设提出了新要求、新任务和新方向，为当前和未来的教师队伍建设指明了新目标、新重点和新路径。打造一支能够胜任时代和国家需要的成熟型教师队伍，是面向新时代教育发展的当务之急，也是瞄准未来富有远见的战略选择。

从成熟型教师专业发展需求来看，呈现多元化特点，包含政策导向、价值需求、现实基础和组织需求（见表 6-1），主要聚焦在对原理性的综合理论需求、应用性的操作理论等方面。我们可以把实然需求作为改进、提升和发展的出发点，借时、借机、借势发展一支成熟型教师队伍，以“造就党和人民满意的高素质专业化创新型教师队伍”，以达成“办好人民满意的教育”的国家旨意。

表 6-1 成熟型教师专业发展的需求分析

学习需求	需求内涵	具体需求示例
政策导向	《教育部关于实施卓越教师培养计划 2.0 的意见》	培养造就一批教育情怀深厚、专业基础扎实、勇于创新教学、善于综合育人和具有终身学习发展能力的高素质专业化创新型中小学教师

续表

学习需求	需求内涵	具体需求示例
价值需求	为了满足教师的理论提升、能力提升和作用发挥需求	新课程教学理论与理念学习；加深对学科教育功能与本质认识；提高自身教育改革的适应力、引领力和把控力；提高学科育人能力；形成自己更加鲜明的教学风格；提高为学生服务的本领，将所学转化为成果服务教学、助力学生；等等
现实需求	为了解决目前遇到的教育教学困难和问题	新课标如何链接、择宜和落地；如何提炼教学实践成果，形成可行、可借鉴的实践教育教学成果；如何使学生从内心喜欢并积极投入学习；等等
组织需求	为了参与学习共同体、实践社群的学习型组织	结识高水平同行同仁与班内学员进行交流探讨、学习借鉴，取长补短；与研修学习共同体开展课程开发、小课题研究；等等

三、成熟型教师专业发展需求模型解析

专业发展是一个持续的专业学习过程，具有长效性、阶段性、发展性特点。处于专业成熟型的教师，有着与其他发展阶段不同的专业发展问题和需求，会有不同的专业发展特点。

1. 成熟型教师的专业发展需求

调查发现，成熟型教师在理论学习、视野拓展、科学研究、学科教育、教学改革、交流研讨、专业成长和辐射服务等方面都有明确的发展需求和期待（见表 6-2）。他们在高素质专业化的精进发展中，有着诸多期待和发展需求，如提升创新性培养，总结并升华自己的经验，站在理论高度分析问题，进行教改，进行科研，进行自觉理性思考，创造自己的教育模式，提炼自己的教育思想，重构开放、动态的教学模式，等等。

表 6-2 成熟型教师的专业发展需求

发展需求	具体内容
理论学习	领悟先进的教育教学理念，获取前沿的教研动态和教研热点，提高专业理论水平，加深对体育教育功能与本质的认识，坚持理论与实践相结合，能持续用精、专、广、博指导今后的工作
视野拓展	视界和视角能得到一定开阔，开阔教育教学的眼界和视野，接触先进的教学方法，能够突破教学中的思维定式，教学思路更加开阔，提高自己作为教育者的思想境界；等等

续表

发展需求	具体内容
科学研究	提高教研科研意识，加强科研素养，加强教学研究的规范性和深度，提高撰写论文、教学案例分析和课题研究的能力；提炼教学实践成果，形成可行的、可借鉴的实践科研成果；参加省市级课题，能立项科研课题（区级以上）；具备承担重点课题的能力，成为区级以上科研带头人；能有 1~2 篇论文或文字案例发表；等等
学科教育	开展有宽度、有深度的教育教学方面的改革，将课程核心素养融入教育教学之中，使学生从内心喜欢并积极跟随教师进行学习；获得更多的关于学生学习的知识，同时也希望获得在教学中科学监控的方式方法；学会如何设置合理科学的教师培训课程
教学改革	提升自己教育改革的适应力、引领力和把控力，提升自己对学科教育专题研究的把握能力；掌握教学模式的发展与革新；提升学生学业水平和考试成绩；提升课堂教学品质；能在培训学习期间完成现场研究课
交流研讨	结识高水平同行同仁，与班内学员和同行进行交流探讨，互相学习借鉴，取长补短，积累经验，增长见识，开阔思路，今后教学遇到困惑时不再束手无措；交流碰撞出新的教学理念和教学方法的火花；与研修合作共同体开展课程开发、课题研究等活动
专业成长	提高自己的总结、概括、梳理能力，形成自己更加鲜明的教学风格，逐步形成教育教学思想；不断总结和反思课堂教学，逐渐突显出个人教学风格和教学特色，明确自己专长方向；努力向一名高素质、专业化、创新型卓越教师目标努力，成为新时代学习型、研究型、学者型教师
辐射服务	提高为学生服务本领，努力在教育教学中更上一个台阶；更好地为学生和教师服务，将所学转化为成果，服务教学，助力学生；将研修理念传授给本区本校教师，提升本区教师的思想水平

2. 成熟型教师的专业发展需求诊断

成熟型教师的专业发展需求所断可以作为教师记录自己专业发展表现的媒介、载体和工具。成熟型教师可以以此进行专业发展描述性评级赋分（见表 6-3）。成熟型教师可以对自己的卓越概况、专业发展需求有更精准了解，能够对照标准肯定自己的优势与特点，寻找自身的缺点与不足，清楚完善的目标与方向。

表 6-3　成熟型教师走向卓越之专业发展自评量表

<table>
<tr><th colspan="6">维度一：专业信念</th></tr>
<tr><th rowspan="2">领域</th><th rowspan="2">表现领域</th><th colspan="4">描述性评级</th></tr>
<tr><th>我还不能这么做
1分</th><th>我已经开始这样做了，但我还需要学习更多
2分</th><th>我能做得很好
3分</th><th>我可以自信地做到这一点，也可以教别人
4分</th></tr>
<tr><td rowspan="3">1. 保持对教学的热情和韧性</td><td>1.1 保持对教育教学的热情和敬业</td><td></td><td></td><td></td><td></td></tr>
<tr><td>1.2 保持对教育的坚韧和情怀</td><td></td><td></td><td></td><td></td></tr>
<tr><td>1.3 对个人和职业发展负责</td><td></td><td></td><td></td><td></td></tr>
<tr><td rowspan="4">2. 每天成为一个更好的老师</td><td>2.1 了解并负责自己的情绪、健康，并不断成长</td><td></td><td></td><td></td><td></td></tr>
<tr><td>2.2 接纳、照顾和尊重他人</td><td></td><td></td><td></td><td></td></tr>
<tr><td>2.3 以最好的榜样激励学生和他人</td><td></td><td></td><td></td><td></td></tr>
<tr><td>2.4 在生活和工作中实践人性的善良</td><td></td><td></td><td></td><td></td></tr>
<tr><th colspan="6">维度二：专业知识</th></tr>
<tr><th rowspan="2">领域</th><th rowspan="2">表现领域</th><th colspan="4">描述性评级</th></tr>
<tr><th>我还不能这么做
1分</th><th>我已经开始这样做了，但我还需要学习更多
2分</th><th>我能做得很好
3分</th><th>我可以自信地做到这一点，也可以教别人
4分</th></tr>
<tr><td rowspan="5">3. 学生的知识及其如何学习</td><td>3.1 了解学生的身体、智力、心理发展和特点</td><td></td><td></td><td></td><td></td></tr>
<tr><td>3.2 了解学生的需求、兴趣和优势</td><td></td><td></td><td></td><td></td></tr>
<tr><td>3.3 重视学生的独特之处</td><td></td><td></td><td></td><td></td></tr>
<tr><td>3.4 了解影响学生学习的多样性因素和差异化教学</td><td></td><td></td><td></td><td></td></tr>
<tr><td>3.5 了解学生是如何学习的</td><td></td><td></td><td></td><td></td></tr>
</table>

续表

<table>
<tr><th colspan="6">维度二：专业知识</th></tr>
<tr><th rowspan="2">领域</th><th rowspan="2">表现领域</th><th colspan="4">描述性评级</th></tr>
<tr><th>我还不能这么做
1分</th><th>我已经开始这样做了，但我还需要学习更多
2分</th><th>我能做得很好
3分</th><th>我可以自信地做到这一点，也可以教别人
4分</th></tr>
<tr><td rowspan="4">4.学科知识及其如何教</td><td>4.1 掌握学科内容</td><td></td><td></td><td></td><td></td></tr>
<tr><td>4.2 掌握教育学知识</td><td></td><td></td><td></td><td></td></tr>
<tr><td>4.3 了解并使用信息和数字技术知识</td><td></td><td></td><td></td><td></td></tr>
<tr><td>4.4 使用基于研究的知识</td><td></td><td></td><td></td><td></td></tr>
<tr><td rowspan="4">5.教育趋势、政策及其如何择宜</td><td>5.1 了解新的教育趋势和学校教育变革</td><td></td><td></td><td></td><td></td></tr>
<tr><td>5.2 研究教育和学校教育政策及政策如何影响教学</td><td></td><td></td><td></td><td></td></tr>
<tr><td>5.3了解国家学科课程标准、课程知识和如何实施课程</td><td></td><td></td><td></td><td></td></tr>
<tr><td>5.4 有目的地做出课程（活动）选择</td><td></td><td></td><td></td><td></td></tr>
<tr><th colspan="6">维度三：专业实践</th></tr>
<tr><th rowspan="2">领域</th><th rowspan="2">表现领域</th><th colspan="4">描述性评级</th></tr>
<tr><th>我还不能这么做
1分</th><th>我已经开始这样做了，但我还需要学习更多
2分</th><th>我能做得很好
3分</th><th>我可以自信地做到这一点，也可以教别人
4分</th></tr>
<tr><td rowspan="5">6.计划及实施有效的教与学</td><td>6.1 计划、实施和改进发展适宜性教学计划（活动方案）</td><td></td><td></td><td></td><td></td></tr>
<tr><td>6.2 设定引领性学习主题</td><td></td><td></td><td></td><td></td></tr>
<tr><td>6.3 制订素养导向学习目标</td><td></td><td></td><td></td><td></td></tr>
<tr><td>6.4 设计挑战性学习任务</td><td></td><td></td><td></td><td></td></tr>
<tr><td>6.5 开展持续性学习评价</td><td></td><td></td><td></td><td></td></tr>
</table>

续表

维度三：专业实践					
领域	表现领域	描述性评级			
		我还不能这么做 1分	我已经开始这样做了，但我还需要学习更多 2分	我能做得很好 3分	我可以自信地做到这一点，也可以教别人 4分
7. 创建并管理维护支持性的学习环境	7.1 创设身心安全的物理环境				
	7.2 运用数字资源、软件工具、信息平台促进深度学习的虚拟环境				
	7.3 营造和管理安全、和谐、具有合作性和鼓励性氛围的人文环境				
8. 选择并使用有效的教学模式与策略	8.1 选择和使用有效的教育教学模式				
	8.2 选择和制订有效的教育教学策略				
	8.3 选择和使用有效的沟通				
9. 评估并反馈学生学习情况	9.1 记录、评估和报告学生学习情况与表现				
	9.2 将表现性和增值性评估与学习训练目标联系起来				
	9.3 利用评估数据指导实践和改进教学训练				

续表

维度四：专业参与					
领域	表现领域	描述性评级			
		我还不能这么做 1分	我已经开始这样做了，但我还需要学习更多 2分	我能做得很好 3分	我可以自信地做到这一点，也可以教别人 4分
10. 从事专业学习	10.1 计划并执行专业学习需求				
	10.2 持续自主专业学习并改善实践				
	10.3 与同行接触、合作并改进实践				
	10.4 应用专业学习促进学生学习				
11. 参与学校、家庭、社区和社会专业互动	11.1 与家长沟通交往合作				
	11.2 利用学校和社区条件、当地环境设计教育教学活动				
	11.3 作为组织者、指导者或教练员等重要角色参与校内外专业活动				
	11.4 参与学校、社会和网络上更广泛的专业发展活动				
12. 教学研究	12.1 反思性实践和教研及其对学生学习的影响				
	12.2 潜心教学研究并实现专业引领				
	12.3 注重总结经验并产出教育教学研究成果				

3. 成熟型教师的专业发展需求模型

成熟型教师的这些专业发展需求，体现在专业信念、专业知识、专业实践和专业参与的专业发展结构中，有着不同层级和各有侧重的发展需求（见图 6-1），在清晰专业发展需求的基础上，有意识地朝着专业更为成熟的方向持续前进，并能为下一阶段的专业发展奠定良好的基础。在专业信念上，成熟型教师有着较高的专业认同，有着追求坚持职业理想和专业发展的精神内驱力，期待每天成为一个更好的老师；在专业知识上，成熟型教师有着吸引学生、激发学生、教育学生和影响学生的学识素养，期待进一步扩充知识、更新知识和提升择宜素养；在专业实践上，成熟型教师有着丰富的教育教学活动和实践活动经验，期待强化专业取向的教学实践活动和专业能力；在专业参与上，成熟型教师强调专业自我发展的能动，期待拓展自身的专业学习和教学研究，加强专业互动。

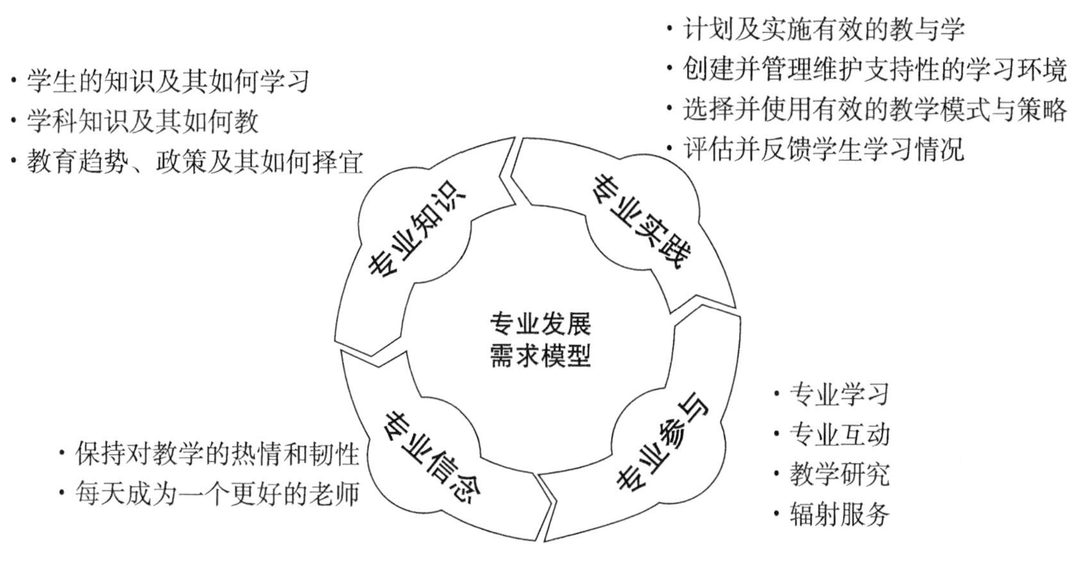

图 6-1　成熟型教师专业发展需求模型

第二节　成熟型教师培训模式建构

模式是整个培训的特点和样式，包含培训的各个因素，是实现教师培训目标、提高培训有效性的重要因素。基于培训目标、课程时数、课程性质、学员特点以及学习资源等不同视角和多种因素，科学、发展、创新的培训模式，有利于提高成熟型教师培训质量，凸显成熟型教师培训特色。

一、成熟型教师培训模式的理论基础

1．“专家知能”理论

香港大学教育学院教授徐碧美借鉴了休伯曼对160个瑞士教师专业成长生活阶段研究成果理论，用案例分析的方法，通过教学观察、访谈、检视和分析课程教学材料等主要方式，研究教师的专业成长，从无经验到走向“卓越”的使然因素，提出了专家教师的重要特征：第一，反思和思考是专家知识与技能的重要特征；第二，实践知识的理论化和理论知识的实践化是专家知识发展中同一问题的两个方面，两者对专家知能的获得至关重要；第三，专家特征是不断探索和试验，质疑看似“没有问题”的问题和积极回应挑战；第四，专家教师能对自己能否从挑战中有所收益做出正确判断。专家知能具有多样性和分布性的特性，这强调了教师专业发展中培育协作文化的重要性，教师可以集合专家知识与技能，还可以参加专业“话语共同体”相互学习。专家知能是一个过程，而不是一种状态，在这个过程中，专家不断为自己设立更高的目标并努力达到这些目标，从而不断扩展了他们能力的上限，这是一个持续追求卓越的发展过程①。

2．“可见的学习”理论

澳大利亚墨尔本大学教授哈蒂在20世纪研究“究竟什么影响了学生的学业成就，影响学业成就，什么因素最有效”，把138个影响学业成就的因素的效应量进行排序，发现教师的影响效应量最高，传递了“教师的力量最强大”，其分析在德国被《时代周刊》归纳为“教师最重要”。哈蒂强调尽管学校系统中最大的变异来源与教师有关，但不同教师的行为有着很大的差异。教师要评估和反省自身对学生的影响力，认识到自己的潜力，并据此做出调整和改进。哈蒂的表层学习阶段、深度学习阶段和迁移学习阶段的学习模型，强调了教师的不同干预在学习不同阶段及不同内容的重要作用，并认为学习模型的有效性取决于教师必备的三种角色：第一，教师作为激活者，要以学生的现有水平作为参照点设定学习意图和成功标准，向学生提供能够超出其现有水平的教学，让课堂教学更加以目标为导向；第二，教师作为评价者，建立一种“影响循环”的改进模式，强调要“认识你的影响力”，教师成为自己教学的学习者，成为“适应性学习专家”；第三，教师作为社会榜样，要言传身教、以身作则。哈蒂强调教师作为“激活者”“评价者”和“社会榜样”培养高阶思维能力的作用，传递了一种在教育教学中更加传统、更加有力的教师形象②。

---

① 徐碧美（Amy B.M.Tsui）：《追求卓越——教师专业发展案例研究》（陈静，李忠如译），北京，人民教育出版社，2003。

② 约翰哈蒂：《可见的学习——对800多项关于学业成就的元分析的综合报告》（彭正梅、邓莉、高原、方补课译），北京，教育科学出版社，2015。

3. 体验式学习理论

美国著名实用主义教育家杜威是第一个提出体验式学习相关概念的人，其体验式理论可以用“直接经验＋反思”来概括，无论时代如何变化和内涵如何演变，以直接经验与反思为基础进行学习是体验式学习不变的特征[①]。以罗杰斯为代表的人本主义教育理论认为体验式学习有四个特征，即个性化参与、学习动机内发、学习者的自我评价、对学习者产生渗透性影响，认为体验式学习是个人的改变与成长[②]。法国发展心理学家和发生认识论者皮亚杰认为经验、观念、反思和行动四个维度构成了成人基本的连续性发展思维。美国社会心理学家大卫·库伯提出经验学习圈理论，认为经验式学习过程包括具体体验、反思性观察、抽象的概念化、主动实践四个环形结构，分别代表了感知学习、反思性学习、理论学习和实验四种最为有效的学习方式。从心理学角度看，体验式学习有情节记忆、情绪记忆、默会知识、实用智力以及学习过程中的自我决定性的优势。根据学习目标、内容和过程的差异，体验式学习分为认知体验式学习、情感体验式学习和行为体验式学习三类。库伯认为促进教育中的体验式学习的原则，包括尊重学习者及其体验、从学习者的主观事件经验开始、创造并保持友好热情的学习空间、为对话式学习创造空间、为行动和反思创造空间、鼓励专业知识技能的发展、允许学习者自己掌控学习[③]。体验式学习越来越多地受到关注、研究与运用，其原理与方法也适用于成熟型教师培训。

4. 学习型组织理论

学习型组织理论是一种企业组织理论。彼得·圣吉是学习型组织理论的奠基人，他将系统动力学与组织学习、创造理论、认识科学等融合，发展出一种全新的组织概念，提出了创建学习型组织的五项修炼，即“自我超越、改善心智模式、建立共同愿景、团体学习、系统思考”，其中以系统思考为核心。鲍尔·沃尔纳提出学习、组织、人员、知识和技术五个子系统构成的学习型组织系统模型。陈国权教授提出的学习型组织过程模型，包括发现、发明、选择、执行、推广和反馈六个过程。学习型组织的内部环境具有五个特点：有一种支持个人、小组或组织学习的社会文化氛围；重视发展员工解决问题的能力；重视员工授权、员工自主、员工独立解决问题与批判性思维及反思；要求员工通过 WBL 培训模式获得能力的提升；追求组织的不断进步及必要的转型变革。在学习型组织中，管理者不仅要学会管

---

① Itin C.M：Reasserting the philosopgy of experiential education as a vehicle for change in the 21st century，The journal of Experiential Education ，1999（2）.

② Rogers，C.R.： Freedom to Learn， Columbus ， OH： Merrill，1969.

③ 庞维国：《论体验式学习》，载《全球教育展望》，2011（6）。

理学习的技巧，也要把自己扮演成学习的领导者、仆人和教练。创造现代化的学习型组织，至少需要建立起“工作学习化、学习工作化”的观念与做法。善于不断学习是学习型组织特点之一，强调终身学习、全员学习、全过程学习和团队学习。①

综上所述，不同理论有不同的背景、不同的倾向和不同的范式，往往取决于各流派研究问题的角度和方式。对于成熟型教师培训而言，既需要借助理论基本思想探究设计适切的培训模式、解决实际问题，也需要理论的工具构建与分析框架、深入现象的内部，挖掘成熟型教师专业发展的本质规律。

二、个人发展取向的名师工作室培训模式

针对成熟型教师实然需求、实际特点和发展需要，构建以名师或特级教师为引领、以模仿—融合—创新为个人发展取向的名师工作室模式，满足成熟型教师个性化、多元化要求，实现专家引领式、小群体共同体学习。

1. 核心目标指向

对标成熟型教师需具备的综合素养或能力，包括较高的素养，即具有合理的知识结构，掌握扎实系统的教育理论知识，了解教育的本质与功能，树立正确的教育观，并能够指导自身教育教学工作；良好的心智模式，能够正确归因，有效进行沟通、合作；教学领导力，了解学科前沿，有较强的教学能力，形成自身教学风格，并能够在教育改革中起到示范、引领作用；经验总结能力，能够总结提炼自己的教育教学经验与风格；较强的研究意识和研究能力，掌握教育科学研究的基本方法，能够把握学科本质与教育改革的热点、难点，主持较高水平的课题研究。

2. 培训模式要素

个人发展取向的名师工作室培训模式，聚焦同一个引领式愿景主题，开展素养导向的学项目学习，以模仿—融合—创新为个人发展取向（见图 6-2），在行动研究中实现专业发展新突破。

素养导向指工作室研修学习中，以提升成熟型教师核心素养为导向，培训目标达成、培训课程设计、培训成果显示度，都以成熟型教师的素养为引领，包括思想政治素养、师德素养、理论素养、心智素养、教学素养、创新素养、研究素养，在素养导向的工作室完整的研修学习中，形成工作室研修学习的整体效应。

① 陈江华：《学习型组织理论研究综述与评价》，载《北京交通大学学报》，2014（2）。

模仿主线指工作室根据研修目标和学员基础，配备符合工作室实践导师资质的名师或特级教师，引领承担教学实践指导、教学观摩、指导教学改革实践以及课题研究指导等。让每一名学员通过首席专家、学术导师、指导教师、小群体学习，找到自己专属的学习共同体，逐渐走向开放、走向自主、走向互动，促进实践、反思、学习、合作和分享。

方式融合指工作室结合课程学习和学员特点，采用多样化、混合式的培训方式，包括专家讲座、自主学习、实践操作、考察参观、拓展训练、学术交流、合作研讨、展示活动等，强调理论与实践相结合、集中学习与自主学习相结合、任务驱动与课题研究相结合，遵循成熟型教师学习与提升的心理逻辑。

创新发展指工作室学员通过模块课程学习，通过任务驱动学习与研究，无论是教学风格、教学特色、学习成果、研究成果还是专业自主发展方面，都能充分体现出高度、深度、宽度和变化度，且能让工作室学员在研修中、研修后最终达到无须引领、自能奔跑，成为能引领、有影响的高素质、专业化、创新型教师。

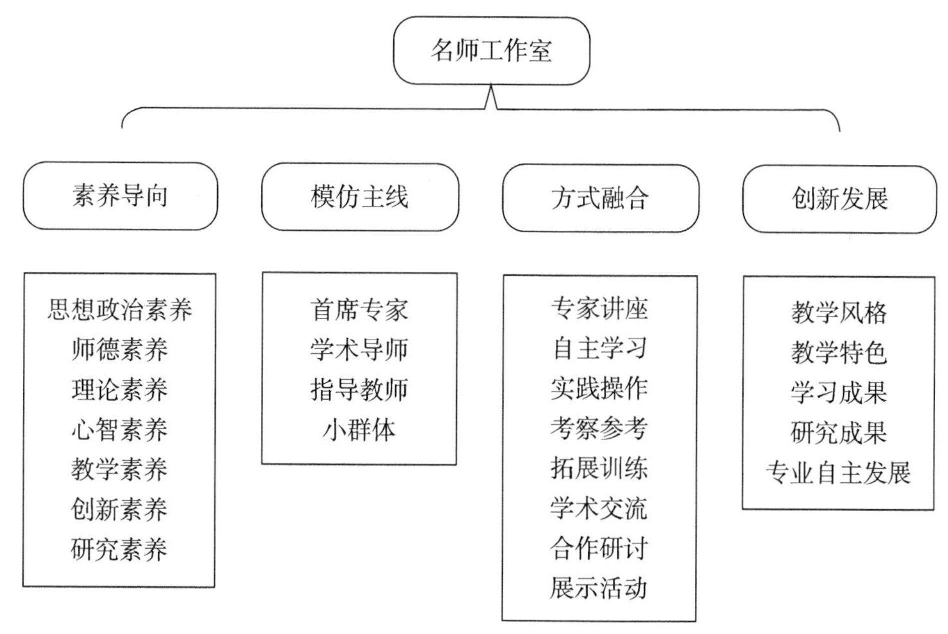

图 6-2　个人发展取向的名师工作室模式

3. 课程体系设计

研修赋能成熟型教师个人发展取向的名师工作室，不仅要注重发展成熟型教师的必备品格和关键能力，达成工作室学员身为卓越教师理论提升、教书育人师自信、专业发展，还要通过研修体现名师工作室高质量培训品质、信誉、形象、价值等。这需要着眼于强化、改进与提升这一宏观取向，设置模块课程，凸显培训的科学性和实效性。

模块1是素养类课程，内容包括强化成熟型教师的素质、修养、品行、道德、内涵、体魄、品质、毅力、造诣等集成元素，提高那些决定成熟型教师走得更远、站得更高的要素和禀赋。该课程模块可占总课程数的20%。

模块2是融合类课程，包括开拓视野、提升境界、形成良好心智模式、拓展工作界限、增强学科育人能力的课程，作为助力成熟型教师形成教育风格的催化剂和活化剂。该课程模块可占总课程数的20%。

模块3是研究类课程，包括帮助成熟型教师提高教育科研能力、掌握规范的教育科学研究方法、通过教学研究解决实际问题、提升教育教学改革创新能力的课程。该课程模块可占总课程数的30%。

模块4是创新类课程，包括教学风格或教学特色凝练、学习成果或研究成果汇报、个人专业发展现场活动等课程，帮助成熟型教师建立起在素质和专业化发展基础之上的一种高层次的素质类型和专业行为。该课程模块可占总课程数的30%。

三、实践取向的课题研究模式

针对成熟型教师专业发展阶段特点和阶段任务，聚焦基础教育课程改革与发展实践前沿问题，破解教育改革和学科育人中的实际问题，采用面向实践、以实践为导向的课题研究模式，指导学员把实践取向的课题研究变成必需的专业学习和生活方式，从而全面提高教育科研能力和教学创新能力，成为教育教学研究型教师。

1. 核心目标指向

提高成熟型教师的教育科研能力，帮助他们掌握规范的教育科学研究方法，能实施课题研究的全过程，提升新课程新考试要求背景下把握学科本质、掌握学生心理基础上通过课题研究解决教育教学实际问题的能力，通过课题研究破解学科育人中的实际问题，形成教育教研的新观点、新方法和新经验，提升教育教学改革创新能力。

2. 培训模式要素

实践取向的课题研究模式，以全员参与为基础，以全过程实践为主体，以显示度为检验（见图6-3），实现全员全过程参与课题研究的每个环节，产出课题研究系列成果。

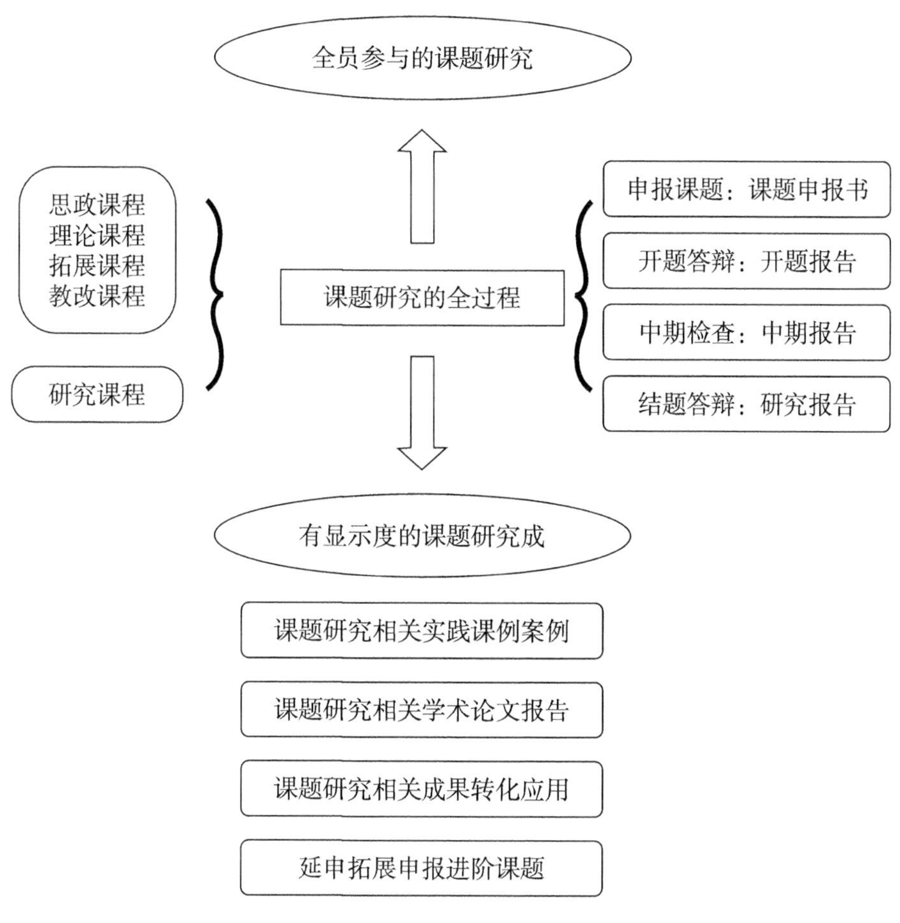

图 6-3　实践取向的课题研究模式

全员指鼓励、支持和要求指导每一个学员在培训期间开展一项教改课题研究。确保全员覆盖，以自我选题、自我推进、自我研磨为主，解决自身课题系统研究和教育教学实践研究等问题，帮助学员形成自身教育教研的新观点、新方法、新经验和新成果。

全过程指培训课程全过程聚焦课题研究、课题研究全环节跟进。无论是研究课程，还是理论课程、拓展课程和教改课程，都紧紧围绕课题研究强化理论与思想、拓展视野与方法、增强研究与创新；参训学员深度参与课题申报、评审、立项、中期检查和结题答辩等课题研究各环节。

显示度指参训者产出与课题研究相关的论文、课例、案例等，助力学员在课题研究中扎实、务实启动课题、聚焦过程、产出成果、顺利结题，或为产出高质量的研究成果、为延伸拓展申报进阶级课题打好基础，引导和指导参训者做有显示度的课题研究，并推进成果转化应用。

3. 课程体系设计

培训课程是为实现培训目标对培训内容的结构化设计。基于成熟型教师实践取向的课题研究课程体系核心是课题研究。围绕研究课程，可基于并融合思政课程、理论课程、拓展课程、教改课程，设计聚焦并服务于研究课程的课程模块（见表 6-4）。

表 6-4 高研班培训课程设计

课程模块	设计理念	具体课程	课程类型	课时
思政课程	主要体现培训的高度，聚焦强化思想政治素质与师德修养	思政课程；师德课程	公共必修课	占 10%
理论课程	主要体现培训的高度，提高教育理论与学科素养	教育哲学；教育名著；比较教育	公共必修课	占 15%
拓展课程	主要体现培训的宽度和变化度，聚焦拓展教育教学视野	教师领导力；心智模式；健康教育；技术应用；教育考察	公共选修课	占 10%
教改课程	主要体现培训的深度，聚焦增强学科育人与执教能力	学科教育；教学改进；实践创新	专业必修课	占 25%
研究课程	主要体现培训的深度，聚焦提高教育科研能力和教学创新能力	教育科研方法和课题研究	公共必修课 专业必修课	占 40%

四、卓越取向的专业发展模式

针对成熟型教师专业发展问题和专业发展需求，卓越取向的专业发展模式在教师专业方面下功夫，加强对成熟型教师追求卓越的专业引导，帮助成熟型教师具有专业信念、知识、技能、行为属性组合的胜任力，从而使其工作更有效或表现更好，走向卓越或成为卓越教师。

1. 核心目标指向

帮助成熟型教师提升专业信念，能够整合运用专业知识、专业实践和专业参与，描绘好适合自己专业发展的卓越样态，定制好自己专属的卓越跑道，形成自己的教育教学风格特色，呈现出追求卓越、走向卓越、成为卓越自觉努力的结果样态，培养造就一大批在区域中起引领作用、在全市有影响的高素质专业化创新型教师。

2. 培训模式要素

卓越取向的专业发展模式，以追求卓越为引领，以课题研究为载体，构建成熟型教师能够秉持专业信念、指导专业学习、提供专业实践和深度专业参与的培训模式（见图6-4）。

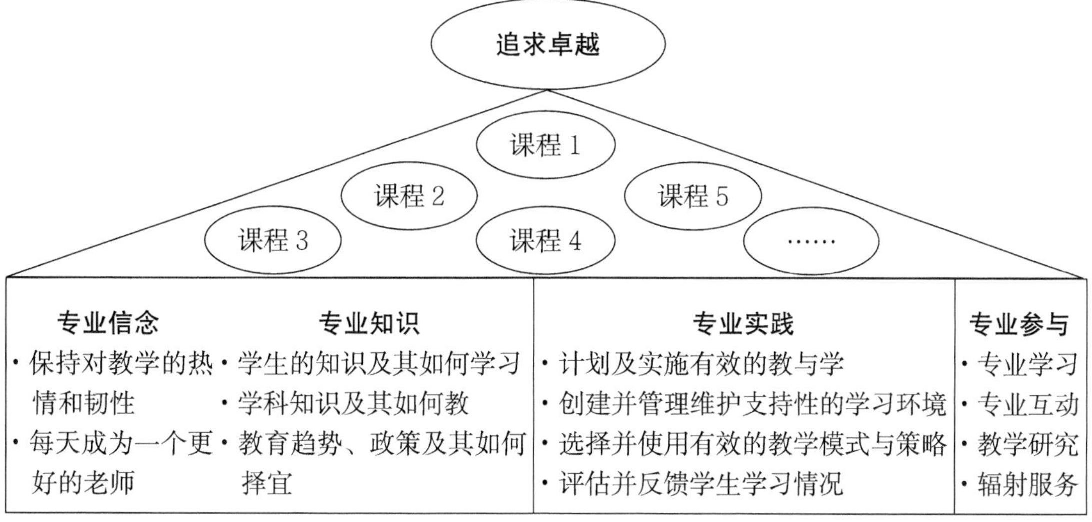

图6-4 卓越取向的专业发展模式

专业信念指通过课程学习强化和提升的专业认同，包括保持对教学的热情和韧性、每天成为一个更好的老师等精神内驱力，赋能成熟型教师对未来更有信心、更有理性、更有智慧，使其达成为师自信和发展自信。

专业知识指通过课程学习，丰富和提高参训者的学识，包括学生的知识及其如何学习，学科知识及其如何教，教育趋势、政策及其如何择宜等知识，赋能成熟型教师理论提升和教书育人本领，使其达成理论自信和专业自信。

专业实践指通过课程学习强化和提升教育教学实践活动和专业能力，包括计划及实施有效的教与学、创建并管理维护支持性的学习环境、选择并使用有效的教学模式与策略、评估与反馈学生学习情况等，提高成熟型教师专业能力和学科育人能力，使其达成专业自信和道路自信。

专业参与指通过课程学习延伸和拓展教学研究和专业互动，包括从事专业学习、参与家校社等专业互动、开展教学研究等，发挥成熟型教师的优势影响和自我发展能动，为成熟型教师专业拓展和学术交流赋能，使其达成专业自信和发展自信。

3. 课程体系设计

打造培养卓越教师是基于时代和社会发展的目标而提出的，成为卓越教师是教师发展所追求的一种理想境界。以教师卓越品质为目标导向，构架一个全面的、综合的、有特质的卓越教师专业发展模式，助力成熟型教师实现迅速地、更大范围地迈向卓越，可以通过模块化课程设计实现专业发展。

模块 1 是专业信念类课程，加强成熟型教师专业认同和发展自信。内容包括如何保持教学热情和韧性、如何让自己每天成为一个更好的老师等。该课程模块可占总课程数的 10%。

模块 2 是专业知识类课程，主要是吸引学生、激发学生、教育学生和影响学生的教与学知识等。该课程模块可占总课程数的 20%。

模块 3 是专业实践类课程，主要指有效教与学、学习环境、学习策略、学习反馈等。该课程模块可占总课程数的 30%。

模块 4 是专业参与类课程，包括专业学习、家校社专业互动和教学研究等。该课程模块可占总课程数的 40%。

第三节　成熟型教师培训模式应用

提高培训的精准性，取得高质量培训效果，科学、创新的培训模式是培训工作追求的重中之重。一批批成熟型教师的培养，一定社会影响和经济效益的产出，这些取决于不断开发、探索、应用和改进的培训模式。以上三种成熟型教师培训模式，适合不同主体的成熟型教师培训，在应用时可根据实际情况进行调整、改进和优化，并参考应用实施中的一些策略。

一、研修主题架起成熟型教师专业成长的桥梁

研修主题是培训项目的主体和核心，是培训要解决的核心问题及范围领域，也是聚焦培训学员工作和学习要解决的核心问题。所有的研修活动都是围绕主题进行的。研修主题的设计要紧扣“新时代、新课程、高质量”的理念，紧扣基础教育教学改革任务，紧扣教学改革的重点、难点、热点。表 6-5 研修主题示例设计，旨在改变行为、提升能力和解决问题，指导学科教改课程、研究方向，以形成主题相对集中的成果。

研修主题指导教学改革课程和学员课题研究方向，以研修主题聚焦改变行为、提升能力和解决问题，最终形成主题相对集中的研修成果。研修过程中，用研修主题牵引每一位学员在卓越课堂上成为卓越的教师、教出卓越的学生，并愿意提高自身当下的专业素养和教学能力，一步一个脚印向着卓越目标前进努力，使自己从优秀走向卓越、从卓越走向更卓越。

表 6-5　2021—2023 年北京教育学院市级骨干高研班培训主题

项目	培训主题
班主任	聚焦“名班主任”培养，促进骨干班主任自主发展
中小学道法	核心素养导向的中小学道德与法治主题教学研究
高中思政	思想政治活动型学科课程的实施能力提升
中学语文	语文教学如何促进学生“思维发展与提升”
小学语文	小学语文阅读策略教学研究
高中历史	概念史方法与历史学科育人能力提升研究
小学英语	核心素养下小学英语骨干教师教科研能力提升
中学英语	核心素养下初中英语骨干教师教科研能力提升
小学数学	小学生数学学习进阶研究
中学数学	数学本体・科学精神・人文素养
中学物理	落实学生自主学习能力的初中物理教学
中学化学	学科大概念视域下化学微项目及大单元教学设计
中小学音乐	新时代美育视野下的音乐课堂教学实践与理论
中小学美术	新时代审美教育美术课堂教学理论与实践研究
中小学体育	加强和改进新时代首都中小学体育工作行动方略
信息技术	基于学科核心素养培养的教学设计与实施
学前教育	园本教研中渗透思政元素的策略与路径

二、模块课程引领成熟型教师在跑道上自能奔跑

培训课程是教师培训的重要着力点，是实现培训目标的主要途径和教育教学活动的直接载体。设计并实施系统、科学的培训课程，很大程度决定着培训的质量和效益，是培训成功的关键，直接凸显培训的科学性和实效性。就成熟型教师而言，着眼于强化、改进与提升这一宏观取向，从提升骨干教师高度、广度、深度、变化度等方面，设置思政、理论、拓展、教改和研究课程作为“跑道的规划”（见图 6-5），引领学员在跑道上奔跑，使之最终无须引领、自能奔跑。思政课程的方向引领，能强化学员的思想政治素质与师德水平，

保证发展的正确政治方向，增强教育信念和职业理想；理论课程的高度引领，能补缺学员理论素养，打开学员新视野和教学天窗，丰富学员的新理念、新知识和思想方法；拓展课程的深度体验，能通过跨界考察学习、实践体验、技术应用全面加强学员的综合素养；教改课程的专业取向，通过学科前沿问题、教学改革热点问题、卓越课堂创设加强学员的学科素养；研究课程的课题研磨，能通过选题研磨、预开题和开题、课题推进、结题成果初汇报、预结题和课题结题全过程参与加强学员科研素养。

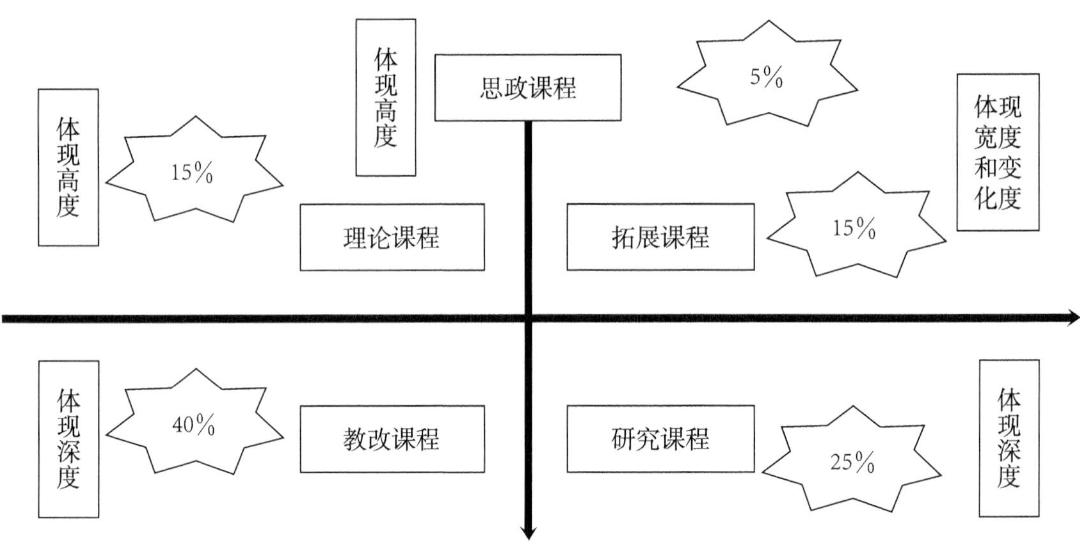

图 6-5　培训课程模块设计

在五类模块课程设计培训核心课程中，课程设计强调理论课程与实践课程相结合、社会实践课程与教育实践课程相结合、教育类课程与学科类课程相结合、对象性课程和本体性课程相结合（见图 6-6），把所学的知识、方法应用于教研实践、成长反思和专业发展的闭环链条。

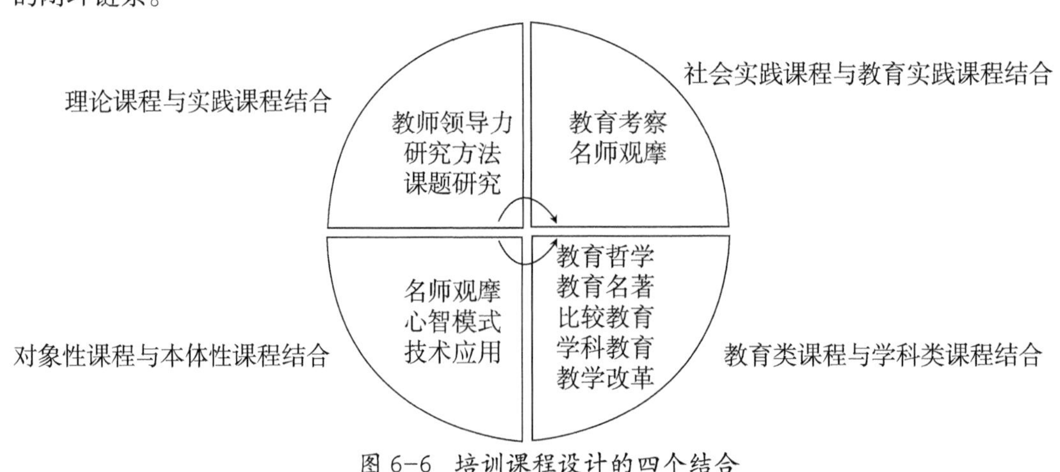

图 6-6　培训课程设计的四个结合

三、基于混合式培养的教学研修共同体

项目通过前期对每位学员的诊断分析和深度了解，根据每个学员特质、实践导师特质和指导教师研究专长进行分组，构建一体化特质小组研修共同体。在研修主题研讨、课题研究、分组研讨中，可以小组为单位组织，提高研修实效和参与融入感，确保每一个学员有归属感和认同感。同时结合研修小组的需求和发展，配备与小组特质相向的指导教师，给予全方位指导和即时在线答疑。

在培养方式中，密切结合成熟型教师培训课程学习、课题研究和教学实践的需要，结合学员培养对象的工作特点，采取灵活多样的培养方式实现培养目标，如线上与线下相结合、辅导与自主学习相结合、任务驱动学习与研究相结合等（见图 6-7），促进学用结合，把学习成效转化为教研实践，将学习成果转化为教研实效。培训方式强调理论与实践相结合的同时，也注重辅导与自主学习相结合，也就是对学员进行个性化、拓展性的辅导，如研究方法运用、课题研究中的若干问题等。同时有指导、有约束地引导学员自主学习，如自主阅读经典名著、自主查询文献资料、自我教研反思、自主带题学习、自主完成研修作业等，促进成熟型教师自主发展取向的自我专业成长。

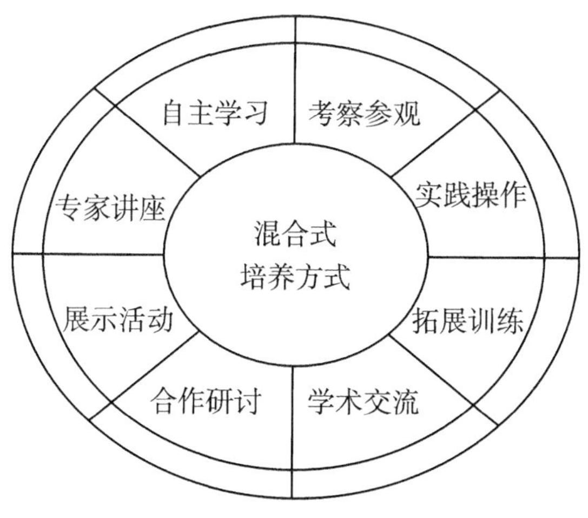

图 6-7　工作室的混合式培养方式

四、以质量和效果为生命线建设成熟型教师培训品牌

对于教师培训机构来说，营造一个品牌需要花很长时间，需要将爱心和责任转化为培训实践，需要依靠培训成效和质量，需要更加强调品牌精神的构建，有自己独特的东西，有自己的核心竞争力。在成熟型教师培训模式的构建和应用中，培训主题的聚焦和迭代、培训思想和理念的更新、培训课程和内容的优化、培训模式和管理的创新、培训特色和文

化的构建等成为培训品牌建设的重要举措和要素。因此，成熟型教师培训项目需要不断内修核心竞争力，不断从战略上构建教师培训品牌发展的清晰脉络，使用引入品牌策略，培育学习文化氛围，规范培训行为，凝练管理机制，形成团队文化，从而扩大对外传播的完整性和高效率，提高和打造品牌价值。

在科学合理策划、严格管理体制、注重过程细节、 注重成效影响的基础上，成熟型教师培训项目要把培训质量放在第一位，不断思考与创新培训项目，不断经营与提升培训教师队伍水平，不断变化与创新培训的形式和途径，不断实践与开发新的项目和内容，不断发展与提升培训的规模影响，在精准化、求特色、创发展中，将品牌效应充分延伸辐射，口碑相传带动一批批成熟型教师，深受参训者的认可和期待，使品牌项目得以轮轮相传。同时，培训形象的塑造是项目的灵魂所在。良好的形象文化能够在有限的空间里提升培训机构的品位和氛围，卓有成效地提高培训知名度，对参训者产生吸引力，使参训者在培训的环境中感悟意蕴与魅力。成熟型教师培训项目要不断强化项目团队和培训者的服务意识，扩大舆论宣传，营造集群共同体学习氛围，开辟培训学习园地，拓展工作和生活界限，提高服务保障，美化净化学习环境，提供开放性交流平台，以满足教师内在需求和精神氛围需求，从而对教师素养和能力的提高产生潜移默化的影响。

第七章　专家型教师涵养模式创新

【学员感言】“卓越工作室”的学习让我由一名英语语言的传授者逐渐转型为英语教育的创造者。在为期四年的学习中，团队不仅系统地学习、分析并批判性地探讨了英语教育中的重点、难点和热点理论，而且更注重将前沿的理论学习成果创造性地转化到一线课堂中，让我不断有机会尝试与学生一起创造属于自己的英语课堂，鼓励我利用从工作室学到的创造性的智慧去激发学生的潜力，带领学生为未来生活而学习。这四年的学习中，我不仅在英语教育上有了创造性地转变，更是通过一次次学习观摩和交流研讨活动，加深了对教育的理解和对教育责任承担的意识。在后续的职业生涯中，我会在引领学生成长的同时不断追求自己生命的发展与完善，在不断精进和创造的过程中，更好地影响和教育自己的学生。

——北京市景山学校　特级教师　正高级教师　蔡琼

以上话语是北京市景山学校蔡琼老师参加北京教育学院“卓越教师工作室”的学习感言。从上述感言中可以看到作为专家型教师的蔡老师在培训中关注且收获最大的方面是教育创新、深层次的教育理解以及教育中教师和学生的全人发展。这为我们思考并优化专家型教师的培训提供了来自学员的视角。

专家型教师是教师专业发展的高级阶段，在我国基础教育教学工作中发挥着示范引领、实践创新、队伍培养等重要作用，是提升国家和区域育人水平、落实党和国家教育纲领的重要力量。这批教师一般已经获评高级教师或正高级教师职称，获得特级教师的荣誉称号，且还有较长的职业生涯，其中很多人即使退休后也仍从事教育指导咨询工作。对专家型教师的研究已成为教师教育研究的重要组成部分。笔者在知网上以“专家型教师”为题进行文献搜索，看到从 2004 年开始该主题文章发表量整体呈上升趋势，近些年形成了一个趋向稳定的研究领域，每年都有 100 篇以上的文章发表（见图 7-1）。

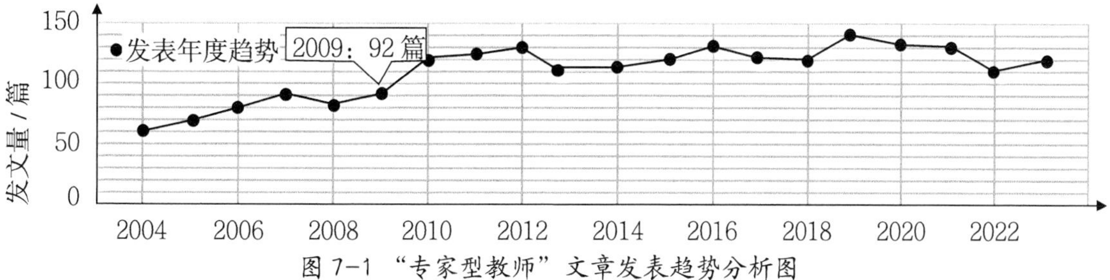

图 7-1　“专家型教师”文章发表趋势分析图

如何精准设计适合他们的培训项目？一方面助力他们突破发展高原期瓶颈，使他们成为更卓越的教育家型教师；另一方面通过培训项目为他们提供团队培养平台，通过他们的发展带动一批中青年教师在教学和科研上取得突破，建设结构化的人才梯队。面对这一问题，笔者所在团队经过近五年以“卓越教师工作室”为载体的实践研究，针对专家型教师内在反思建构胜于外部推动给予的特点，变培训为涵养，通过一批批名师的成长历程，探索形成了一定的学术原理和行之有效的模式策略。本章共有三节内容。第一节主要阐述专家型教师的发展需求和理论基础，重在为专家型教师发展画像。本章第二节主要阐述三种不同取向的专家型教师培训模式，重在为专家型教师发展搭桥。本章第三节主要阐述了专家型教师培训模式应用，重在为专家型教师发展赋能。这三节基本遵循了针对专家型教师培训什么、如何培训、怎样保证培训效果这一实践逻辑，体现了教师培训整体的学术取向、实践取向、目标取向和成果取向。

第一节　新时代专家型教师发展需求分析

身处知识日新月异、问题层出不穷的新时代，终身学习、终身教育已成为全民共识。2023 年 9 月，习近平总书记致信全国优秀教师代表时强调，“大力弘扬教育家精神”“为强国建设民族复兴伟业作出新的更大贡献”。拥有丰富的教育教学经验、具有高水平的学科教学和育人水平、且获得社会广泛好评的专家型教师同样需要通过学习、特别是有组织地学习从大国良师发展为“具有新时代教育家精神”的经师人师①，引领培根铸魂的教育事业的发展。那么，如何理解和把握专家型教师的专业特征，精准诊断他们的发展需求，并在一定理论指导下设计适合他们的涵养项目，是摆在培训者面前的重要命题。

一、专家型教师的概念界定和内涵特征

（一）专家型教师的概念界定

对概念的准确界定是问题研究的逻辑起点。关于专家型教师的概念界定很多，可以分为单一视角说和复合素养说。单一视角首先是心理学视角的“特殊专长说”，即认为专家型教师是具有教育教学或教研专长的教师。其次是社会学视角的“特级教师说”，即认为特级教师就是专家型教师。再次是教育学视角的“优秀教师说”，即认为优秀教师就是专家型教师。复合素养说是从专家型教师作为教育、管理、教研的复合型人才所具备的复合

① 窦桂梅：成为具备“新时代教育家精神”的大国良师，载《人民教育》2022（18）。

素养角度阐述的。如徐红等人认为专家型教师“是具有积极的从教情意、合理的从教知识、过硬的从教技能、突出的从教能力、独特的从教智略等五大特质的专职教师”①。沈中宇等人在评述国外专家型数学教师研究中提出专家型教师“具备了广泛联系的专业知识和积极主动的专业信念，展现了强调内容和注重交流的课堂教学，经历了实践交流和团队合作的专业发展路径”②。

以上学说都有较强的学理基础和学术价值，但从培训者的角度来说，需要一个学术性和操作性相结合的概念界定，以便更好地甄选培训对象，设计涵养路径，实现涵养目标。因此，在本研究中，笔者团队将专家型教师界定为“具有特级教师称号或正高级教师职称的、具有坚定的教育信念、鲜明的教育风格、稳定的教育主张的专任教师”。

（二）专家型教师的内涵特征

从上述概念界定中可以看出，专家型教师的内涵特征如下：坚定的教育信念是指专家型教师具有心系家国的教育情怀，高尚的师德师风，以及对所教学科的热爱。这是专家型教师的精神之源。鲜明的教育风格是指专家型教师善于运用自己广泛的、结构良好的知识和经验教书育人，课堂教学带有鲜明的个人特色。这是专家型教师的专业之源。稳定的教育主张是指专家型教师长期形成的对教育教学的深刻洞察，善于运用这些洞察创造性地解决各类教育教学问题。这是专家型教师的思想之源。

二、专家型教师专业发展需求分析：教育家型教师涵养

在明确专家型教师的概念和内涵后，就可以从因然和实然两个角度梳理专家型教师专业发展需求，也就是为专家型教师的专业发展方向进行理想化画像。下面笔者从社会需求、政策需求和实践需求三个方面进行分析阐述。

（一）专家型教师专业发展的社会需求

当下社会高度认可专家型教师，但也对专家型教师有着更高的期待。受学科和学校所限，专家型教师往往只在自己任教的班级、学校或区域发挥作用，社会影响力和受益面有限。当下新时代高质量教育体系的建构、教育强国的建设急需一批深谙教育规律、具有较大思想引领力和社会影响力的教育家型教师办学治校、教书育人，落实核心素养为导向的课程改革理念，引领营造优质均衡的教育生态。另外，随着社会和家庭对教育问题关切度的增强，教育已经成为当下社会民生热点问题，需要来自教育家型教师的智慧生成更多的教

---

① 徐红，董泽芳：《我国专家型教师研究的回顾与展望》，载《课程·教材·教法》，2011（7）。

② 沈中宇，刘思璐，汪晓勤：《国外专家型数学教师研究评述》，载于《数学教育学报》，2022（1）。

育优质资源，满足民众“有学上”且“上好学”的教育诉求。教育家型教师以其高尚的师德师风、深刻辽阔的教育思想为学生提供更高品质的教育、五育并举的学习体验、更为丰富多样的发展空间，为中青年教师树立榜样、坚定信念，吸引更多的优秀青年加入教育的行列。因此，社会需要更多的专家型教师成为教育家型教师。

（二）专家型教师专业发展的政策需求

一直以来国家高度重视各级各类教师队伍建设，2018 年《中共中央 国务院关于全面深化新时代教师队伍建设改革的意见》明确指出：“到 2035 年，教师综合素质、专业化水平和创新能力大幅提升，培养造就数以百万计的骨干教师、数以十万计的卓越教师、数以万计的教育家型教师。”其中，从骨干教师到卓越教师再到教育家型教师的这三类教师的明确提出，不仅为新时代教师队伍建设描画了一幅动态递进的发展蓝图，指出了一条清晰的建设方向，而且也在一定意义上确立了“教育家型教师”作为教师专业发展最高层级无可替代的专业地位、标杆意义和示范价值。

2022 年 4 月，教育部等八部门发布《新时代基础教育强师计划》提出，“以高素质教师人才培养为引领，以高水平教师教育体系建设为支撑，以提升教师思想政治素质、师德师风水平和教育教学能力为重点，筑基提质、补短扶弱、做优建强、全面提高教师培养培训质量，整体提升中小学教师队伍教书育人能力素质，促进教师数量、素质、结构协调发展，为构建高质量教育体系奠定坚实的师资基础。”明确提出“实施高素质教师人才培育计划，持续实施卓越教师培养计划。”“实施新周期名师名校长领航计划，培养造就一批引领教育改革发展、辐射带动区域教师素质能力提升的教育家。”《新时代基础教育强师计划》进一步明确了教育家型教师培养在引领高素质教师人才队伍建设、构建高质量教育体系中的重要作用。可见，教育家型教师也是教育行政部门对广大专家型教师的政策引领和专业期待。

为使上述政策落地，教育部和部分省市行政部门相继出台了明确的培养培训计划。2022 年，教育部启动了新时代中小学名师名校长培养计划（2022—2025）（简称“双名计划”），旨在通过为期 3 年的连续性系统化培养，进一步推动高素质、专业化、创新型教师队伍建设，造就一批教育家型名师名校长，营造“教师终身学习、教育家脱颖而出”的良好氛围，有力支撑新时代教育更高质量发展。《北京市“十四五”时期中小学教师培训工作的实施意见》中，将“教育家型教师涵养项目”列为“十四五”时期中小学教师培训的重点工作之一。提出“遴选 60 名左右特级教师，围绕教育改革与发展过程中的重大问题，开展为期 3 年的深度学习、课题研究和实践创新，通过搭设平台，组织教育理论深度学习、教育实践学习交流、教育思想探究凝练、教育思想宣传推广等方式，涵养教育家型教师，发挥其在首都及全国教育领域的专业引领作用”。北京市教委委托首都两所高校于 2023 年初启动了为期三年的教育家型教师涵养项目。这些举措都为专家型教师持续发展成为教育家型教师提供了政策依据和实施平台。

（三）专家型教师专业发展的实践需求

作为经验丰富的特级教师群体，专家型教师有很强的育人优势，但也存在一些发展短板。特级教师群体一般具有良好的发展状态。调查研究表明[①]，特级教师普遍具有极高的幸福感（90% 感受到了“幸福感”）、娴熟的专业技能（76% 认为自己的教学水平和专业素养已经达到了巅峰）、高度的学校发展使命感（89% 认为辅助学校领导教育改革是自己的职责与使命）以及强烈的发展意愿（76%希望通过学习进一步提升自我）。

特级教师群体也存在着一些发展难题。该调查还发现，特级教师也存在以下三方面不足。

一是教育理论积淀不足，难以进一步突破。接受调查的特级教师普遍认为自己教育教学效果好，教学经验丰富，但教育理论学习不够系统深入，难以进一步提升自己的教育教学改革水平，更难以实现教育教学思想的升华。

二是专业发展遇到瓶颈，岗位出现分化。一部分特级教师“教而优则仕”，走上管理岗位。一部分特级教师满足于现有的教育教学水平，对创新性教育教学和研究工作动力不足。还有一部分教师尽管个人持续发展意愿强烈，但受到学术背景、知识结构等因素影响，难以摆脱经验和思维定式的束缚，影响了自我超越的实现。

三是教育科研偏重功利，持续发展乏力。特级教师们参加课题的机会很多，但大部分是出于教师评价的需要。功利性的问题致使他们的教科研能力没有得到有效挖掘和培养，科研能力发展不良又制约了他们对研究的教育问题真伪的有效甄别，进而使开展教育实验和教育研究的深度和高度达不到应有的要求。44.3% 的特级教师认为自己在教育教学中存在的主要障碍是教科研意识薄弱、能力较低。

同时，专家型教师所具有的丰富的教学经验是一把双刃剑，一方面助力他们的成长，但另一方面也可能成为他们专业发展的“经验之困”[②]，局囿于、依赖于和沉迷于经验思维，逐渐削弱了来自理性思考、哲学思辨的教育视野和人生格局。

综上所述，专家型教师是教育家型教师的潜在群体，他们在教学上已经达到了很高的水平，教学成效卓著，教育教学经验非常丰富，但是大部分特级教师在教育理想的高远、

① 王凯：《教育家型教师专业发展的有效路径初探》，载于《齐鲁师范学院学报》，2020（4）。
② 邹晓明：《从经验走向理论：新时代教育家型教师发展的自我超越》，载于《现代中小学教育》，2021（2）。

教育视野的开阔、教育思想的凝练、教育研究的深入以及教育实践的影响力等方面与教育家型教师还有一定的差距，需要通过专业化的培训设计助力他们发展和成长。

三、专家型教师专业发展的理论基础

要研发适合于专家型教师专业发展的涵养模式，必须从相关理论中汲取学理基础、开阔视野、丰富建模。

（一）教育家型教师特质理论

既然专家型教师的发展方向是教育家型教师，那么教育家型教师所应该具备的特质就是帮助培训者明确培训目标和内容的重要理论基础。李贵安、白玉通过系统性文献综述和质性元分析方法，提炼了未来教育家型教师特质体系模型[①]（见图 7-2）。

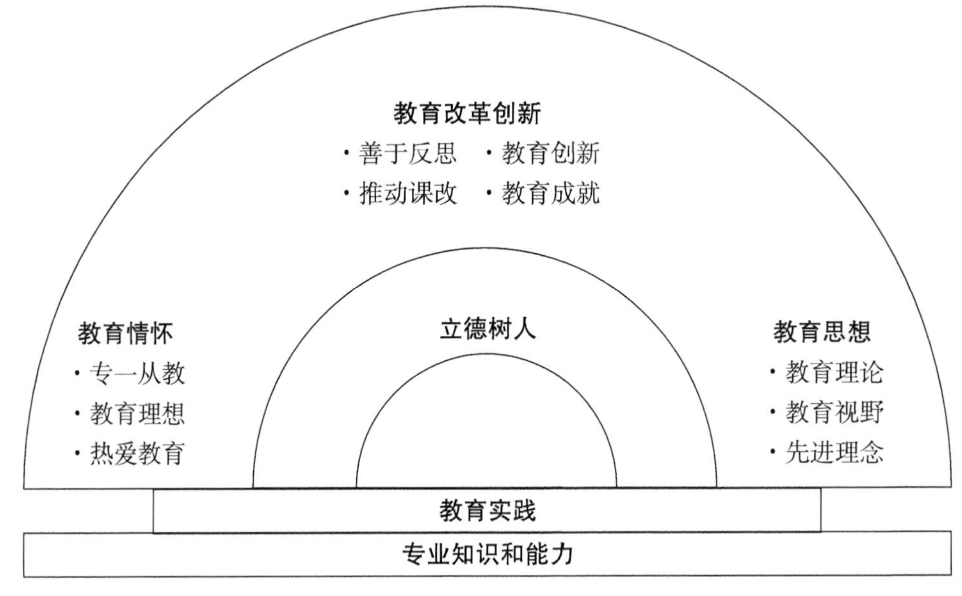

图 7-2　未来教育家型教师特质体系模型

该模型分为六个层次：立德树人、 教育情怀、专业知识和能力、教育思想、教育实践和教育改革创新。依据胜任力理论，专业知识和能力与教育实践属于特质体系基层相对容易塑造的范畴；教育情怀、教育思想、教育改革创新与立德树人属于特质体系上层，需要长期精神养成。

① 李贵安，白玉：《聚焦未来教育家型教师培养：基点、特质与路径》，载于《中国大学教学》，2022（5）。

靳伟等[①]分析了教育家型教师的学术基础和制度基础，并基于国际比较，提出了教育家型教师概念界定和内涵特征。他们认为教育家型教师是指具有坚定的国家教育情怀与信念，独特的本土教育实践模式和理论，并能示范和服务区域和国家教育发展的领导型教师。其内涵如下：第一，教育家型教师是具有坚定的国家教育情怀和信念的领导型教师。第二，教育家型教师是具有独特的本土教育实践模式与理论的领导型教师。第三，教育家型教师是示范和服务区域和国家教育发展的领导型教师。他们还提出“突破心智模式、扎根本土实践、搭建交流平台和完善政策保障等方面”的成长路径。

这些研究为专家型教师培训模式构建提供了内容和方式的启发。

（二）教师专业学习共同体理论

“共同体”一词源于社会学。1887 年德国社会学家费迪南德·滕尼斯在其专著《共同体与社会》中首次提到共同体的概念，认为“共同体”在人际关系、共同精神以及个人对共同体的归属感与认同感方面有助力作用。1993 年以后，“共同体”这个概念被引用到教育领域，后来发展成为“学习共同体”，演变出教师学习共同体、课堂学习共同体等多种样态。教师学习共同体产生于 20 世纪 80 年代美国的教师教育改革运动，20 世纪 90 年代逐渐成为教师有组织学习的新范式。托马斯认为，教师专业发展思想的一个重要转向就是将关注的重心从 “专业个人主义”转向“教师学习共同体”。与此同时，国内学者也开始研究教师学习共同体，认为其是专家型教师发展的主要路径[②]，也是激发教师专业自觉的发展模式[③]。

教师专业学习共同体作为一种新型的教师专业发展路径和范式，比起以往传统的教师培训活动，体现了以下变化：在行动转向上，体现了从个体行动向共同价值愿景下的群体创新的转变，改变了教师专业发展单打独斗的局面。在角色重塑上，体现了从“接受者”向“创造者”的转变，学习共同体的老师不再是被动地接受专家创造的理论，而是积极地通过创新创造实践性知识，体现理论实践化和实践理论化的过程。在场域转换上，体现了从“学习空间”向“生活空间”的转变。教师的教育实践不仅仅是传授知识，更是生命实践。教师自在丰盈的生命状态直接影响学生的生命体验。因此，教师专业学习共同体不仅仅是教师学习工具或手段的工具性存在，更是真实的、贴近教师日常实际的生活场域和

① 靳伟，廖伟：《论教育家型教师的内涵和成长路径》，载于《教师教育研究》，2019（4）。
② 吕进，史仁民：《教师学习共同体：专家型教师专业发展的路径》，载于《教师教育论坛》，2023（4）。
③ 李新翠：《学习共同体：激发教师专业自觉的发展模式》，载于《教师发展研究》，2022，6（3）。

生命场域。在这个场域内，教师可以安全地、多重地、公共地反思和丰富包括教学实践在内的生命意义，使共同体的学习成为认知性实践、社会性实践和伦理性实践。在结构上，教师专业学习共同体体现了“专家主导”向“共同主导”的转变。教师专业学习共同体不再是专家传播知识的一言堂，而是所有成员以平等主体身份参与共同体建设，发挥各自优势，互为资源，共同进步。

教师专业学习共同体通常通过“共享目标”“合作活动”“关注学习”“分享实践”“反思对话”等核心环节来实现教师的学习与发展。

综上所述，教师专业学习共同体是设计专家型教师专业发展项目的重要参考理论。为专家型教师建构专业学习共同体提供情感支持，优化资源供给，搭建共享平台，促进其经验反思，满足教师学习所需要的建构性、社会性、自主性、日常性、情境性、实践性和伦理性的学习方式和学习过程。

（三）教育生态学理论

1976 年，美国教育家劳伦斯·A. 克雷明在《公共教育》一书中首次提出教育生态学（Ecology of education）这一概念。教育生态学强调教育情形的范围和复杂性，克雷明认为教育是一个有机的、复杂的、统一的系统，是在一系列教育机构配置和与社会的互动中形成的。学校教育需要紧密结合外部生态系统，共同形成良好的教育生态[①]。从教育生态学的视角来看教师专业发展或教师学习，意味着从重视教师学习的单一环境创设，到更为注重教师学习与学校改革、教育改革、社会变革之间的关系，要超越教师学习与社会文化环境的二元割裂，以更加科学、系统、合理的方式体现教师学习的复杂性[②]。

教师的专业发展也存在一个教育生态，有自然环境，如他（她）所处的学校、举办教师专业发展项目的院校机构等；有社会环境，如他（她）所处区域的政治、经济、人口、家庭、职业等要素；有规范环境（价值环境），即人类在社会生活过程中形成的各种态度、风气、价值观念等。有些具备同样能力的教师在职业发展过程中呈现出的巨大差异在某种程度上就是环境因素的结果。

这一理论也为教师培训的概念变化提供了学理解释。从一开始强调技能传授的教师培训，到强调通识教育的教师教育，到强调教师反思的教师专业发展，再到强调教师主体性和常态化的教师学习，概念的变化越来越强化教师基于通过与教育生态系统内各项要素的良性互动实现专业发展。最近多个省市的教师培训文件或项目设计又出现“教师涵养”这

① 劳伦斯·A. 克雷明：《公共教育》（宇文利译），北京，中国人民大学出版社，2016。
② 朱旭东，裴森：《教师学习模式研究：中国的经验》，北京，北京师范大学出版社，2017。

个概念，这也是这一理论转化为实践思路的延续。根据《辞海》，“涵养”一词有两层含义，一是身心方面的修养，二是滋润养育。显然，“教师涵养”取的是二者的综合之意，即通过教师专业发展项目优化教师所处的生态系统，让教师学习和教师发展自然发生。教师涵养具有三个特征，即众筹，生成和自主[①]。

这一理论为我们厘清了影响专家型教师专业发展的要素，从生态系统角度设计和优化了培训模式，为专家型教师成长发展提供了营养和能量，助力专家型教师在良好生态下自然成长。

四、专家型教师专业发展需求模型建构

（一）专家型教师专业发展目标需求：教育家型教师特质模型

综上所述，笔者团队认为专家型教师的专业发展需求是实现向教育家型教师的跨越和突破。通过对教育家型教师的特质分析，在综合已有研究的基础上，笔者团队构建了教育家型教师特质的大树模型，为专家型教师的专业发展进行了专业画像（见图 7-3）。

图 7-3　教育家型教师特质模型（注：本模型来源于北京教育学院卓越教师涵养项目方案）

---

① 汤丰林：《教师培训如何突破经验的藩篱——关于教师培训理论建构的哲学省思》，载《北京教育学院学报》，2023（4）。

在该模型中，教育家型教师犹如一棵顶天立地的大树，深埋于土壤的根系深密，显示于外的树干粗壮，枝叶繁茂。坚定的情怀信念、深厚的理论学养和杰出的反思能力是这棵大树的根系，扎实深入的教育实践与创新是树干，教育家型教师通过不断地向下扎根和实践创新，生长出繁茂的枝叶和丰硕的果实——鲜明的教育教学思想、卓有成效的教育实践和广泛的教育影响。

教育家型教师涵养项目的出发点就是通过培训项目为专家型教师提供丰富的学习生态，涵养和提升专家型教师的情怀信念、理论学养和反思能力，促进专家型教师的教育实践与创新，产出卓越的思想成果和实践成果，扩大教育影响，培养新时代“大先生”，在所在区域乃至全国教育领域发挥更大的专业引领作用。

以上大树模型只是体现了教育家型教师专业特质关键词，下面笔者围绕这些关键词进行教育家型教师特质内涵阐述（见表 7-1）。

表 7-1　教育家型教师特质内涵描述

维度	内容	质性描述
情怀信念	家国情怀	心系家国，社会责任感强，政治素质高
	教育信念	热爱教育，长期坚定从事教育事业；热爱学生，以学生发展为本；静心治学，能独立思考
	师德师风	师德高尚，知行合一，道德修养高，有人格魅力
理论学养	理论素养	拥有广泛的教育学、心理学、管理学等理论知识，且能够融会贯通
	学术素养	有较好的学术思维，遵守学术规范，具有较强的学术表达能力
	研究能力	具有敏锐的问题意识，熟悉多种研究范式和研究方法，善于运用研究改进教育教学
反思能力	自我反思	能够常态性地反思自己的教育教学生活，并做出适当的调整
	思维品质	具有创新性、成长型、批判性心智模式
	学习动力	有较强的自我成长内驱力，热爱学习，善于通过学习不断自我超越

续表

维度	内容	质性描述
教育实践	育人能力	具有高水平的育人能力，有自己独特的教育教学风格和丰富的育人智慧
	教育创新	理解社会和文化背景下的教育改革，勇于走在课改前沿探索新理念，并引领和示范新理念在本土实践的落地落实
教育思想	教育主张	拥有系统、成熟的教育主张并用其自觉指导教育教学活动
	教科研成果	有丰富的系列化课题、论文或著作成果，阐述自己的教育思想
教育影响	学生影响	深受学生喜爱，践行“四个引路人”
	同行影响	被同行视为行业标杆，带动了一批教师的成长，是教育教学引领者
	社会影响	在社会上有着良好的专业声誉，其教育思想广为人知

（二）**专家型教师专业发展路径需求：涵养模型**

特级教师怎样突破职业发展的高原期，实现向教育家型教师的迈进？在教师专业学习共同体理论和生态系统理论的引领下，立足于专家型教师发展与培训生态系统中各要素的逻辑关系，笔者团队建构了专家型教师专业发展路径需求模型（见图 7-4）。

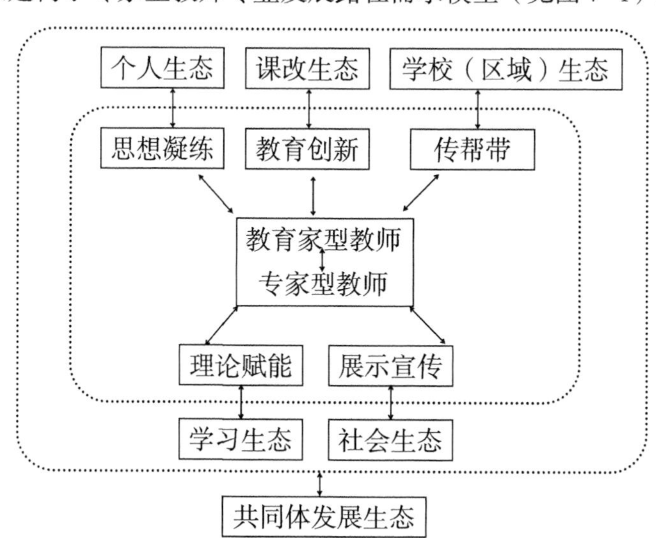

图 7-4　专家型教师专业发展路径涵养模型

专家型教师的发展首先需要宏观的共同体发展生态，这个生态系统是由专家型教师所参加的培训项目相关人员组成的，包括专家型教师、同学、培训者等。在该生态系统中，大家拥有同样的价值愿景（即实现自我超越，更好地服务于社会）、共同的发展目标（即成为教育家型教师）、共享共生的共同体文化。在这个大系统下，又有五个中观生态系统整合发力服务于大系统的建设。这五个生态系统分别是通过理论赋能营造的学习生态，通过团队引领营造的学校（区域）生态，通过教育创新营造的课改生态，通过思想凝练营造的个人生态，以及通过展示宣传营造的社会生态。这几个系统相互支持，形成合力，才能够更好地涵养专家型名师向教育家型名师的成长发展。

1. 通过理论赋能涵养专家型教师发展的学习生态：固本培根

专家型教师一般具有较强的学习能力和学习动机，但学习较为零散，且对实践的学习较多。培训者要设计结构化的理论课程，为专家型教师发展为教育家型教师进行理念、思维、方法、视野等多方面赋能，助力专家型教师打破原来的思维定式，实现心智模式的突破。这是一个培根固本的过程，也是一个“重塑”的过程。同时，理论赋能也是笔者团队在对专家型教师访谈发展需求时教师们提到的最多的关键词。具体而言，以下几类理论课程可以助力专家型教师实现心智模式的突破：第一，通过思政类课程进一步厚植理想情怀，提高思想站位。能站在国家发展、民族发展的高度重新思考教育，从追求学校教育目标的实现升级到追求首都、国家教育目标的实现，从关注学科教学上升到三全育人、五育并举。第二，通过课改前沿类课程进一步打开视野。要从眼前的教育教学工作中跳脱出来，再以更宽广的视角重新进入，重新思考教育教学。这包括时间维度和空间维度的跳脱和重新进入。时间维度上，掌握学习科学的前沿和教育改革的前沿发展，以未来教育的视角进行教育思考；空间维度上，从教育的场域跳脱出来，进行跨界学习，从跨界的视角进行教育问题的再思考。第三，通过反思类课程进一步加强理论视角下的自我反思。教育家型教师的成长首先是反求诸己，实现自我更新。教师要增进对自我的探索和反思，找到自己的使命，发现自己的惯常思维模式和行为模式，突破自己的思维定式。

2. 通过教育创新涵养专家型教师发展的课改生态：立德树人

运用专家知能开展教育创新是专家型教师的优势。培训者要利用这一优势，同时引导专家型教师围绕国家课程改革前沿或本源的教育问题“在正确的价值理念引领下，形成系统的解决方案，提供有效的实践案例以及明确的标准规则”[①]展开培训，以提升专家型教师开展针对性、引领性、可复制推广的教育的创新水平。随着《义务教育课程方案和课程

---

① 刘坚：《推动教育创新发展的供给侧结构性改革——谈教育创新成果的发现、遴选与应用、推广》，载于《新课程评论》，2016（4）。

标准（2022 年版）》的颁布，新一轮课程改革进入深水区。义务教育新课程标准是落实党关于“培养德智体美劳全面发展的社会主义建设者和接班人教育方针的政策载体”[①]，为核心素养导向的育人方式变革提出了新要求。要践行新课程实践指南，打造立德树人教育实践新样态，需要专家型教师率先实施教育创新，特别是课改热难点问题，如素养导向的大单元整体教学、综合学习、学科实践、评价改革等。在通过教育创新解决这些问题的过程中，专家型教师会逐渐形成强有力的系统，而综合的实践性知识将为其教育思想凝练奠定丰厚基础。

3. 凝练思想，涵养专家型教师发展的个人生态：实践理论化

专家型教师发展为教育家型教师的一个重要标识就是鲜明的教育教学思想的提出。有些学者认为，“课程创新的前提是概念重建”[②]，而在课程实施过程中存在两种话语体系的对话和交锋，即理论政策专业话语和学校本土话语，还需要一群“跨话语边界的实践研究者去推动课程改革，他们既有改革的热情，又熟知多种话语体系，能够在政策话语、学术话语、实践话语和学校本土话语之间充当沟通者和转化者”[③]。能够发挥这种功能的便是专家型教师经过实践理论化后形成的明确、系统的教育主张。这一教育主张不是外力赋予的，而是专家型教师通过培训者指导在与自我对话、实践对话、理论对话等过程中对长期积累的实践性知识进行理论梳理、提炼和学术表达形成的。

4. 通过团队引领，涵养专家型教师发展的区域生态：团队发展

专家型教师发展需要一个良好的区域生态，通过带团队可进一步锤炼专家型教师的课程领导力，将个人发展转化为团队发展是优化区域生态的有效路径。在这样的团队中，得到发展的不仅仅是跟随专家型教师学习和实践的中青年教师，专家型教师本人也会从不同年龄、教龄的团队伙伴身上受益良多。这为专家型教师成为教育家型教师提供了区域支持和团队支持。

5. 通过展示宣传，涵养专家型教师发展的社会生态：认同信任

教育家型教师不是靠行政委任或专业职评，而是靠高度的社会认可和民众信任来确立的。其前提是社会对这些教师教育思想和实践成果的了解和认同。培训者要搭建各类平台，如报纸媒体宣传、教育思想研讨会等，为专家型教师成为教育家型教师的思想成果和实践成果搭建展示交流宣传的平台，提升教育影响力。

---

① 张志勇，张广斌：《义务教育课程改革的政策逻辑与生态构建》，载于《中国教育学刊》，2022（5）。

② 钟启泉：《概念重建与我国课程创新》，载于《北京大学教育评论》，2005（1）。

③ 杨帆，陈向明：《“去情境化”和“再情境化”——教师理解变革性实践的话语表征机制》，载于《北京大学教育评论》，2013，11（2）。

第二节　专家型教师培训模式建构

明确了专家型教师的专业发展需求后，培训者就可以根据培训重点灵活建构有效的培训模式。本研究认为，教师培训模式是根据国家政策的要求和中小学教师成长的内在规律，为了实现特定的培训目标，通过有效的组织和活动方式，基于一定的培训观念和教育理论构成的理论化了的培训操作样式，从而为培训实践提供操作思路以及方法策略[①]。一般说来，培训模式的要素包含培训理论、目标设定、培训课程以及实施方式。根据专家型教师自身特点、培训时长的差异、可支配资源的不同、区域教育发展目标差异等，专家型教师培训模式可分为以下几类。

一、基于教育思想凝练的专家型教师培训模式

著名儿童教育家李吉林老师指出，“教育家有两个特质，一是对教育和孩子执着的爱，二是要有思想，形成自己的理论体系”[②]。可见教育思想凝练是专家型教师成为教育家型教师的必经阶段和重要标识。教育思想是指“人们对教育活动的系统性认识，是人们对教育的看法、想法和做法的总和，是关于培养什么人以及如何培养人的价值观和方法论”[③]。从社会层面来看，教育思想具有多样性、实践性、社会性、历史性、前瞻性等特点；从个人层面来看，教育思想具有系统性、稳定性、引领性等特点。教育思想的形成不是一个短期速成的结果，而是专家型教师经过长期专业积累、学习积淀、实践反馈、对话反思的结果。但如果有专业的外力支持，专家型教师的教育思想凝练之路会走得更为顺畅。近些年来，国家十分重视教育家型教师的培养，从国家层面和地方层面都设计了为期三年的教育家型教师涵养项目，针对专家型教师中最为优秀的一部分开展围绕教育思想凝练的专业发展活动，取得了较好的成效。笔者对这一模式进行了如下梳理。

1. 理论基础

这一模式的理论基础主要是成果导向教育理念和对话教学理论。成果导向教育理念（Outcome-based education，OBE）最早是由美国学者Spady在20世纪90年代提出的，其

---

① 王冬凌：《构建高效教师培训模式：内涵与策略》，载于《教育研究》，2011（5）。
② 余慧娟，钱丽欣：《教育需要虔诚以对：李吉林谈什么是教育家型教师》，载于《人民教育》，2009（11）。
③ 汪正贵：《教育思想的凝练与表达》，载于《教学管理与教育研究》，2023（1）。

核心思想是强调教学实施的目标不是学校、教师教了什么，而是通过学校教育，学生毕业后能带走的适应未来、适应社会的综合能力。成果导向教育理念自提出以来一直备受关注，成为多个国家开展高等教育教学改革和研究、提高人才培养质量的指导性理念。OBE 理念强调以学习产生的效果作为目标，其核心是基于学生的学习产出，具有很强的目标性和需求导向性。正如 Spady 所言，该理念是“以成果为导向来组织每一件事物，围绕学生的目标来组织学生的学习任务”。近些年来，有学者倡议也可运用 OBE 教育理念培养应用型人才以及高校创新型人才[①②]。这一理念是从“以教师的教为中心”的输入性教学范式转变到“以学生的学为中心”的输出性教学范式，特别契合专家型教师涵养项目的立意。对于专家型教师而言，来自外部的拼盘式输入已不再起主导作用，更重要的是通过教育思想的凝练产出为中心设计和规划培训目标和培训过程。以终为始逆向化设计专家型教师凝练教育思想所需要的资源，并通过优化资源配置支持专家型教师产出教育思想。

这一模式的第二个指导性理论思想是对话教学理论。教育的生命在于对话。对话作为人们追求的一种状态、一种时代精神已渗透到人类生活的各个领域。在我国教育领域，伴随着基础教育课程改革的推进，对话已被引入课堂教学中，并不断渗透到课堂教学的各个方面。“对话”是双方在互相尊重、平等的基础上以言语为主要中介进行的知识、话语、思想、情感等方面的交流沟通方式。它不仅是人与人或人与物之间的沟通理解，更是思想的碰撞和灵魂的交流。而对话教学是一种在民主平等、尊重信任的氛围中，师生之间、生生之间相互理解、相互合作、相互对话，在经验共享、双向互动交流的过程中创生知识和教学意义，从而促进师生共同发展的教学形态。这一理论让培训者明确自己的角色定位、创设参训者与培训者、与同伴、与自我、与多模态资源等的对话环境。通过对话促进专家型教师对自身教育思想的主体性探究和建构。

2. 目标设定

教育家型教师是专家型教师发展的宏观目标，培训者还需要设计中观层面的目标帮助培训进一步聚焦和可操作、高落实。围绕教育思想凝练，经过三年的项目涵养，专家型教师能够强化教育情怀和信念，洞察教育规律，整合教育经验，梳理教育主张，凝练教育思想。这是一个从经验到理论、从想法到思想、从现象到本质、从碎片到体系的过程。

---

① 周洪波，周平，黄贤立：《基于 OBE 理念的应用型人才培养策略》，载于《中国成人教育》，2018（14）。

② 刘锴，孙燕芳：《基于 OBE 教育理念的高校教师培养研究》，载于《黑龙江高教研究》，2017（6）。

3. 课程体系

教研的特征是活动，培训的特征是课程。与培训活动的短时性、碎片化不同，培训课程需要体系性、结构化设计，并且要围绕参训者的发展需求做整体设计。专家型教师参加培训的主要动机是从经验到思想，培训课程的精准是弥合经验和思想之间的张力的有效催化剂。培训课程要立足于关注教师作为“专业人”的发展、回归教师的经验世界助力其问题解决能力的跃升。不同于中小学学科取向的课程设计，培训课程要围绕项目核心目标设计参训者发展取向的结构化课程。在这里，课程选取的是“课程即学习经验”的概念界定，指的是学习者在项目过程中获得的经验。古德莱德把课程分为理想课程、正式课程、领悟课程、运作课程和经验课程五个层面，并指出课程在各个层次转化时会出现落差，培训者在设计课程时，要充分考虑这些因素，避免信息损耗，保证质量。

在项目目标统摄下，培训者可针对教育思想凝练的专家型教师涵养项目设计五个模块的课程。模块一是政策类课程，包括思政课程、教育政策解读、教育名家讲座、名家传记研读、爱国主义教育基地现场研学等课程。模块二是理论课程，以专家讲座、经典研读、案例研讨等方式推动参训者和教育学、学科教学、心理学、学习科学等教育教学理论进行深度对话，从理论视角反思教育经验，提升理论水平。模块三是思想凝练类课程，以参训者和导师一对一对话的方式进行，即导师对每位学员进行个性化的指导，指导学员进行教育教学思想的研究、凝练、深化和表达，包括专题研讨、专著和论文的写作指导等。模块四是跨界课程，参观知名企业，对企业的制度、文化、人才管理、科技创新等进行跨界学习。模块五是名师论坛，适时举办本地或与异地联办的名师论坛，为已形成较为成熟的教育思想的参训者提供展示和交流平台，扩大专家型教师的社会影响力。

4. 涵养方式

该模式下培训者可采用个人反思、导师对话、经典研读、榜样学习、理论讲座、名师论坛、跨界观摩、团队工作坊等多种方式。

5. 模型架构：四阶段发展

模式架构是培训者灵活组织培训资源实施培训目标的方式方法。培训者可围绕专家型教师基于教育思想凝练的涵养目标采用经验—理论—社会—体系四阶段模式架构组织和优化培训资源，如图 7-5 所示。

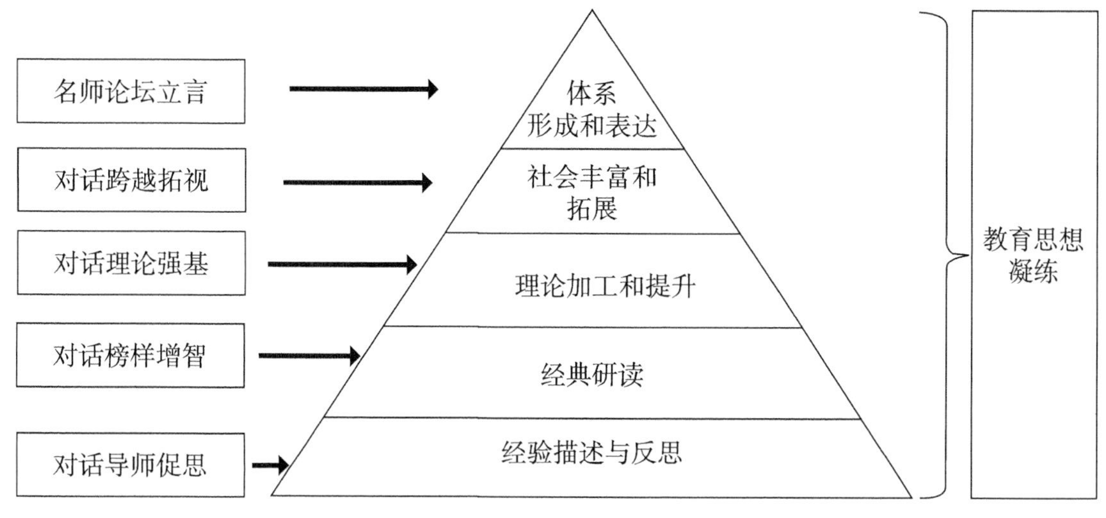

图 7-5　基于教育思想凝练的专家型教师涵养模式架构

该模式将专家型教师成为教育家型教师进行教育思想凝练过程分解为五个环环相扣、持续进阶的认知和行为阶段。经验描述与反思阶段是指专家型教师在导师指导帮助下对以往教育经验的描述和反思。在这一阶段，专家型教师描述和反思自己的教育经验，导师一对一的对话追问是帮助专家型教师将自己的教育经验概念化的过程，是教育思想形成的逻辑起点。这一阶段既是学员自己与自己的对话，又是导师和学员的对话，是一个在专家引领下的艰难的自我求索、将熟悉散乱的个人经验转化为相对陌生且结构化的学理框架的艰难过程。原型榜样学习阶段是专家型教师在导师指导下选择一位社会公认的教育家进行深度学习。若是历史人物，则深入研读其经典著作及与其相关的文献资料；若是当代人物，除研读其著作文献外，还可前往该教育家工作场所进行跟岗学习，近距离感受其教育思想的实践成果。这一阶段是学员和榜样的对话，是从前辈榜样中汲取智慧、丰富思维的重要阶段。理论阶段是专家型教师通过项目提供的教育政策和理论性课程与前沿教育政策和理论进行对话，重新思考自己教育经验概念框架，从理论视角进行重构和加工。这一阶段是学员和理论的对话，从理论视角重新审视和加工自己的教育经验。社会阶段是专家型教师在跨界学习新场景下跳出教育看教育，通过观摩社会其他组织机构的运行反思教育经验，从社会角度调整自己的概念框架。这一阶段是学员与社会的对话。体系阶段是专家型教师在导师帮助下将自己的教育观点和主张进行体系化、结构化、学术化提炼，并通过名师论坛或学术著述的方式进行表达。

通过这一研修模式，专家型教师将自己的教育经验理论化为教育思想，既实现了自己的发展，又为丰富和深化中国教育本土经验和本土理论做了有益的探索，为广大一线教师提供了学习借鉴的样板，有利于区域和国家整体育人质量的提升。

二、基于教育创新的专家型教师发展模式

笔者团队在长期培训实践中发现，并不是所有的专家型教师都适合走教育思想凝练的发展模式，部分专家型教师的优势不在于系统性学术研究表达，而在于对教育教学的实践创新引领。当前适逢我国基础教育改革进入深水区，核心素养导向的新课程、新教材对教师的育人目标的理解、育人方式的转变、评价范式的变革都提出了新的要求和挑战，亟需优秀教师为如何落实单元整体教学、综合学习、学科实践、数字化赋能教育转型等课改热难点问题提供来自常态课堂的有效教育教学方案和样例。面对新的理念，专家型教师也要离开自己的教学舒适区，尝试使用更符合新时代人才培养规律的方式方法进行教育教学创新。比起专家型教师在自己学校开展的、单打独斗式的教育教学创新，由专业高校组织开展的专家型教师发展项目，因有高校导师的专业引领和来自专家型教师同伴互助的创新支持，教师开展课题研究和课例研究能够取得更好的成果。

1. 理论基础

这一模式的理论基础首先是核心素养导向的课程改革。新世纪以来，世界各国的课程改革都以核心素养为目标，进入素养时代。我国 2017 年版高中课标和 2022 年版义务教育课标的颁布意味着我国正式开启了核心素养导向的课程改革。课程方案和各学科课标以“核心素养”为中心针对课程目标、课程内容、育人方式、评价方式重构等提出了体系化的理念和框架。这场由政府和专家主导的、自上而下的课程改革理论需要在实践性知识的帮助下转化为广大一线教师的教育教学行为，即一批优秀教师探索形成的、经实践证明行之有效的、操作性强、可推广的核心素养实践框架和教育教学工具，来引领示范这些理念在常态教学中的落实，实现核心素养育人目标。而专家型教师因其高超的教育教学能力成为产生这类实践性知识的最佳人选。

这一模式的第二个理论基础是知识建构理论。知识建构（Knowledge building）理论是 20 世纪 90 年代加拿大多伦多大学安大略教育研究院 Scardanalia 和 Bereiter 提出的[①]。知识建构理论是学习科学领域的重要研究方向之一，是一种新建构主义理论，强调知识建构共同体成员以相互协作的方式，形成有价值的观点并持续改进，最终形成对共同体和成员个人都有价值的知识。该理论认为“情境、协作、会话、意义”是学习环境中的四大要素，认为学习应引发新知识的持续创造与提高，学习是要创造和开发知识。这一理论为培训者创新培训模式，为专家型教师在落实“双新”过程中生成高质量实践性知识创造关系性建

① 张义兵，陈伯栋，Marlene Scardanalia 等：《从浅层建构走向深层建构——知识建构理论的发展及其在中国的应用分析》，载于《电化教育研究》，2012（9）。

构的有效机制，如明确共同愿景、凝聚合作文化、重要他人引领、外部条件支持和实践反思与内化[①]。

2. 目标设定

教育创新能力提升是这一模式下专家型教师的发展目标。具体而言，经过为期2~3年的专业研修，参训者能够在导师指导下针对课改热难点问题开展课题研究，形成一批能够推广的新课改示范性教育教学策略和示范课例，涵养专家型教师的教育创新能力。

3. 课程体系

培训课程体系是根据培训目标对培训内容的结构化设计和规划，基于课题研究的专家型教师专业发展项目的课程体系核心是指向教育创新的课题研究，围绕课题研究的选题、开题、实施、结题等关键步骤可安排以下几个模块的课程：

模块一是理论政策类课程，为参训者合理选题开展教育创新提供理论视野和政策引领。内容包括国内外课程改革前沿动态、基于脑科学的学习理论最新发展、学科理论与学科思想方法、研究选题指导等。该模块课程可占总课程数的10%。

模块二是研究类课程，包括课题研究的基本步骤和方案撰写、实践取向的研究方法、论文写作、课题开题等。该课程模块可占总课程数的25%。

模块三是实践类课程，包括参训者在导师指导下开展的基于课题的、多轮次的行动研究、课例研究等。该课程模块可占总课程数的40%。

模块四是课题成果总结类课程，包含参训者在导师指导下基于课题实施的论文写作、课题结题以及课题成果展示等。该课程模块可占总课程数的25%。

4. 涵养方式

致力于教育创新的专家型教师培训模式一般采取专家讲座、以行动研究和课例研究为主的课题研究、教学现场展示会、学员主题论坛等方式。

5. 一体化模型架构：课改主题式培训模型

教育创新能力是一个综合、抽象和宏观的概念，为使基于这一能力发展的专家型教师涵养项目落地、可操作、有实效，同时避免参训者漫无边际的全面式创新，需要集中在一个领域聚焦发力，即聚焦主题的教育创新。研究和实践证明，“主题式培训模式是中小学教师培训中最具有针对性的模式之一”[②]。专家型教师的教育创新很大程度上在学科领域内

① 屠明将：《关系性建构：教师实践性知识的生成机制与优化策略》，载于《教育理论与实践》，2023（7）。

② 吴伦敦，葛吉雪：《中小学教师主题式培训模式：内涵与结构》，载于《教师教育论坛》，2016（1）。

更好实施，因此，如果基于教育思想凝练的专家型教师涵养项目适合异质组班，即来自不同学科领域的参训者组成专业发展团队共同凝练思想，那么基于教育创新的专家型教师涵养项目更适合同质组班，即来自同一学科领域的参训者围绕某一聚合式的研修主题开展差异化课题研究，为破解课改难题创生实践方案和实践性知识。

从操作要领上，主题式培训体现了一个从问题到主题、从主题到课题、从课题到课堂、从课堂到著述的过程。模型见图 7-6。

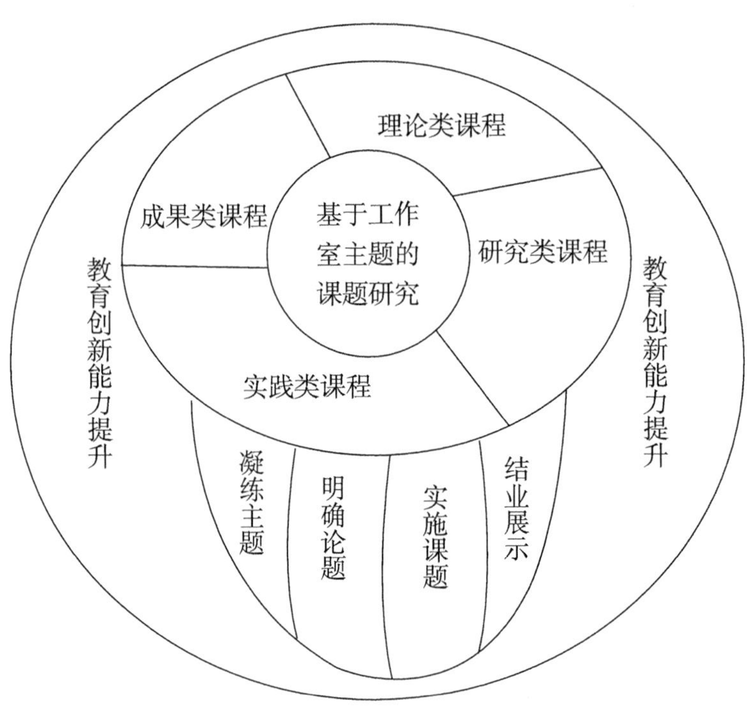

图 7-6　基于教育创新的专家型教师培训模式架构

首先，项目主持人要根据学科发展前沿和热难点问题以及自身研究优势形成本工作室研究主题，如中小学生英语阅读素养的发展和评价研究，通过项目式学习发展中学生数学核心素养的实践研究等、小学语文单元整体教学实践研究等。研究主题的凝练体现学科前沿问题，要有一定的包容性，要体现实践导向。工作室主持人向全市发布研究主题，对此主题感兴趣的专家型教师可报名参加该工作室的研修，形成 8~10 人的研究团队。

其次，参训学员根据工作室主题结合工作室理论学习和自身实践经验形成自己的研究课题，如基于差异化教学理念的初中生英语阅读素养发展和评价研究、数学数感综合实践活动的设计和实施研究、小学语文整本书阅读单元整体设计研究等，并结合工作室研究类课程学习形成较为规范的课题开题报告。

再次，参训者在导师指导下在学校课堂开展基于课题的、多轮次的行动研究或课例研究，在专业引领、同伴互助、个人反思的实践研究氛围下不断建构和更新关于这一选题的实践性知识。

最后，专家型教师将自己形成的、经实践检验有效的实践性知识，以论文、课题研究报告、专题报告的形式进行学术提炼和社会分享，帮助更多教师借鉴他们的研究成果和结论改进自己的教育教学，提升学科育人质量。

这一研修模式体现了理论指导下的实践创新研究，既促进了专家型教师对某些学科本质问题的更深刻理解、教育教学创新能力的综合式提升以及教育智慧的螺旋式生长，又为新课程、新课标、新教材落地课堂提供了实践性答案和示范性引领。

三、基于团队建设的专家型教师专业发展模式

如果前两种模式是自上而下的高校主导的专家型教师涵养模式，那基于团队建设的专家型教师专业发展项目就是自下而上的、以名师为主导的教师培训模式。这一模式通常以“名师工作室”的形式广为人知，成为我国近十年来的教师培养热潮。名师工作室是由具有共同理念、愿景的一位名师和来自同一区域、不同学校的若干个骨干教师组成的专业学习共同体，以一带多的方式促进团队专业成长。承担名师工作室主持人的名师往往是已经获评特级教师的专家型教师[①]。通过名师工作室带动更多骨干教师成长既是专家型教师的优势所在，也是专家型教师获评特级教师后所应担当的社会责任。某学者指出，名师工作室是极具中国本土特色的一种教师教育模式[②]，通过教师之间专业知识和经验的分享，不仅促进青年骨干教师的学习与成长，对于名师个人而言也能促进自我反思和个人成长，同时还使“教师研究”进入了教师的工作场域，使课程和教学改革得到深化[③]。可见，名师工作室是重要的促进团队建设的教师专业发展模式。但在实践中，名师工作室也存在培训目标不清、培训内容混杂、培训方式单一、培训成果混杂的问题和不足，需要从模式层面整体进行优化。

1. 理论基础

在名师工作室模式下，名师被赋予了专业领导权。如何领导一个教师发展共同体团队达成预设的发展目标是名师组织团队后面临的首要问题。在这一方面，分布式领导理论可以为其提供理论借鉴，“分布式领导理论与教师发展共同体的价值取向高度耦合”[④]。分布

① 李继峰：《“专家型教师”的理念与成长》，载于《当代教师教育》，2008（3）。

② 朱旭东，裴淼等：《教师学习模式研究》，北京，北京师范大学出版社，2017。

③ 张华：《“名师工作室”：困境与出路》，载于《江苏教育》，2012（3）。

④ 白文昊：《教师发展共同体建构的逻辑机理与实践进路———基于分布式领导理论的视角》，载于《现代教育科学》，2022（2）。

式领导理论由20世纪中期美国社会心理学家吉布提出，后被引入教育学学科中，意在解决传统以组织负责人为中心所带来的管理问题。分布式领导理论的基本理念是赋权、协作、分享与合作，淡化了领导者和被领导者之间的角色界限，促使领导方式由单向发展到多向、由线性的控制命令发展到交互式的合作共享。分布式领导渗透在团队所有处于交往关系中的交往者之间，涉及成员间的坦诚对话，聚焦共享与协同，并悉心为成员发展提供支持。分布式领导所持的分享领导、担当责任的思想，为名师所主持的教师发展共同体建立开放、互信、坦诚的氛围，为开展群体间的合作对话与分享性活动，为提高工作室活动实效提供了整体构思框架。

创新优化名师工作室培训模式的第二个理论是情境学习理论。该理论于20世纪80年代在美国兴起，代表人物是美国的教育人类学家莱夫和温格。情境学习理论认为：知识不是抽象的，而是基于社会情境的人类实践行动，是个体与环境、个体与个体交互作用过程中建构的一种交互状态。在这个交互情境中，学习者应进入真实的现场，从边缘开始不断推进，逐步深入，得以掌握核心要领，在实践中发挥主观能动性。莱夫和温格提出了情境学习理论的三个核心概念[①]：一是实践共同体，即大家具有相同的愿景、互相介入、共享技艺；二是合法的边缘性参与，即被“共同体”认可接纳的新手带着兴趣进入“共同体”，从参与边缘活动开始逐步向心深入，在实践中发挥主观能动性，最终掌握核心技能与要领；三是认知学徒制，即学习者通过参与专家实践共同体的活动和社会交互，进行某一领域的学习，最终获得专家实践所需的思维方式、问题求解和处理复杂任务的能力。根据这一理论，名师工作室要创设基于真实场景的社会性任务，使学习者在协作性、互动性、真实性的学习体验和氛围中获取概念和技能。

2. 目标设定

名师工作室项目的目标是要实现名师向教育家型教师发展，以及带动一批骨干教师的发展。对名师而言，经过2~3年的工作室研修，能够在多样化教育现场检验和完善自己的教学主张体系，形成初步的教育思想。对于参加名师工作室的骨干教师而言，师从名师的团队研修经过2~3年进一步提升教书育人能力，成为专家型教师。

3. 课程体系

传统名师工作室缺乏课程意识，主要以活动为主，如“课堂教学观摩、课题研究、专家讲座、网络交流以及读书沙龙”[②]等。拼盘式的活动看似丰富，但活动之间缺乏联系导致

---

① J• 莱夫，E• 温格：《情景学习：合法的边缘性参与》（王文静译），上海，华东师范大学出版社，2004。

② 朱旭东，裴森等：《教师学习模式研究》，北京，北京师范大学出版社，2017。

活动效率不高。可以通过活动课程化提高项目整体质量，设计以下三个模块的课程：

模块 1 是名师理念类课程，为骨干教师了解名师教学主张奠定基础。内容包括名师教育教学理念系列讲座以及当前教育教学发展前沿等。该模块课程可占总课程数的 5%。

模块 2 是名师实践类课程，主要是骨干教师沉浸式观摩名师三至五天的教育教学活动，开展学习反思等。该课程模块可占总课程数的 30%。

模块 3 是骨干教师实践类课程，主要是骨干教师在名师指导下开展公开课、展示课等教学技能提升等。该课程模块可占总课程数的 50%。

模块 4 是成果总结类课程，包括名师对自己教学主张的再凝练和完善，以及骨干教师在导师指导下的教学成果展示等。该课程模块可占总课程数的 15%。

4. 涵养方式

以团队建设为主要目标的名师工作室通常采用浸润式跟岗、专家讲座、公开课研习等方式进行。

5. 一体化模型架构

基于团队建设的专家型教师发展项目强调专家型名师和所带骨干教师基于教学现场情境的多元互动，专家型名师通过讲座或工作室传递理念、通过现场教学做教育示范、通过公开课指导做教学指导。参与学习的骨干教师则通过理念学习、浸润式现场观察、公开课展示研习等方式开展双轮驱动的互促式发展。具体框架见图 7-7。

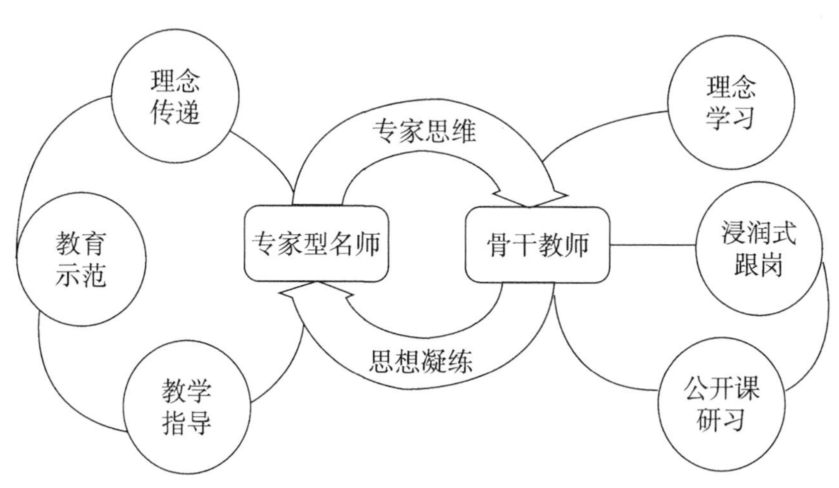

图 7-7　基于团队建设的专家型教师培训模型

按照以上模型，专家型名师开设理念性讲座或工作坊，将自己的教育教学经验进行学术化梳理，进一步提炼为好理解、可推广的教育教学中观原理和微观策略，为建构自己的教学主张体系奠定学理基础。同时，专家型名师也可邀请相关专家开设思政及政策理论性课程，为学员提高政治站位、涵养家国情怀、提升理论素养、更好地理解专家型教师的教学主张提供支持。骨干教师学员则通过参与式理念学习拓展自己的教育教学视野，丰富自己的教育观、教学观以及学生观。最能体现骨干教师对专家型名师专家思维学习的方式是浸润式跟岗学习，即骨干教师到专家型名师教育教学现场跟岗 3~5 天，通过浸润式、全方位观察体验名师的教育示范，感悟专家型名师的专家思维在教育教学现场的实际体现。最后，骨干教师开设公开课，专家型名师对其开展教前集体备课的指导、教中聚焦学生学习的课堂观察，以及教后聚焦学生学习质量的评课反思。多项实践研究表明，与专家集体备课上课是教师们收获最大的培训方式之一。在整个过程中，骨干教师学到了专家型教师的专家思维，而专家型教师也通过自己教学主张在多个教育情境下的应用检验，修正自己的教学主张，凝练自己的教育思想。同时，专家型教师在指导骨干教师的过程中也锻炼了团队领导力、增强了教育创新使命感、深化了对教育本质问题的思考。

第三节 专家型教师培训模式应用

以上三种模式各具特色，适合不同特征的专家型教师培训。基于教育思想凝练的专家型教师培训模式适合综合素养突出且已有明确教学主张的专家型教师，基于教育创新的专家型教师培训模式适合教书育人能力突出且有强烈意愿开展课改育人方式变革创新的专家型教师，而基于团队引领的专家型教师培训模式更适合刚刚评为特级教师或正高级教师且在本区域或学校有正式工作室的专家型教师。培训者在应用这些模式时可根据实际情况进行调整优化，提升质量。总体而言，培训者可参考以下应用策略。

一、厚植学术积累，体现专业引领

主持专家型教师涵养项目的培训者自己必须是某一领域的专家，才能够体现对专家型教师的专业引领。专家型教师所需要的专业引领包括但不限于下列领域。

1. 理论抽象和概念归纳

专家型教师的教育思想凝练多采用归纳范式，即体现这些教师关于教育深刻洞察的理论和概念来源于经验，但又高于经验本身，需要透过描述性经验进行概念性抽象和归纳。“理论的价值在于洞穿案例的个体表象，从而发现众多案例中的共性”[①]。专家型教师拥有丰富

---

① 李平、杨政银、曹仰锋：《再论案例研究方法：理论与范例》，北京，北京大学出版社，2019。

的教学经验和教学案例，如何将这些经验和案例背后的育人规律进行学术归纳和梳理对专家型教师也是一个很大的挑战，需要来自培训者和导师的专业引领。

2. 教育创新方向和方法

如何围绕"双新""双减"等当下国家课改热难点问题开展教育创新、提升教育质量是专家型教师通过培训提升教育创新能力的重要命题。培训者要在创新选题、方法工具、过程设计、成果预设等方面给予专家型教师指导。笔者所在卓越教师工作室的经验表明，专家型教师有较强的理念和方法转化能力，能够在导师指导下将应然、抽象的理念转化为实然、有效的教学行为，同时能够在导师指导下基于微观课例提炼共性的、能够推广的中观教学策略。

二、创设尊重平等氛围，构建学习共同体

参加专家型培训的学员虽然都有相同的职称或荣誉，但仍存在相当大的差异，包括岗位差异（如校长、副校长、教学主任、教研组长、普通教师等）、年龄差异（45~60岁之间）、学段差异（幼儿园、小初高等）以及所在学校校情差异（城区示范校、郊区薄弱校等）。如何弥合差异可能带来的隔阂，以及如何将差异转化为资源，互相学习，差异化发展，是项目组实施该类项目时最先要考虑的问题。

首先，项目组要在需求调研的基础上，营造开放合作、积极向上的学习氛围。如在培训伊始，开展以小组活动为主的团队建设及破冰活动，迅速拉近学员之间的距离并创设团队合作氛围。同时组建班委会或学习小组，做到学员的自主管理与服务。

其次，全程参与是保证学员能够深度进入和获得有效收获的前提。项目组通过精心设计高质量培训课程和陪伴研修确保学员的参与度。项目负责人和班主任全程参加所有的培训课程，并在课程过程中组织学员互动研讨，在课程后针对学员未解决的问题进行个性化答疑。项目组在必要时通过班级微信群、邮箱、问卷星等方式在研修过程中征求学员的意见建议，并据此做出相应调整。项目组组织学员轮流主持培训课程、点评培训活动、开展学员论坛，给学员搭建展示交流的平台。具有凝聚力和向心力的学习共同体文化才能保证学员的出勤率以及参与活动的态度、广度和深度。

三、个性化指导，体现"一人一案"

对于岗位、年龄、学科背景、专业特质各异的专家型教师的发展，统一的培训方案并不能满足其个性化发展需求，需要项目组将"一人一案"原则贯穿培训全过程，指导学员

个性化发展和差异化发展，让学员在培训中切实受益，不断提高培训项目的人才培养质量。

在培训前，培训者要通过多种方式开展学员发展需求调研，为学员个人发展画像。方式包括个人申报书分析、结构化面试、现场观察等，围绕教育家型教师的专业特征具体分析学员现状和未来理想化发展之间的差距，对学员发展给出专业画像。一来借此优化项目整体方案，二来为学员后期形成自己的发展规划提供指导。

在培训中，培训者可指导学员根据项目方案和个人画像以及自己的发展实际制订未来2~3年个人发展规划。包括发展目标、发展路径及发展可视化成果设计等。学员在学习过程中可随时对标自己的发展规划，有计划、有步骤地开展和参予多样化学习活动。同时指导教师也要根据学员的个性化发展规划给予针对性指导，并搭建适宜平台。

在培训后，指导教师要对学员个性化发展进行增值性评价，并为其后续发展提出指导方向。

四、全过程强化研修主题，提升研修目标达成度

研修主题是组织和安排培训课程和活动的主线，需要全过程凸显和强化。在培训前，项目组围绕“研修主题”调研学员的已有经验和学习需求，要求学员带一份自己的作品参加培训，如教育思想初稿、教学创新设计方案、个人发展规划、个人工作室工作方案等。同时，项目组为学员们准备了聚焦研修主题的阅读文献，激发了学员对发展为专家型教师的学习期待。培训中，无论是专家讲座，还是学员论坛等活动，项目组都引导学员不仅关注内容，如核心素养导向的育人方式变革，或者项目式学习在教学中的应用等，更要思考如何结合这些内容开展思想凝练和教育创新、团队建设，指导学员围绕研修主题进行系统思考。同时项目组在设置大班活动的同时，安排专门的小组研讨指导活动，对学员进行个性化指导。培训后，在一段时间内持续跟踪学员发展情况，及时给予反馈指导，推动学员学以致用、切实提升培训质量和育人水平。

五、运用多样化培训工具模板，以培训示范培训

多样化培训工具是落实精准培训的重要手段，也是学员凝练思想比较欠缺的专业资源。同时，项目组使用这些培训工具的具体情境和目的也促使专家型教师能够以参训学员的身份体验感悟这些培训工具的应用效果，达到以培训示范教育教学的目的。项目组在培训前

使用了两份调研问卷，一份是一般性培训调研问卷（含基本信息、已有的培训经验、对本次培训的学习期待）调研学员在培训方面的专业水平以及专业增长点。项目组根据这些信息进行综合分析确定本次培训主题——“教育思想凝练”，并形成初步的培训方案。另一份是针对本次培训方案的调研问卷（包含对培训主题的认同、对培训课程的建议、自己能够在培训中发挥的作用等）。项目组根据学员反馈进一步完善培训方案。这些调研问卷为学员们今后设计带团队提供了需求调研模板。在培训中，项目组给学员提供的个人专业画像（含能力雷达图）、主题资料汇编，为学员撰写个人发展规划、凝练思想提供了实用模板。在听讲座过程中，项目组给学员提供 3-2-1 反馈单。在带领学员下校听课时，项目组给学员提供了课堂观察表。在组织学员论坛进行培训课程分享时，项目组给学员提供了课程方案模板。在撰写研修总结时，项目组给学员提供了总结模板。所有这些过程性培训工具模板为学员作为培训者开展培训提供了思考和实践的具体抓手，收到学员好评。

以教育创新主题为例，项目组给学员们提供了以下工具模板：（1）教育创新理论模型；（2）教育创新方案模板；（3）教育创新实施模板；（4）教育创新总结模板；（5）教育创新评价标准。

第八章 协同创新型校本研修模式创新

【学员感言】顺义一中附属小学创校五年，在“创造适合师生发展的教育”理念的基础上，形成了和美的学校文化，致力于学生全人的成长。基于此，学校以跨学科主题课程为突破口，与北京教育学院协同创新项目“课程体系化、整合化设计与实施”携手，共同完善学校的课程体系，在学科内和学科间以及生活实际中探索少儿成长的需求，确定主题，开展学习，促进师生共同向美成长。在项目组的引领下，附小的主题课程已开展三年，教师从开始对主题课程茫然无措，到磕磕绊绊参与其中，到顺其自然融入课程，教师们的课程意识不断觉醒，人人可做主题课程，人人能做主题课程，人人可为全学科教师，人人能够育全人，主题课程逐渐成为附小一道亮丽的风景。

——王晓芳 顺义一中附属小学校长

在基础教育领域，校本教研、校本研修、校本研究、校本培训等教师专业发展活动虽然重点各有侧重，但目的均是指向学校育人质量和教师素养提升，彼此难以截然分开。很多时候，学校会围绕某个阶段性重点主题进行课题研究、学科教研、读书分享、专题培训等多种研修活动，但要想达到良好的效果，这些都需要基于教师个体深度思考与研究、团队实践与交流以及专家引领等研修共通特质。北京市教育委员会 2022 年 6 月印发的《进一步加强中小学校本研修工作指导意见》指出，校本研修应实现培训、教研、科研以及教师自主学习的有机融合，彰显学校在校本研修的整体规划、系统设计、资源开发、有效实施和评价管理方面的主体决策地位。因此，本文中我们将以上教师专业发展活动统称为校本研修，本章重点探讨的是多主体参与、带有明确主题设计、系统实施的校本研修项目。

本章共包括三节内容，第一节主要讨论了新时代背景下出现的协同创新型校本研修模式的概念、特征、价值追求和现实需求等问题，第二节主要论述了协同创新型校本研修模式的理论基础与运行机制，第三节则围绕北京教育学院协同创新计划双主体“外融内研”研修模型来展开。

第一节 新时代的协同创新型校本研修

随着社会变革的加快和人工智能时代的到来，社会发展对人才素质提出了新要求，教育系统新政策也层出不穷，学校以一己之力很难跟上教育改革的步伐，这就要求教育系统行政部门、教研部门、培训部门、高校、教育科技公司等与中小学一起就热点问题展开实践研究，共同探讨破解之道，因而外部机构参与的协同创新型校本研修变得越来越重要。

一、协同创新型校本研修概念界定及其重要特征

（一）校本研修新趋势

2019 年 12 月，教育部印发了《关于加强和改进新时代基础教育教研工作的意见》（简称《教研工作意见》），对新时代基础教育教研工作的指导思想、主要任务、工作体系、深化改革、队伍建设、保障机制等方面进行了全面规划和整体部署。其中要求中小学校进一步明确教研组、备课组、年级组在教研工作中的基础性作用，要求建立健全校本教研制度和机制；建立健全教研工作的协作机制，一方面要求上级教研机构应履行好对下级教研机构业务指导的工作职责，不断完善教研机构纵向贯通、上下协作的工作机制；另一方面，要求各级教研机构以更加开放的姿态，主动与中小学校、高等院校、科研院所、教师培训、考试评价、电化教育、教育装备等单位建立横向联系与专业协作的制度机制，努力形成以教育行政部门为主导、教研机构为主体、中小学校为基地、相关单位通力协作的教研工作新格局。可以看出，该文件也在倡导形成一种协同创新的教研系统。

2022 年 6 月 2 日，北京市教委发布了《进一步加强中小学校本研修工作指导意见》，文件指出，校本研修是立足学校培养目标和实际需求，在市区教师培训机构的指导下，以学校为主体，聚焦解决教育教学实际和学生成长过程中出现的普遍性、发展性、关键性问题而开展的教师研修，是中小学教师培训的重要组成部分。在充分调研的基础上，准确分析学校和教师发展需求，精准确定研修主题和目标，精心制定校本研修规划、计划和方案，在实施过程中将教师培训、教学研究、课题研究等活动有机地组合，系统设计研修课程，最大限度地发挥各部门和教师的主观能动性，优化配备各类研修资源，有效开展研修活动。该文件指出，学校应具备整合校内外各类教师专业发展活动的意识与能力，学校应是协同创新型校本研修的协同主体。

由此可见，校本研修并非学校内部的事情，其多主体参与、协同发展的趋势越来越明显。于是，在本章中，我们提出了一个新概念——“协同创新型校本研修”，用以描述这一新趋势。

（二）协同创新型校本研修

1. 概念界定

同一行业领域不同利益相关主体建立协同关系从而带动本领域创新型产品或技术的出现，已经成为目前实践创新的重要模式。在教育领域中，高等教育的产学研结合，大学-区域-学校（UDS）模式等均已成为协同创新的典范。

协同创新，主要指为达到某一领域的创新目标，该领域多种主体间有效协作，充分发挥各自最大优势功能，在战略规划、知识交流、资源提供等方面形成一定协作协议与机制，由此得到最佳创新效果。对于教育领域而言，多机构协同创新助力中小学教师专业发展至今已形成了多种伙伴关系模式，如有政府部门（Government）参与的G－U－S或U－G－S模式，有教研机构（Teaching and research agency）参与的U－T－S模式，还有基金会、慈善机构等非正式组织（Non-governmental organization）参与的U－N－S模式等。很多省份、区域和大学也形成了一些有影响力的协同创新项目，如山东省“十二五”教师教育改革工程建立的G－U－S伙伴关系，东北师范大学教师教育东北实验区建立的U－G－S伙伴关系，首都师范大学与区域教研机构合作致力于中小学日常改进的U－D－S项目等。东北师范大学在“U－G－S”教师教育模式实施过程中，针对“实验区”中小学校教师专业发展现状与需求，构建并实施了以“常青藤工程”（激活教师进修学校职能，盘活教师进修学校资源）为主，由“集中培训”“顶岗实习，置换培训”“校本研修”“送课下乡”“订单培训”“双向挂职”“同课异构”等形式构成了立体在职教师培训网络，促进了实验区中小学教师的专业发展[①]。山东省以建立新型教师教育体系、提升教师教育质量、破解教师供需脱节难题为目的，在“省级统筹、校地共建、资源共享、文化重建、双向对接、二次选拔、培训一体”的思路指导下，开展了省域范围内的教师教育体制机制的改革创新。山东省级层面改变教师教育工作多头管理、政出多门的格局，加强治理结构调整，把教育厅人事处、职业教育与成人教育处有关教师工作职责划转到教师工作处。高校整合校内外优质教师教育资源，建立功能完善、集教师培养培训及研究于一体的独立的教师教育学院，落实中小学在岗教师进修学习方案，为区域内各级各类学校教师培训、发展提供高质量课程教学资源与学习资源；建立大学专职教师定期到中小学主持、指导或参与基础教育教学改革实验机制[②]。本文主要探讨的协同创新型校本研修不同于以上这两种模式，它以中小学校作为创

① 刘益春，李广，高夯：《“U-G-S”教师教育模式建构研究——基于教师教育创新东北实验区建设的实践与思考》，载《教师教育研究》，2013（1）。
② 李中国：《两种“三位一体”教师教育模式比较研究》，载《教育研究》，2014（8）。

新主体，大学、政府、各级研修机构主要起学术、政策、教研、培训等协同支持作用。

协同创新型校本研修模式，指将学校作为教师专业发展的主阵地，政府、大学、不同层级研修机构均能为学校各类研修活动的开展提供政策、学术、教研等不同维度的支持，且相互之间形成一种协作机制，发挥各自在课程规划、知识交流、资源提供、治理支持等方面的优势，从而探索出一种基于中小学校情的新型校本研修架构及运行机制。教师需要在一个以学校为主的关系网络中实现其专业发展的过程，这是一个多方合力以满足教师在不同发展阶段的不同需求的过程。这一关系网络的构成包括各级政府、大学、教研机构以及学校自身，教师与来自不同机构的行动者进行互动并在外来条件的影响下激发自身发展需要实现其专业自主的发展[①]。这一模式由多元主体、支持系统、运行机制等要素构成，广大中小学是研修主体，大学、各级研修部门和行政部门构成了支持系统，而目标驱动机制、知识治理机制、研修重构机制等则形成其运行机制。

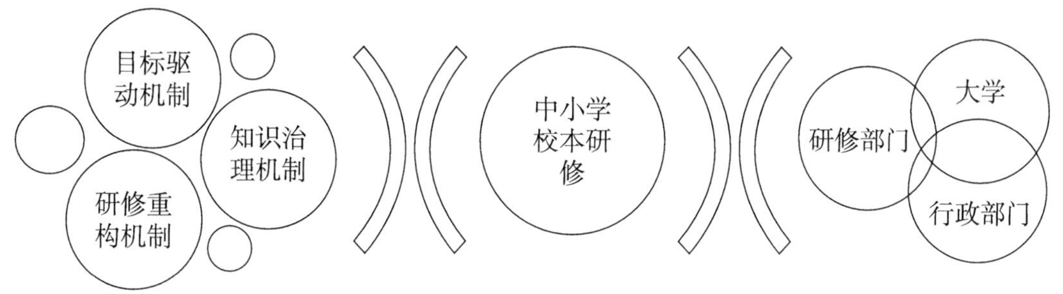

图 8-1 协同创新型校本研修架构及运行机制

协同创新的合作方式包括松散型、半紧密型、紧密型等不同类型。本文重点探讨的就是出于多种主体协同合作机制下发展的校本研修模式，以转变教师教学方式，实现中小学育人方式的变革，该校本研修模式属于半紧密型，在一定时限内为了共同的目标进行较为紧密的合作。华东师大基础教育研究所多年来进行的“新基础教育”实验、教育部基础教育课程教材发展中心“深度学习项目”、北师大教育创新研究院在全国几大区域初中学校开展的项目化学习等这类协同创新项目尝试带动了一批中小学校本研修在目标、内容、方式、评价上的新型实践模式形成。

北京教育学院自 2016 年启动与区域研修机构、中小学协同创新项目，每三年为一轮，至今已经进入第三轮。三轮协同创新项目发展的历程表明，从最初的在学院主题研究引领下中小学参与的“行动研究式”研修，到大中小学共建的“现场式”研修，再逐步进入到培养中小学自主校本研修能力的“沉浸式”研修，完成了由大学“输血”到中小学独立“造

① 赵冬梅：《场域理论下教师专业发展机制研究》，上海师范大学博士学位论文，2017。

血”的研修模式转变进程，大中小学协同、多层教研机构协同最终都是为了帮助广大中小学获得自主研修的力量。

2．重要特征

（1）主体关系平等性。大学、各级研修部门、行政部门的力量整合及其与中小学的关系理顺是协同创新型校本研修的重要治理保障。大学教师的理论知识与中小学教师的实践知识各具独特价值，但在日常研讨对话过程中，二者之间的关系却并不平等，大学教师往往居于主导地位；研修部门则在教师评奖、赛课、评职等中小学教师重要职业发展活动中占据着很大的话语权，导致双方关系存在着某种程度的失衡；教委等行政部门在政策制定、资源分配、干部任命等方面对中小学发展也有着很大的影响力。在协同创新型校本研修中，不同类型的理论与实践知识都将被纳入，鼓励多方在更平等的层面上进行交流与合作，实现知识在校内外的双向流动。各方关系的平等性是这种新型协同关系的重要特点，大学为协同创新型校本研修的学术支撑与理论来源，中小学是协同创新型校本研修的实践场所和问题来源，行政部门的政策发布、检查指导、管理保障为协同创新型校本研修提供外部环境和运行保障，各级研修部门为协同创新型校本研修提供技术指导和路径选择。

（2）分工差异性。建设分工不同的教师专业发展支持体系是协同创新型校本研修的本质追求。中小学校重在梳理问题和实践验证，各层级研修机构开展合作探究和实践指导，高等院校注重理论引领和成果转化。根据具体问题，联动发挥多方主体作用，引领教师发现问题、提出问题，高等院校提供学术和理论支持，各级研修机构提供将理论转化为实践的课程与教学应用模型，并通过中小学的校本研修成果来验证模型的有效性。

（3）知识网络交互性。协同创新项目的知识网络是项目参与方为实现项目创新任务而构建的知识交互环境，知识网络中节点、关系及其交互行为内容及目的等都受到知识网络所在的外部情境特征的影响①。院校与中小学所形成的协同创新型校本研修环境具有地位不对等、知识资源交互不确定性、多方协作机制动态复杂等特点，多方形成的知识网络关系、节点和要素不同于商业项目，但有关知识管理的研究同样给协同创新系统中的校本研修活动提供了一个新的分析角度。

（4）问题导向性。各方协同所形成的第三空间是有变革性的实践空间。混杂性作为第三空间的基本属性，决定了实践过程的复杂性。各方都会将自己的立场和追求带入学校研修现场，难免引发潜在的紧张和冲突，但这些恰恰是各方共同开展研究的问题来源，也为校本研修共同体创生新的思维和行为模式提供了土壤。

① 许蕾：《协同创新项目知识网络治理研究》，济南，山东大学博士学位论文，2022 年。

（5）关系自组织性。第三空间是开放的人际关系交往空间，通过将诸多异质性但具有共同责任感的个体或集体凝结起来，将传统的伙伴关系问题转换为人际交往问题。这种交往就像友谊一样，虽很难建立，一旦建立就不容易瓦解。因此，要以更具开放性和包容性的态度，坚信各方都能为共同目标作出贡献。好的协作共同体最终依托各方负责人好的日常交往关系的建立，通过交往而非制度形成更密切的合作关系。

二、协同创新型校本研修的价值追求和现实需求

（一）价值追求

在协同创新型校本研修中，政府借助政策、大学依托研究、机构注重研修、中小学倚重实践，虽然各自立场和优势不尽相同，但是，在推进基础教育事业服务于国家战略和社会发展上多方需要协同发力，共同服务于中小学育人质量的提升。

1．将提升一线教师育人能力作为最终旨归

各级研修机构协同中小学开展校本研修活动不只是为了简单地推动中小学落实相关政策要求，更是为了引导中小学教师通过教育教学规律本身认识到当下育人方式存在的问题以及有可能的解决路径，并鼓励他们做出具有独特实践智慧的教育创新。

2．将中小学实践中的问题作为各方跨界研究的主题来源

正像习近平总书记所指出的那样，广大科技工作者要把论文写在祖国的大地上，把科技成果应用在实现现代化的伟大事业中。师范大学和各级研修机构的研究课题应该来源于中小学实践，研究过程发生在教育教学发生的学校现场，研究成果应用于广大中小学课程与教学的改进，把论文写在中小学课堂里，把研究成果应用在实践中。协同创新型校本研修的多元主体可以参与指导师范生教育实习、基础教育课题研究、中小学教研活动、教师校本培训，从而彼此借力，共同成长。

3．大学和研修机构为中小学学习方式转型提供学术支持

学校加入大学和教研机构的合作实际上是对内外资源的整合，此间形成的教育创新网络及伙伴关系本身就构成了学校发展的独特资本，助力学校探索新型育人方式，以帮助学校更好地应对人工智能社会所带来的教师能力、学生素质、技术革新等方面的一系列挑战。

4．不同机构协同所形成的第三空间为理论和实践创新创造条件

各方主动跨界构建第三空间，跨界后脱离既有思维模式和话语体系有可能带来的困境和冲突， 但各方正视这些问题，共同致力于多方观念和关系的重构，恰恰能将冲突产生的

问题作为研究的问题和共同体建设的方向，从而捕捉冲突带来的边界学习效应，将边界间的碰撞问题转化为理论和实践创新的生长点。

（二）现实需求

在以往的协同项目中，在中小学惯常的校本研修中，往往存在着以下现实问题，而协同创新型校本研修恰恰致力于以下问题的尝试性解决：

1. 协同多方关系和地位不对等

大学与中小学之间建立的伙伴关系，被称为“U－S伙伴关系”或“U－S合作”。然而，当下关于伙伴关系的实践探索，多处于理论应用式的“协作”水平，远未达到共赢的“合作”水平，名实不符，且易产生误导①。大学和中小学是两个独立的异质性组织，二者在制度、文化、知识等方面有着差异性，在日常运行中表面一团和气的背后却隐藏着价值冲突、话语体系冲突和文化冲突，诸如理论界对实践性知识的轻视、学术发表与教研成果的追求不同以及多种思维方式的碰撞。

2. 中小学校本研修的同质性过强

缺少院校专家智力支持的中小学校本研修存在着知识领域接近、思维方式同化、研修形式单一等问题，教师的知识结构和观念视野接近，学科教研活动难以形成一些有新意的对话，同学科教师之间过于熟悉，缺少新鲜感，无论是在内容上还是在方式上，特别迫切需要加入一些新鲜元素。院校专家往往能将国内外理论研究的最新成果带到中小学，用理论成果指导中小学课程、教学以及管理上的理念与实践更新，同时，这种携手研究也能促进高校教师进行更接地气的教育研究，形成理论界与实践界的良好互动。

第二节　协同创新型校本研修模式的理论基础与运行机制

对协同创新型校本研修模式展开研究，可以借助第三空间理论、场域理论和知识管理理论，这些构成了本章论述的理论基础，下文将对这些理论逐一展开。

一、协同创新型校本研修模式的理论基础

1. 第三空间理论

第三空间理论（Third Space Theory），起源于杂合理论（Hybridity theory），也被称为“混

① 郭瑞迎：《从“伙伴关系”到“第三空间”：职前教师教育的范式转换与实践进路》，载《教师教育研究》，2022（6）。

合空间”（hybrid space）。1994年，霍米·巴巴（Homi K Bhabha）在《文化的定份》中分析后殖民理论的文化身份概念时，第一次使用了第三空间术语。他认为，第一空间指本土文化，第二空间指外来者带来的文化。而第三空间挑战了文化作为一种同质化、统一性力量的既定看法，消解了传统二元对立的观点，为混合第一和第二空间的文化提供了新选择。为了弥合大学教师教育课程与中小学实践之间的差异，美国华盛顿大学教育学院泽克纳教授（Kenneth M. Zeichner）在前人研究的基础上，于2010年首次将第三空间理论引入教师教育研究领域，并呼吁教师教育研究范式的转变。在泽克纳看来，第三空间可以超越传统理论与实践之间的二元对立，通过主动跨越边界的方式将第一空间（大学）和第二空间（中小学）结合起来，将非此即彼的视角（a neither-or perspective）转化为有此有彼的视角（a both-also perspective）。在第三空间中，大学和中小学的教师教育者可以建立有效的对话，以中立的、开放的和削弱等级化的方式把理论与实践知识融合起来，共同提升教师教育质量。在第三空间中，理论知识的权威性被打破，伙伴关系成员围绕教学实践中出现的问题开展协调探究、自由表达见解。不同的见解在第三空间中交汇，伙伴关系成员通过不断地意义协商发现症结并寻找可行策略。这样便淡化了各方身份，模糊了大学教师、中小学教师、学校管理者等之间的界限。理论实践化和实践理论化可以在第三空间中同时发生，高校的理论研究方向与中小学实践和需求紧密结合，理论学习与实践反思同步交叉进行。教师在理论与实践之间的不断往返穿梭中去主动探究和解决问题，通过不断地反思和领悟将外在的理论转化为内在的实践智慧，并通过隐性知识的外显化过程，促进与他人的知识交流与共享。显性和隐性知识之间循环往复的过程，在教师的专业成长历程中反复交叠出现。这也是教师将横向的跨界学习与纵向的自我学习相融合，不断累进突破自我的过程。知识创新就是从这种横纵交织中不断生成的[①]。第三空间理论给协同创新项目建构提供了具有开放性、平等性和变革性的对话空间，可以从关系、话语和实践层面给多方伙伴关系重构带来诸多启发。例如，在北京教育学院协同创新计划“指向学生核心素养的综合课程开发”项目中，充分利用国内外优质科学教育资源，达成国际国内、市区校不同层面的联动。项目研训中多次直接利用到国际优质培训资源，如约克大学STEM培训班、改变思维培训班、加拿大专家实践指导等，扩展视野、提升协同校郊区老师们的教育教学理念。同时，来自北京教育学院数科学院的各科学学科研究团队、STEM教育研究中心、青年志愿者科学教育服务团队、市实践基地合作伙伴、区教委及协同校、周口店中学等各单位不同层面的力量

① 转引自郭瑞迎：《从“伙伴关系”到“第三空间”：职前教师教育的范式转换与实践进路》，载《教师教育研究》，2022（6）。

投入到本项目中，实现了上下一心、市—区—校联动的多方紧密合作。

2. 场域理论

场域理论认为，人的每一个行为都与行为所发生的、由地理环境和行为环境而构成的心物场域有关系。在布迪厄那里，场域可以被视作一个围绕特定的资本类型（包括经济资本、社会或文化资本）或其组合所组成的一个社会空间。惯习是布迪厄场域理论密切相关的另一个重要概念。惯习是一种立场，即某个共同体形成的一套具有特定逻辑的实践活动方法。例如，学校面向一定区域的课程与教学公开展示交流活动与学校各学科组日常所举行的听评课等教研活动形成的场域就是明显不同的，教师们发言的自由度有较大差异。

有研究者以布迪厄的场域理论来解释教师专业发展中所涉及的多元主体和多重影响因素的问题，并通过构建教师专业发展的学校场域理论来回答教师专业发展的场域结构与发展机制问题，即教师专业发展处在什么样的场域结构中？在这一场域中参与教师专业发展的多元主体采取何种手段促进教师的专业发展？教师与多元主体间良性互动的机制是什么？这一理论能帮助我们解释教师在专业发展中与各级政府、大学与科研机构人员、学校管理人员及与教师间的复杂互动。

3. 知识管理理论

校本研修包括多种学校内部教师专业发展活动的复合体，应实现学校各种培训、学科教研、科研课题研究以及教师自主学习的有机融合。校本研修有效性取决于学校组织知识与教师个人知识互动的深度、广度和新颖度，因此，可以运用知识管理相关理论对校本研修体系进行重构。

知识从不同维度可分为隐性知识与显性知识、个人知识与组织知识、理论知识与实践知识等。组织进行知识管理的目的主要包括：知识被有效地搜集、创造、存储、共享和转移；提升知识的利用与知识的探索；提升个人、群体、组织的工作绩效；提升产品（服务）提供的有效性。知识管理的典型模型有知识管理的基础能力模型、知识管理的知识—流程—环境模型、知识创造模型——SECI。其中，野中郁次郎有关知识创造和知识螺旋的研究最为知名。知识的形成是以个体、难以言明、未经编码的隐性知识（Tacit knowledge）为起点，在人与人的社会化（Socialization）交流中得以传播，再经过编码外化（Externalization）形成可以大规模传播的显性知识（Explicit knowledge），而后再将碎片化的显性知识组合化（Combination）为系统的知识，最终这些系统的知识内化（Internalization）为员工自己的隐性知识，并以此为新的起点，螺旋式地重复进行整个过程。对应的知识创造场所依次是“创始场（个人分享感觉、情感、经验和心智模型的场所）”—“对话场（个人的心智模型和诀窍转化成公共术语和概念的地方，对话和反思是关键）”—“系统场（在真实世界和虚拟时空通过显性知识不同成分的组合来创造新的系统知识）”—“实践场（通过实干训练或积极探索参与实现知识转化）”。这个知识螺旋通常的过程是一个循环递进的过程[①]。从知识管理看待中小学校本研修所处的几个阶段：1. 个体被动学习；2. 团队分享与交流；3. 学校知识杠杆；4. 与外部形成知识价值网络。由此，也可以重构中小学的校本研修流程。运用知识管理理论，学校可形成校本研修活动的链条。知识管理包含了知识的“获取、收集、整理、散布、应用、更新、创造”一系列的步骤，学校应该形成教师个人知识和组织知识的输入、输出、共享、应用、创新的链条，并且个人与组织应形成良好互动。

二、协同创新型校本研修模式的运行机制

协同创新是一个复杂的体系，涉及多个参与主体与协同机制。在这个复杂体系中，最核心的是大学、各层级研修机构及中小学校构成的三方协同主体，此三者是协同创新的直接实施者，但政府部门也发挥着重要的引领与保障作用。协同创新型校本研修需要以中小学为主体，在协同各方之间建立一定的成果目标驱动机制，使之成为各方共同的努力方向与动力来源；搭建一定的知识共享与转移、成果分享等机制，形成内部流通渠道，从而促进创新成果目标的有效实现；需要学校形成一种将外部智力资源纳入校本研修体系的融合机制，与学校自身发展定位、教师发展需求、学生发展目标相一致，形成合力。

1. 目标驱动机制

协同创新型校本研修的决策主体是以中小学为主导，政府、大学、各级研修机构共同参与构成的。在协同创新体制之下，外部机构与中小学共同决定在一定时间内需要重点研修的主题或改进的目标，这样既能反映中小学作为决策主体的思想理念和改革意向；通过多主体参与、集中研商、一致认同等对共同目标予以确定，又能发挥外部支持机构的各自优势。

2. 研修重构机制

引导干部和教师对他们习以为常的教学和管理惯习跳出当下的场域进行直升机“悬停”

① 张光宇，曹会会，刘贻新，曹阳春：《基于知识转化模型的颠覆性创新过程解构：知识创造视角》，载《科技管理研究》，2022（7）。

式反观，以反思和研究打破经验主导的教学或管理惯习，这是外部机构参与到校本研修活动中时所能起到的一种作用。完全相同的惯习，在不同的场域结构刺激下会产生出不同的，甚至是相互对立的结果。情境强加给我们的力量有一部分正是我们赋予它的，我们可以去改变对情境的感知理解，从而改变我们对它的反应。行动者有能力在一定程度上对某些通过场域位置和惯习之间的直接契合关系而对发生作用的决定机制进行监督和控制①。外部机构支持下的校本研修创造了一种与中小学自组织的校本研修相比完全不同的场域机制，能够起到重构研修场域的作用：一是重构研修整合观念。前者以共同目标的实现和解决问题为导向，会容纳广义的多种研修活动，既包括与研修主题相关的教师个体学习和反思，又包括各种以团队为基础的课题研究、读书分享、培训、学科教研等多重活动，但这些并不是孤立的，而是有一定先后逻辑顺序的知识管理活动，需要有一定的整合理念，才能事半功倍。二是重构研修内容主题。协同创新体系中的校本研修能够引入更新的教育理念、更实用的教学工具和更多元的教学策略，能引领中小学更深刻地理解各阶段学生的社会和认知发展特征，采取更有针对性、更符合学生心理需要的德育与教学策略。三是重构研修场域关系。从教师专业发展的场域来看，中小学是以半官僚半专业为主的学校子场域，协同创新计划是以专业资本为主但权力关系主体各异的大中小合作子场域和教师间合作子场域。因此，与中小学偶发的外请专家参与研修指导相比，协同创新计划中的专家团队与其项目学校建立了一种熟悉的合作关系，一线教师的专业资本式微的现状得到了改变，这使他们之间的对话更加直接、指导更加频繁、调整更加顺畅。

3. 知识治理机制

院校与中小学协同所展开的校本研修创新活动主要涉及德育和教学方法、课程开发技术、学校管理改进策略等相关理论转化、教育方法再创造及技术应用等，院校拥有理论构建或研究方面的优势，中小学有转化应用方面的平台，双方只有形成良好的项目知识网络治理，才能产生令双方都受益的知识与成果。高校更倾向于产生可发表、可推广的理论成果，中小学则乐见于教师教学水平的提升、学校管理流程的顺畅和学生能力素养的形成。双方各取所需，共享成果。

① 赵冬梅：《场域理论下教师专业发展机制研究》，上海师范大学博士学位论文，2017。

第三节　双主体“外融内研”研修模式分析

下文主要以北京教育学院 2016 年以来开展的协同创新计划为例，说明双主体“外融内研”研修模式的要素构成。目前，我院协同创新计划已经开展三轮，分别出台了《北京教育学院“协同创新学校计划”实施方案（2016 — 2018）》《北京教育学院“协同创新学校计划”项目管理办法（试行）》和《北京教育学院第三期“协同创新学校计划”项目工作方案》三个文件对计划推进进行总体指导。

北京教育学院“协同创新学校计划”本着“把培训课堂建到学校，让教师研修真正发生”的理念，从培养学生核心素养和关键能力的要求出发，围绕中小学校、幼儿园办学目标和需要解决的教育教学实际问题，学院与各区教师培训（研修）机构、中小学、幼儿园合作开展一般以三年为周期的行动学习与研究，以促进学生、教师、学校和培训者的发展，促进基础教育优质均衡发展。

一、北京教育学院协同创新计划双主体“外融内研”研修模式

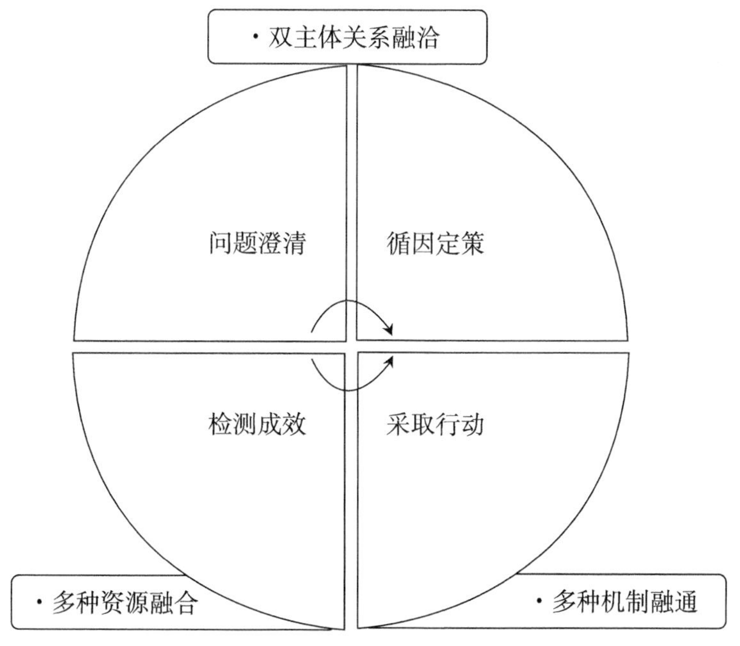

图 8-2　北京教育学院协同创新计划双主体“外融内研式”研修模型

（一）双主体“外融内研”研修模式界定

北京教育学院协同创新计划为中小学校主题研修搭建了更为丰富的外部资源平台，联动市级和区级行政部门、教研部门、培训部门、高校、社会教育机构等多个主体，同时，学院引领中小学通过组合式、持续性、多类型研修活动创新校本研修方式，从而提升中小学办学质量和教师素养。这个过程用“双主体外联内创式”研修模型来进行描述，下面做具体解释。

1．双主体

北京教育学院和参加协同创新计划的各个中小学构成了紧密合作的双主体，前者各项目的负责人和每所学校的责任专家致力于融合多方资源为中小学校本研修创造学术保障和效果保障；中小学则需要组建团队就某一主题展开为期三年的行动研究和多种研修活动，全程投入教师精力和管理保障。

2．外融

在协同创新计划运行过程中，以双主体为主，多主体卷入，致力于为中小学校本研修的有效运行搭建一个双方关系融洽、多方资源融合、多种机制融通的外部环境。这里的“融”有多层面意思，第一，双方关系融洽。在长达三年的合作中，来自北京教育学院的责任专家与项目学校的联系人需要建立融洽的合作关系，前者重在问题诊断、引入资源、设计课程、提出成果要求，后者要整合学校内部组织力量，保障参与教师的时间和精力，高效地落实好责任专家的研修设想，这样才能保证最后的研修成果对于双方来说都是有效的，实现合作共赢。第二，多方资源融合。北京教育学院作为专门从事干部教师职后培训的机构，不自身拥有兼具理论素养和实践指导能力的专家资源，而且在多年组织培训过程中与市区两级教育行政部门、科研部门、高校、培训部门、教育专业机构等也建立了良好的合作关系，可以将这些机构所拥有的不同性质的资源根据各项目研修主题的适切性，融汇整合到各个项目学校，实现资源有效对接，促进各类教育科研成果向中小学实践的转化。第三，多种机制融通。在协同创新过程中，双主体合作，在建立各自内部的管理和激励机制的基础上，还需要协商研修活动中的决策机制、治理机制、知识管理机制、资源配置机制，形成制度，以保障整个计划的顺畅运行。

3．内研

在参与协同创新计划的每所学校内部，专家引领的行动研究成为项目实施的精神内核，围绕某个专题所组建的实践团队始终处于一种思考、学习、研究与实践的状态，以干部和教师的主动研究取代过去被动参与培训。正像陈向明教授所指出的，教育行动研究不是一种研究方法，而是一种研究取向，其主要目的是求“善”，即增强行动者的批判反思意识和能力，采取对策改进现状。这种研究可以采用任何合适的方法，包括定量的方法、质性方法、历史的方法、比较的方法等等。由于质性方法的一些特性（研究设计的灵活性、小样本、能进入被研究现象内部、容易上手等），目前大部分教育行动研究者都使用的是质性方法[①]。这里的研，强调用行动研究的意识、方法和工具重构校本研修状态，整合学科教研、课题研究、读书学习、校本培训多种研修活动，以实现教师成长和学校发展的相互成就。在北京教育学院协同创新计划中，任务驱动、理论应用、问题解决和技术引进等是多个项目组重构校本研修路径的重要方式。

（二）从知识网络治理的角度重点分析协同创新机制

资源依赖理论认为，由企事业单位、大学及科研机构等多个组织构成了创新联盟，这些组织之间资源互补而产生协同效应，并成为创新合作的源动力，即跨领域的主体通过资源的相互依赖而建立了协作关系。像这种跨组织合作的协同创新项目，比起人员管理来说，更重要的是对知识的管理。Beckmann 把知识网络（knowledge network）界定为“由多种组织间建立关系实现知识在不同组织间共享以形成集知识创新、知识整合和知识共享等功能于一体的网络结构体系”[②]。项目知识网络治理可解释为四个要素的作用结果，分别是知识能力要素、行为驱动要素、组织情境要素及网络优化要素[③]。知识网络治理包含了知识的“获取、收集、整理、散布、应用、更新、创造”一系列的步骤，协同创新项目应该形成教师个人知识、学校组织知识和项目共享知识的所构成的知识网络的输入、输出、共享、应用、创新的链条，并且个人与学校、学校与项目形成良好互动。

1．多主体网络节点的治理

网络节点的治理指对参与网络建构的主体（个人、组织等）与网络中主体之间交互行为的治理，例如我院协同创新项目学院与区县师干训部门、中小学的协作分工、信息共享、理论转化、成果合作、预算与交通保障等行为的约束。在这方面，我们形成了很好的三方协作机制。学院与各区建立合作伙伴关系，向各区提供项目主题、团队构成、资源保障、对项目学校的要求与意向等信息，各区根据项目信息统筹组织学校校长自主选择或推荐学校，通过项目团队和项目学校的双向选择，最终确定项目学校，并反馈给各区和学校。之后，由项目团队与项目学校共同研究确定项目方案，根据需要与条件，组织学员进行京外教育

---

① 陈向明：《教育研究方法》，北京，教育科学出版社，2013。

② 转引自彭雪红：《三维治理：关系治理、网络治理与知识治理——知识网络组织间合作伙伴关系的治理研究》，载《图书情报工作》，2010（6）。

③ 许蕾：《协同创新项目知识网络治理研究》，济南，山东大学博士学位论文，2022。

考察、国际学校参访、参加学术论坛等，丰富培训内容和方式，拓宽学员视野，引领学员发展需求。“协同计划”的实施过程采用“市区校”三方协同工作模式。

· 学院负责项目设计和组织实施；负责提供培训经费、设备资料及相关服务保障。

· 区教委和培训机构负责安排一位区级项目负责人与学院对接，组织推荐项目校和参训学员，参与组织管理和质量监控，提供相关条件保障等。

· 项目校领导要明确一位校级领导担任学校项目负责人，负责参与项目的设计，提供场地、设备、餐食等必要的支持，协调参训教师的学习和工作时间，确保项目顺利开展。

2．网络节点间的关系治理

这是指对网络中任意两点之间关联关系状态的治理，例如关系的强度、关系的内容、关系的构建或拆解等，基于不同的需求使关系保持合适的状态或水平①。协同创新型项目组织结构由垂直化转变为扁平化，没有明显的权力等级划分。约束项目参与方的行为不再依赖于权力，而是更多地依赖于情境制约、参与方的相互影响等，也就是说，协同创新项目中参与方的关联关系不再是上级对下级，而是处于同一层面的相对平等的交互关系。②学院干训办、师训办负责与区教师培训机构的沟通与联系，做好宏观统筹，并具体协调研修实践基地的研修安排、学员注册与学分管理。外事办协调外教培训资源的安排，扩展协同创新计划的资源，关注对国际化课程与教学资源的引入，有一些项目也是侧重对国际教育理念的本土转化。教务处负责项目实施的院内各部门职责与关系统筹，总务处负责项目实施后勤保障的统筹安排，二级学院和其他项目实施单位（研究中心等）负责项目的实施与自我评估，其他部门按职责负责相关工作。学院根据实际按主题类别成立若干专家组，加强指导以及同类主题项目之间的横向交流。另外，在每个项目具体实施过程中，非常重要的就是项目负责人、责任专家与项目学校干部、教师之间的关系，这种关系越平等，越接近伙伴式，项目运转就会越顺畅，项目实施效果就会越有保障。

例如，共有 14 所项目校构成的“健康自我成长课程构建与实施”项目实施中，围绕“协同”“创新”“学校”项目类型的关键词，构建了协同创新学校发展体系。第一，建立项目组与学校之间合作的协同关系，而不是简单的培训者和被培训者之间的关系。这种协同的一个重要体现是通过各教师的主体参与而非被动地培训来构建项目日常组织活动。第二，建立了家校协同关系。在每一册中有亲子课程，在课程内容和练习环节中，有大量的有关学生在家庭领域内自我成长的内容。第三，建立了校际协同关系。作为一项试验性

① 许蕾：《协同创新项目知识网络治理研究》，济南，山东大学博士学位论文，2022。
② 同①。

质的研究项目，本项目也注重项目校之间的协同，以协同共进的关系推进项目和各项目校更好发展。每学期所有成员集中活动期间，请项目校分享项目实施中的经验；在项目总结阶段，进行了专门的项目管理经验分享及学校领导方面的改进。第四，建立了项目组与区域之间的协同。学校改进离不开区域行政部门的支持，尤其是带有试验性质的研究项目，因此项目组建立了与学校和区域教育行政部门之间的协作。

3．知识网络治理

协同创新项目本质上是新的理论或实践性知识在项目组、中小学个体内部、不同学校之间的流动或转化，项目所构成的跨部门、跨组织的复杂网络对于单一组织内部的知识获取、收集、整理、散布、应用、更新、创造而言，又增加了不同节点上流动的难度，不过，同时复杂网络对于各个环节又有一些新的益处，不同节点立场、视野、关注点的差异又增加了相互碰撞的可能性，有利于知识的主动创新和多场景应用。

例如，“基于课内外阅读融合的中小学生英语阅读素养提升”项目的行动研究模式在项目层面和中小学内部也是不同的，其知识管理模型也就有所差异。就本项目的行动研究模式而言，采用定向型的行动研究模式（如图 8-3）（王蔷、张虹，2014），即项目组结合国内外文献、前期项目开展经验和外语阅读教与学规律，引领项目校聚焦“课内外英语阅读融合”大主题，并引导项目校教师根据各自的行动研究点开展经典文献检索与阅读，之后制定解决问题的方案并实施。然后引导项目校教师利用课堂观察、学生口头、笔头作品分析、出门条、笔谈或口头访谈等形式收集行动研究效果的证据并进行分析。整合行动研究的过程主要依托课例研究展开。

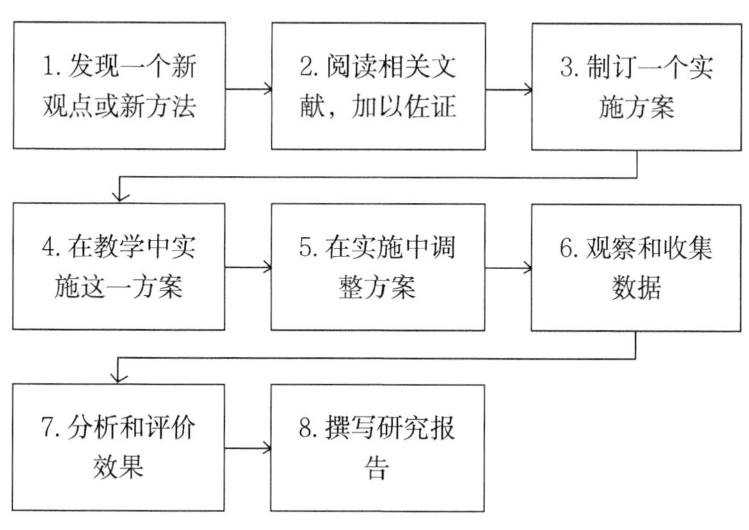

图 8-3 定向型（检测型）行动研究过程

而项目校教师会根据实际需求分别采用开放型行动研究模式（如图 8-4）和定向型行动研究模式。开放型行动研究模式为传统意义上的行动研究模式，主要根据发现问题、提出假设、开展调查、重新确认问题等 11 步的研究方式展开。但为了避免项目校老师做过多无用功，项目组会根据前期经验推荐可以解决问题的新方法，即开展定向型行动研究模式。

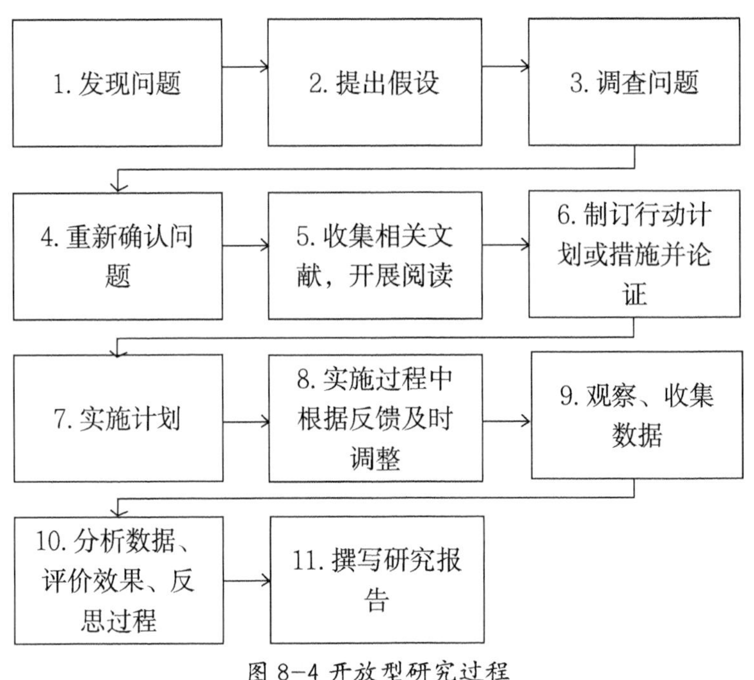

图 8-4 开放型研究过程

项目组会定期开展项目校之间的阶段性成果分享。此外，各项目校之间也会师资共享，各项目校的责任专家和骨干教师也会定期交流，并加入彼此的指导工作。

二、组织层面：双主体协作重塑校本研修管理

对于双主体主导的协同创新计划非常重要的是，在推进计划的每个节点上，双方都能达成一致，相互配合，找准各自角色和定位，充分投入，以保证协同能产生创新的效果。

（一）需求调研，达成共识

问题诊断与需求分析是协同创新型校本研修发生的驱动力。北京教育学院携手区县研修机构帮助中小学重构其校本研修生态，学院一直将自身定义为中小学校本研修工作创新的外在支持力量，中小学才是主体力量，“在学校中”“关于学校”“为了学校”的行动研究，是校本研修的最朴素的定位。因此，学院通过组织各个项目进行全方位需求调研，主要包括教师个体发展需求、岗位工作需求和学校组织需求，力争将学院提供的各种支持性研修活动最大程度地融入学校既有工作和未来可开拓领域。这种支持不仅只是持续三

年，更多的是要让教师和学校形成一种校本研修自运行模式。一旦教师形成用研究的方式开展教学的观念，掌握研究的方法和流程，学校形成开放、共享、深思的教研氛围和文化，建立支持跨学科教研、协同教学的制度和机制，即使项目结束了，校本研修的内容和方式仍然可以在中小学持续下去。学院的协同创新项目只是起到了“支架”作用，等到项目结束支架撤掉的时候，该主题的校本研修仍然能够持续高效运转，甚至可以迁移影响到学校其他主题的研修活动中。

1．新的教育发展政策对学校组织发展与人员素质提出新要求

北京教育学院协同创新计划的大多数项目选题都是对当时政策要求的一种回应，第一轮计划在 2016 年推出适逢北京市出台《北京市义务教育阶段课程设置方案》，要求各学科用 10% 课时实施学科实践课程，可以单一学科实施，也可以多学科整合。很多项目选题都涉及了跨学科主题课程、学科实践课程、综合实践活动等内容，例如人文学院共有 13 个协同创新项目，涉及相关内容的项目就有 8 项，分别是：语文学科综合实践活动课程设计——以“整本书阅读”学程开发为例构建、思想政治课单元课程整合教学、思想品德学科综合实践活动课教学探索、文科综合实践课程开发、小学学科单元实践活动课程、中华优秀传统文化情境课程设计与实施、节日文化教育校本课程开发、可持续发展主题综合实践活动课程开发与实施。2019 年开始的第二轮协同创新计划为贯彻落实全国、全市教育大会精神、《中共中央 国务院关于全面深化新时代教师队伍建设改革的意见》和国务院办公厅《乡村教师支持计划（2015 — 2020 年）》文件精神，学院重点面向北京市乡村学校实施“协同创新学校计划”。第三轮协同创新计划依据《新时代基础教育强师计划》《教育部关于印发义务教育课程方案和课程标准（2022 年版）的通知》《中共北京市委北京市人民政府关于全面深化新时代教师队伍建设改革的实施意见》《北京市关于进一步减轻义务教育阶段学生作业负担和校外培训负担的措施》《“十四五”时期北京市中小学干部教师培训工作方案》以及《进一步加强中小学校本研修工作指导意见》等文件要求，学院将着眼“双减”背景下高质量教育体系构建和义务教育新课程标准落实课堂，推进首都基础教育高质量发展。新政策给中小学组织和人员发展带来新的要求，协同创新计划作为政策落地和教育理念转化的载体，很好地推动了新政策、新理念在一线学校的落地。

2．综合考虑多重因素确定研修主题

除了会重点考虑政策导向之外，协同创新计划也会综合考虑学术研究前沿、实践问题、学员学习兴趣和培训资源条件等多重因素来确定协同创新型校本研修的主题。例如，人文学院“基于学生思想政治课程学习的单元教学能力提高项目”在经过了前期网络调研、座谈咨询、进校实际考察，与相关校长、教师进行沟通并走入现场教学后，可以分析出各项目校的特色需求。基于项目校自身特点、优势并将学校整体发展和教师个人需求相结合确定研修项目主题，核心关键词有“学生思想政治课程学习”“单元教学能力提高”，针对两个准度分别提高学生的学习能力和教师的教学能力，结合各项目校特色展开实际活动。

3．运用多种方法展开全方位需求调研

第一轮协同创新计划正式实施之前，学院邀请我院知名培训专家余新教授就《培训需求调研流程与计划制定》对相关教师进行了专题培训，整个培训需求调研划分为调研前准备、调研计划制定、实施调研、培训需求沟通确认和培训需求报告撰写五个环节。每个项目都提交了详细的需求调研报告。例如，2019 年 5 月，“指向学科核心素养的课堂教学研究与实践”项目中项目组按照 GROW 模型，分别对项目学校开展了调研。下面以首师大附属房山中学地理学科组为例来进行说明。目标需求（Goal）：通过与校长、教研组长、教师的需求调研，学校希望打造一支适应教育教学改革发展的地理学科教师团队，并借助教育学院协同创新基地的平台，为老师们提供开阔视野的机会，提高老师的教育教学能力。教研组教师希望通过对核心素养的教学研究提升教育教学能力，在力所能及的范围内提升教育教学质量。现状分析（Reality）：教师已经围绕核心素养对如何开展教育教学进行了探索，但是由于诸多原因对于如何在课堂教学中落实学科核心素养仍存在一系列问题，急需进行行动研究。教师的研究兴趣点集中在课程标准与新教材的使用、教学资源的选取、教学有效性等方面。需要在实际情况、核心任务和研究关注点之间找到平衡。方案选择（Options）：通过研讨，学员教师希望以单元教学设计为载体，通过具体的单元设计与实施过程理解核心素养的价值，掌握在课堂教学中落实核心素养的途径与方法，并且能够进行恰当评价。总结与行动（Warp-up)：研究聚焦“如何在课堂教学中落实学科核心素养”这一问题，按照知识理解、单元教学设计、单元教学实施为主线来设计行动研究方案，以期落实核心素养。

（二）双方协商，制定方案

北京教育学院第一轮（2016 — 2018 年）很多是基于培训班课程的校本化，第二轮（2019 — 2022 年）主要是强调行动研究的视角，第三轮（2023 — 2025 年）则更注重以新型校本研修建设高质量教育体系。由于第二轮相对第一轮较为成熟，且已经实施了一个完整的周期，因此，下文主要对第二轮协同创新计划的各项目实施方案进行扎根分析。

根据学院统一要求，经过与项目学校的充分协商，本轮各项目实施方案由行动研究背景与问题分析、国内外文献与实践综述、行动研究目标、行动研究方法与措施、行动研究计划、行动研究效果指标与测评、行动研究预期成果等要素构成，共计 43 个项目，各项目实施方案汇总字数达到了 42.8 万字。

1．丰厚的文献与实践综述为项目研修打下坚实基础

大多数项目都是基于不同级别的课题研发而来的，项目负责人对研修主题有多年的研究积累，了解国内外理论界研究现状，也知晓实践界比较知名的学校案例，甚至有些就是本领域的培训专家，因而具有相对丰厚的研究基础；另外，项目负责人和责任专家大多也都有指导多所中小学开展行动研究的经历，了解中小学在某领域的发展现状，对其痛点和需求把握也相对清晰，因而也具备了推进协同创新项目行动研究的实践基础。例如，“运用行动研究引领学校课堂教学改进”项目团队实际上是在 2017 年院级课题中成长起来的一个具有跨学科背景的研究团队，在教师教学改进研究中的教育学、心理学因素和学科教学因素等方面有碰撞思考和深入探究，并在如何作用于课堂教学改进及教师发展上有一些经验的积累。再如，“积极心理学视角下的学生发展指导能力提升”项目的负责人和责任专家均是北京教育学院“学校积极心理学”创新平台的骨干，并都参与了北京教育学院重大课题“中小学生发展指导体系的构建研究”，并有多年相关主题的专题培训的实践经验。秉承学院研训结合的一贯精神，本项目力图将学院的学科创新平台和重大课题的研究成果加以转化，并进一步深化研究如何在积极心理学的视角下，通过提升教师对学生发展的指导能力，带动课堂变革，真正促进教师的专业成长和学生的学业和心理发展。

2．研究目标兼顾学校、教师、学生和培训者的发展目标

协同创新项目的研究目标具有以下几方面特点：（1）问题解决与能力提升并重。项目设计起始于中小学某一方面存在问题的调研，因而其目标是问题解决指向的，在用行动研究的策略尝试用各种方法解决问题的过程中，获得参与者能力和素养的提升。（2）偏重中观目标的实现。因为协同创新项目大多会持续三年左右，因而它不可能聚焦像使用某一个思维导图工具这样过于细微的层面，也不可能只通过这样一个项目就实现提升整个学校的教育教学质量这样过于宏大的目标，大多数项目都是聚焦某个学科、某个理念、某种教学策略的创造性使用。（3）兼顾多主体的发展。协同创新项目涉及院校培训者、区域师干训部门、中小学干部、教师、学生和家长等多个主体，这些项目选题广泛，卷入群体众多，通过多个主体在某个主题上的共同研究、共同实践去尝试破除一些传统桎梏，在这个过程中获得它们各自在原有水平上的提升。（4）衡量目标的实现需要有相应成果和指标体系做支撑。虽然很多研究目标的表述是过于模糊的，无法衡量的，但是学院一开始就要求各项目负责人在制定目标之时就要考虑有哪些量化指标和显性成果可以说明这个预设的目标通过三年的研修是可以真正实现的。例如，“3~6 岁儿童综合艺术课程实践与研究”项目总体目标：以《3~6 岁儿童发展指南》和《纲要》为依据，从问题出发，以实践为导向逐

步完善不同区域、相同愿景幼儿园的综合艺术课程实践研究，真正有效地帮助园所解决实践困难与问题，实现幼儿园的持续改进，为幼儿园整体素质提升与发展助力。增强项目团队的研究与实践能力，实现教科研能力的全面发展。具体目标分别是：（1）学生层面：培养幼儿感受与欣赏、表现与创造艺术的能力，寻求儿童审美能力与创造力培养的路径与方法，促进儿童全面发展。（2）教师层面：提高教师在儿童综合艺术课程教学实践与综合艺术技能。教师把握综合艺术课程的价值和意义，将 3~6 岁综合艺术课程体系不断实践与完善，科学地落实到日常各环节的教学活动中。（3）园所层面：打造实践与研究并进的教师队伍，逐步形成具有园所特色的综合艺术园本课程，完善园所文化，为幼儿园整体素质提升与发展助力。（4）项目团队层面：提升研究团队综合艺术课程研究与实践能力，实现科研、教学、实践能力的全面发展，逐步扩大学术影响力。

3．行动研究方法与措施是对研究思路、过程方法、问题解决的总体解决方案

北京教育学院协同创新计划本质上是推动中小学与院校一起在某些实践层面问题比较突出的领域共同开展行动研究，这也是研究性质比较强的多主体研修活动。在推进项目研究过程中，不是单纯的专题讲座式培训，也不是单纯的课题研究，而是培训与研究相结合，既有多种研究方法的学习与运用，也有在课堂教学加以应用之后的听评课研讨活动，只不过嵌入到行动研究框架中听评课活动其观课重点与框架不同于一般的泛泛听评课，观察点更加贴近研修主题，观察方法更加贴近主题内容的实际应用。例如，“PCK 理论指导的校本研修设计与实施”项目在第一轮工作中积累了实用而丰富的项目推进经验，建立了“课堂观察发现问题——原理学习答疑解惑——教研活动转化落实——研讨交流改进提升”的运行流程，使用了“月度关键词推进”的工作策略，形成了学科指导专家——校本责任专家——学校管理层——教师个体层层转化与落实的有效机制。具体步骤描述如下：课堂观察与调研（描述问题并将其概念化）——阅读相关文献进行思考与佐证（寻求问题背后的学理依据）——制定行动实施方案（理论应用于实践形成解决方案并实施）——在实施中根据反馈并调整——观察和搜集数据——分析和评价效果——撰写行动研究报告（继续优化执行）。

4．行动研究计划则是按照时段对具体研究措施的阐释

按照学院总体要求，行动研究计划先要明确行动研究的周期，然后阐释行动研究的阶段和主要内容，最后再按照学时要求填写下表，明确每个年度、学期的活动具体活动安排。这是一定程度的预设，在实际执行过程中，项目组还可以按照学校需求、实践热点、区教委统一时间安排等做出灵活调整。例如，“基于主题意义探究的中学英语教学改进研究”

项目实施三年，年度研究计划如下：

第一年（2019 年 3 月—2019 年 12 月）：文献学习、调查研究和研究课初步实施。

第一阶段：2019 年 3 月—2019 年 7 月 理论学习和问题调研。

· 梳理学习国内外“主题教学”“主题意义探究”等主题文献资料；

· 进行问卷调研、教学观摩和访谈，梳理项目校中学英语教师对主题意义探究教学的认知现状、存在的主要问题，以及需要得到的帮助。

第二阶段：2019 年 7 月—2019 年 12 月 指导教师制定行动研究方案，初步实施。

（1）根据前期调研出的问题，围绕开展主题意义探究教学的 7 个主题：如何准确地把握主题意义；如何全面地进行文本解读；如何平衡语言知识与主题意义的关系；如何拓展跨文化意识；如何增进跨学科知识；如何将主题意义转化为有效的教学活动；如何放手让学生自主探究主题意义，以参与项目的初、高中英语教师为主体，以小组合作方式，自主选择研究主题，制订行动研究方案，并进行初步实施。

（2）指导教师们通过观察、问卷、访谈、案例等方式，收集数据资料。分析数据，对实施效果进行评价，初步总结评价基于主题意义探究的中学英语教学改进策略。

第二年（2020 年 3 月—2020 年 12 月）：进一步实施行动方案，构建和完善基于主题意义探究的中学英语教学框架。

· 围绕研究主题，基于前期研究，进一步调整和实施行动方案；

· 通过观察、问卷、访谈、案例等方式，收集和分析数据资料，再次对教学效果进行评价；

· 梳理基于主题意义探究的中学英语教学实践策略。

第三年（2021 年 3 月—2021 年 12 月）：系统提炼研究成果，开发和推广教师培训课程。

· 撰写并发表基于主题意义探究的教学论文，固化研究成果；

· 撰写基于主题意义探究教学改进的行动研究报告，以及编著；

· 初步开发 2 门该主题教师培训课程。

5．行动研究效果与指标是对研究成果的具体测量

整个协同创新计划要求各项目团队以终为始，提前谋划，在项目设计阶段，就要就最终的成果内容、形式、具体指标做出预先考虑，这些成果要与调研问题、研修主题与目标、研究方法形成较好的内在一致性。另外，具体指标的制定也有助于项目组考虑如何借助一定的研究工具或模型，让隐性目标显性化，让实践成果理论化。例如，“以课程建设为载体提升 STEM 教师专业素养”项目本次协同的主要问题如下：1. 规范学校 STEM 教育支持体系，形成有特色的、有体系的协同学校 STEM 课程群。2. 构建 STEM 教师素养发展的指标体系和发展路径，促进学校 STEM 教师的专业发展。

表 8-1 “以课程建设为载体提升 STEM 教师专业素养”成果指标体系

调研问题	研究模块	结果目标	主要形式	产出形式
（1）学校 STEM 教师队伍建设	学校 STEM 教育支持体系	能够形成固定的跨学科核心 STEM 教师团队，有团队负责人，对教师进行培训规划，并有团队活动和管理机制	前期调研，作品分析，集中研讨，教师培训，通识讲座	教师核心团队构建
（2）学校 STEM 运行机制、管理支持体系建设		能够调动学校各部门资源，对 STEM 教育的课程开发和开设过程建立运行机制和支持体系	前期调研，集中研讨，学校管理，讲座	基于学校基础搭建管理支持体系
（1）STEM 教育特征及价值理解	学校 STEM 教师专业发展	能够识别和判断 STEM 教育的基本特征，能描述 STEM 素养；能够基于 STEM 教育的学生发展的价值选择教学载体和方式	讲座，集中研讨，文献研究，课例观摩	小组形成思维导图，每人一份读书笔记
（2）STEM 教育学科基础		能够把握学科核心概念和跨学科核心概念； 能够理解 STEM 相关的认识性知识，如系统思维、工程思维等； 能够基于科学技术与工程实践能力设计项目环节； 能够恰当选择真实社会中的问题载体，渗透社会主义核心价值观和道德与法治观念	讲座，集中研讨，文献研究，测试	每小组完成主题文献阅读报告

续表

调研问题	研究模块	结果目标	主要形式	产出形式
（3）STEM 教育跨学科理解与整合	学校 STEM 教师专业发展	能够理解 STEM 跨学科整合的内涵和价值； 能够基于不同视角设计跨学科整合的项目	讲座，集中研讨，课例观摩	跨学科小组交流形成项目主题及载体，完成项目设计初稿
（4）STEM 课程开发与教学设计		掌握 STEM 课程开发原则与方法，能够进行课程资源选择与开发； 能够运用 STEM 教学设计要素及策略，进行 STEM 项目设计	讲座，集中研讨，展示交流，课例观摩	一份整体规划的项目教学课时设计、学案设计、工具设计
（5）STEM 教学实施		能够运用 STEM 教学实施的原则和策略实施项目教学并进行评价；能够在实施中主动开发和利用教学资源和工具； 能够进行教学反思和反馈、修正	集中研讨，展示交流，课例观摩，访学交流，反思总结	教学实践录像，一份案例式教学反思

（三）统分结合，灵活实施

在三年协同创新计划运行过程中，各项目负责人、责任专家，协同多方参与力量，在与项目学校充分沟通、协商的基础上，创新了多种项目实施方式。“一主题多所校”项目多采用“统分合”①项目组织模式，即以北京教育学院项目组为核心，坚持总项目组的统一设计、统一调控，多所协同学校分散学习、分步实施、分项产出，与其他组织的合作学习、联合实施和合力打造丰富的研修活动。

1．统：让各校方向明确，依据清楚，步调一致

统指的是统一设计、统一调控。统一设计，具体指项目组统一设计三年项目实施方案，统一设计每年的行动方案，统一设计各种模板，如读书心得模板、教学案例模板、理论框架模板等。统一调控具体指从开班到结业，从过程中学期的启动到阶段总结都统一安排；统一调控具体指外在资源的使用和项目内部各园之间的资源共享也都统一调配。

2．分：让各校因地制宜，发挥优势，独具特色

分指的是分散学习（研修），分步实施，分项产出。分散学习，是指除遵循学院的课时、类型等规定和项目组统一设计的课程安排之外，各校根据本校的实际情况在具体时间、进度、内容和方式上都可以自主安排。分步实施，是指各校根据总项目组的统一安排，按照各自的节奏分阶段实施。分项产出，是指一方面产出总项目组要求的各项基础性成果，另一方面根据项目学校在案例和理论模块的分工产出相应的成果。

3．合：让各校输出资源，共享资源，合作共赢

合是指合作学习、联合实施和合力打造，实现合作共赢。合作学习，是指学校内部和校之间的合作学习，既有每位学员在校内分享各自的思考与心得、交流教学设计、教学案例；又有各校之间的交流。如每个学期中间展示研修成果（主要是课例），每个期末都有总结分享（主要是典型个案和学习总结）。合作学习还体现在邀请其他市级培训项目、援培项目参加展示活动。联合实施，主要是指总项目整合学术资源和应用资源为校服务。

（四）效果评估，以终为始

北京教育学院通过多轮协同创新计划的实施，在项目效果评估方面始终坚持服务中小学实践改进的原则，依托有形成果的梳理，主要形成以下几方面的评估策略：

1．项目评估聚焦发展的评估

指向教师发展、学生发展、校长发展、培训者发展和学校发展等多个主体。主体的发展要围绕项目主题和目标，通过外显的成果形式予以呈现。学生成果可以用学业水平提升数据、学生作品、学生事迹，活动赛事、获奖情况等加以直观化，教师成果方面可以有物化的优秀教案、优秀课例、科研论文、研究报告、校本课程课例活动设计方案等，学校成果可以是学校办学理念总结、学校特色展示、学校专题活动等，培训者方面的成果则多为项目文件、论文、报告、著作、课程、教材等多种形式。

2．项目评估注重多种评价方法的结合

首先，要把过程性评估和结果性评估、阶段性评估与终结性评估结合起来，既关注项目实施过程中的活动数量与质量，又关注项目实施的最终效果。其次，项目评估要把定性和定量的评估方法结合起来，借鉴和开发评估工具，运用反映过程和结果的数据、案例、作品、 影像资料进行分析，并注重前后对比，着力增值性评价。最后，项目评估要把自我评估、第三方评估结合起来，力求客观公正。

3．对项目结业验收做统一成果要求

在准备项目验收时，项目申报书、调研报告、行动研究方案和行动研究报告等是结业验收的统一成果要求。此外，各项目可以根据行动研究目标，自选发展主体（如学校、教师、

学生或培训者）和每类主体的目标成果形式（如学校改进方案、研究论文、著作、优质课例、学生作品等），作为项目结业验收的成果证据。

4．加强行动研究效果监测

要根据行动研究的问题与目标，设计效果指标及其检测方法、工具，适时动态搜集效果数据，并进行分析，以作为继续改进和检验目标达成的依据。通过问卷调查、测验、访谈和作品分析等方式，及时了解教师和学生的进步与改进效果。并及时做好活动记录及经费使用记录。

三、项目层面：双主体协同的校本研修实施过程和影响因素分析

（一）双主体协同的校本研修实施过程分析

目前来看，北京教育学院协同创新计划各个项目致力于协助中小学围绕某个问题、主题进行连续性、系统性校本研修活动，以期改善这一方面问题，提升中小学办学力量。在此过程中，大概会经历问题澄清、循因定策、采取行动和检测效果四个阶段，在每个节点上，项目组和参与该项目的学校各自的职责有所侧重，又要相互耦合推进。主要是破解大学与中小学合作性行动研究中容易出现的合作尴尬，这种“合作尴尬”主要显示为中小学教师在“合作的行动研究”中丧失自己的独立性，越来越丢失自己的专业自主[①]。图 8-5 标示了校本研修各个阶段中项目组和学校各自的职责定位，下文也将重点探讨各节点上两个协同主体的合作分工与关系处理。

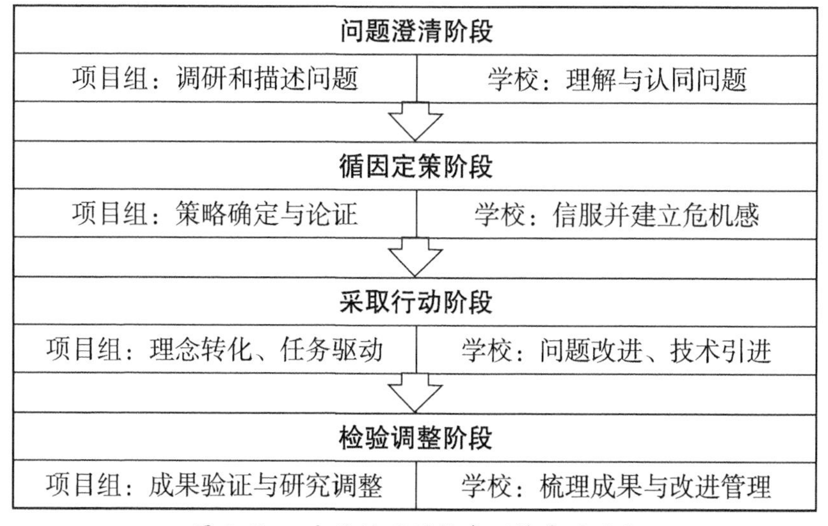

图 8-5　双主体协同的校本研修实施过程

① 陈向明：《教育研究方法》，北京，教育科学出版社，2013。

下文每一阶段的描述基本遵循“解释本阶段任务——描述项目组职责——确认学校行动领域——强化关系处理”这样的逻辑顺序。

1．问题澄清阶段

此阶段，主要是对项目组和中小学共同关心的现实问题的描述与确认。项目组方面，需要通过访谈、问卷、文献综述等方式对问题在现实中存在的真实性、解决的必要性进行描述，这种问题有可能是某一群体的，如特殊需求学生/班级发展中面临的实际问题；也有可能是某一学科教学中存在的问题，如中学化学课堂教学、小学绘画教学；也有可能是教师群体中某种能力欠缺问题，如教师的学生指导能力、课程领导能力；或者某一类课程实施中的问题，如综合实践活动、劳动课程、体育游戏等。中小学校需要深刻理解此类问题所呈现的现象，并认为本校存在此类问题并且具有解决该类问题的紧迫性，产生加入项目组的强烈动机和现实需要，而且需要学校方面从干部到普通教师甚至到家长都感受到解决此类问题的急迫性，而不是某位干部或某个教师个别的需要，以保证今后参与研究的是一个团队而非个别行为。此阶段是双方关系建立的起点，非常重要的是，项目组对现实问题的疾呼能够得到合作学校从认识到行动上的回应。

2．循因定策阶段

此阶段，主要是双方就某一问题的成因进行分析并就其解决方案达成共识。对于项目组而言，某一问题或主题均是其团队长期关注的领域，因而对其成因和解决方案一般都已经胸有成竹。因此，关键是要让中小学充分参与这个成因合理性和方案可行性的论证过程，有时候要通过多角度专题讲座将理论基础讲清楚，通过优秀案例分析让中小学感到有案可循，通过提供模板和工具让中小学觉得落地过程有依托。中小学在此阶段主要是观念、理论、知识上的准备，通过多种研修活动的充分参与，逐渐认识到问题解决的紧迫性，并认同项目组所提供的解决方案。双方在此阶段关键是要建立从观念到行动上的联结，项目组需要在此阶段停留足够长的时间，做好项目学校干部和教师思想的启蒙和动员，做好知识学习工作和准备，为下一阶段共同的行动打好思想观念和知识理论上的双重基础。

3．采取行动阶段

此阶段，可以分两个步骤，前期可以成立部分教师或干部参与的实验团队，按照项目组提供的行动方案或研修课程开展定向行动研究，缩短学校盲目试错过程，也是一种观念转化或任务驱动的过程，关键是用行动去尝试解决问题，用成果回应质疑；后期，等行动研究初见成效、学生成绩和素养有所提升、家长和外部给予了正面反馈之后，再吸引更多的干部和教师加入，成立正式的项目团队，在先锋参与者的引领下，可以发挥教师更大的自主性，边尝试变改变。以上全程需要项目组进行阶段性指导，通过持续指导、教学改进、成果分析等帮助教师逐步完成观念转变，这是一个较为漫长的过程，并不是通过几次讲座、几次教学研究能够达成的，对此，项目组应该有足够的心理准备。学校方面就需要日常按照项目组建议的进程或自主安排自行推进研究进程，可以与日常教学、教研、培训等活动相结合，逐步形成一定的激励机制，搭建更多的展示平台，鼓励教师踊跃参与到研修活动中来。此阶段，项目组与学校应该形成一定的合作模式，最常见的是任务驱动或技术引进等模式。采取“任务驱动”的项目组设计好一个学期最终要完成的展示任务，各学校按照项目组提供的模板或进程推进行动研究，其间项目组随时根据需求进校指导，学校可以提出自己的困惑和疑问，以得到项目组更加具体的指导。如人文学院依据教师基于教学场景开展学习的特点和学习规律，将“任务驱动”式课程学习与主题研究相结合。遵循教师学习与提升的心理逻辑，采用嵌入式理论学习—专业引领—合作研讨—自主反思—实践验证—评估改进—提炼及固化研修成果—学术交流展示的教学模式，将专家讲座、自主学习、考察参观、实践操作等相结合，服务教学目标。明确各类成果要求、标准和完成时限，根据学员进展中遇到的问题给予及时的指导和帮助，提供解决问题对应的研修支架，通过差异化的个性指导，补齐短板，增强内动力，奠定教学目标达成的牢固基础。采取“技术引进”的项目组会邀请专业机构，如教育戏剧、分级阅读、创客教育这一类的教育机构定期走入项目学校，以工作坊、示范课等形式将一些具体的教学策略引入到中小学课堂中来，帮助教师改进日常教学。

4．检验调整阶段

项目在实施一定阶段后，项目组和学校要对项目实施成果在一定区域内进行展示交流，接受专家、同行的检验，验证项目主题选择和实施路径的合理性，并根据外部反馈及时调整接下来的研究方向和研究重点。这种面向外部的展示交流对于学校来说也是一个展示自我、扩大影响的平台，学校应该利用这类机会，树立提升本校项目团队在上一阶段研究中所形成的各类过程性成果，如学生作品、课程方案、教学设计、教学录像。项目组也需要在此阶段，对前期理论和实践积累进行概念化表述，并遴选项目学校一线教师优秀成果，开展团队合作以提炼、凝练成一批论文在专业期刊公开发表，也是理论界对项目研究成果认可度的一种检验，避免“闭门造车”现象的发生。如体育与艺术学院最重要的创新模式就是依托整体区域优势，首先在区域内交流学习，达到互相帮助促进的作用；进而拓展到不同层次的各级各类培训，与国家级、名师、卓越、青蓝、新教师等等培训共建培训共同体，“依托协同创新项目，辐射区级音体美教研”活动为进行不同维度的教学展示交流，使得各层次教师培训能够融合和借鉴。

（二）协同创新计划校本研修的三种类别项目

经过两轮的运行，北京教育学院协同创新计划校本研修主要形成了以下三种类别的项目，分别遵循不同的运行机制①：

1．学校管理改进类项目

主要面向北京市义务教育阶段学校及幼儿园，以学校管理改进促进学校高品质建设、教育高质量发展。项目学校以北京郊区学校为主，应具有较强的通过协同创新学校计划推动学校管理改进的意愿。学校管理改进类项目主题为“高质量教育导向的学校管理改进”。此类项目主要研修目标如下：

（1）提升项目校的学校管理改进能力。

了解学校管理改进的政策要求和相关理论，掌握诊断、分析和改进学校管理的方法与技术，能够根据学校实际和基础教育改革要求找准学校管理改进着力点，做出改进计划和方案并能够有效实施。

（2）建立协同联动机制。培养学校管理改进团队的创新精神和实践能力，提高市区校协同创新能力，积累高校支持中小学创新发展的实践经验。

（3）创建学校管理改进示范校。通过学校管理改进，促进学校内部治理优化，助推“双减”政策和义务教育课程方案和课程标准的落实，实现教育高质量发展。此类协同创新项目采取“主题带动、任务驱动、协同联动”策略，为项目学校管理改进赋能，激发学校改进的主动性，培养具有创新精神和实践能力的学校管理改进创新团队，打造学校管理改进成效突出、在区域内发挥示范辐射作用的示范学校，促进学校教育高质量发展。

学校管理改进类项目以学校管理改进为优质学校建设、教育高质量发展的突破口，坚持以人为本管理理念、育人为本的教育理念，围绕规划学校发展、营造育人文化、领导课程教学、引领教师发展、优化内部管理、调适外部环境等管理工作，采取“三动”基本策略，以学校改革和发展中迫切需要解决的专题性或综合性管理问题为导向，以提升中小学校领导人员、中层干部以及年级组长、学科组长等负有管理责任者的领导力为着力点，以校本研修为基本方式，持续开展 2~2.5 年的学校管理协同创新，努力达成项目预期目标。

---

① 以下内容主要摘自：《北京教育学院第三期“协同创新学校计划”项目工作方案》，2023。

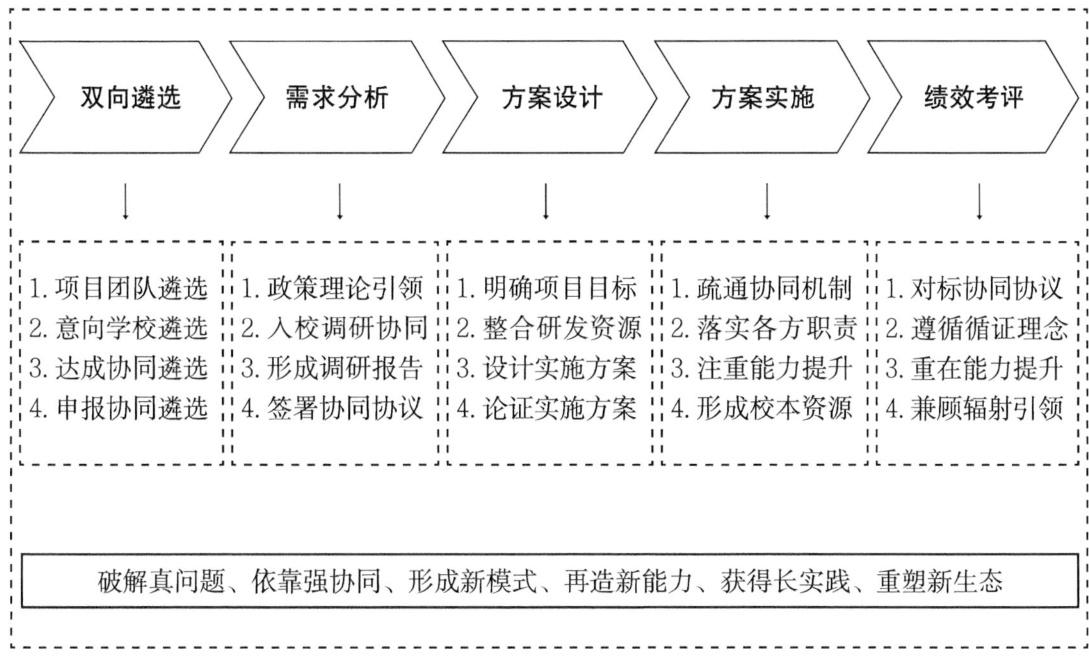

图 8-6 学校管理改进类项目实施框架图

2. 教改实验类项目

主要以立德树人为导向，围绕当前基础教育新课程教学改革的热点、难点问题，深入项目学校，开展以面向学生为主的单一学科或多学科综合改革实验。项目校应为具有较强意愿参与探索教改实验，并能在区域内发挥示范作用的北京郊区或城区学校。采取“教改主题引领、跨校研训联动、多维协同发展”的策略，着力打造具有新时代特色的教改实验模式，提升教改实验项目的创新性、针对性和实效性，完善学校五育融合的高质量育人体系建设。教改实验类项目的研修目标如下：

（1）瞄准立德树人导向下新课程教学改革的目标任务，完善“学生为本”的育人体系，助力学校育人方式的变革，提升教师教书育人能力。

（2）研析立德树人导向下新课程教学改革的要点难点，构建“素养导向”的新型课堂，推动师生教与学方式的改变，提升教师教学创新能力。

（3）应用立德树人导向下新课程教学改革的实验成果，形成“一校一品”的课程教学改革特色品牌，促进校本教研方式的转变，提升教师校本教研能力。

教改实验类项目要围绕“立德树人导向下新课程教学改革”主题，以新课程育人方式变革、教学方式改变、学校发展方式转变为抓手，以提升教师教书育人能力、教学创新能力、校本教研能力为目标，基于“五育融合教育、新课程新课标、新技术新联动”等视角，聚焦基础教育改革中的五育融合、课程育人、素养导向、学科实践、综合学习、因材施教、信息化教育、家校社联动等关键词，采用“主题贯通、项目推进、学校协同”的方式，分为“研究成果梳理、实践需求对接、教改理念提升与方案设计、教改实验与教学改进、教改实验成果评估”五个阶段，做好项目实施周期的统筹规划、分整结合、有效推进。

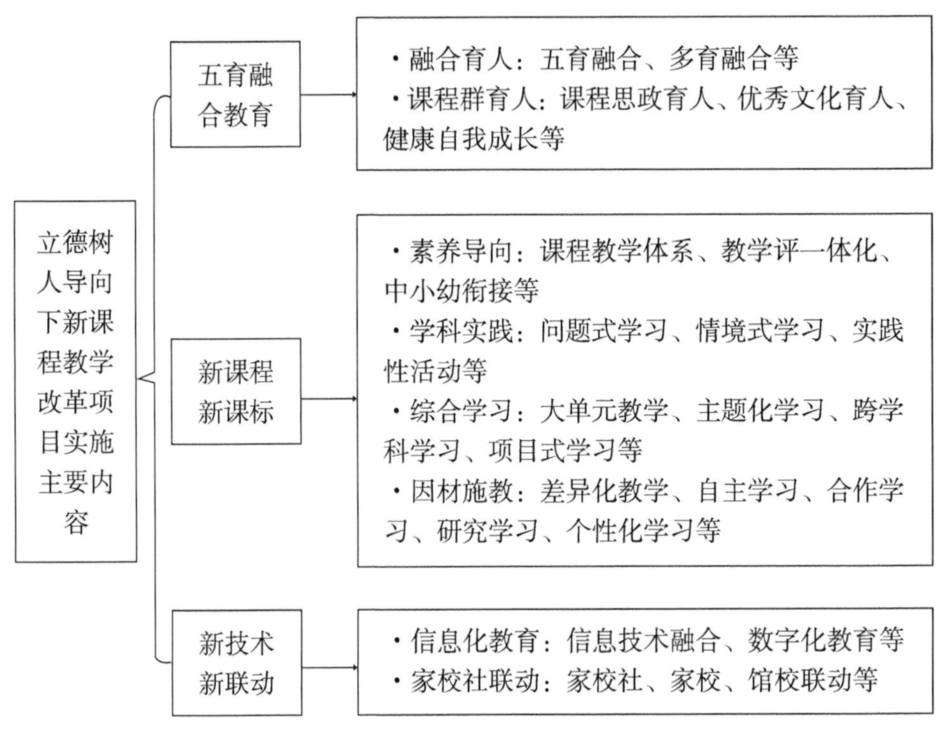

图 8-7 教改实验类项目实施框架图

3. 学科教学改进类项目

在充分提炼前两期“协同创新学校计划”的优质经验基础上，以落实立德树人为根本目的，以学科教学改进为主要方向，以单一学科研修为主，采用双向遴选的方式确定项目学校，项目校为北京郊区学校。学科教学改进类项目研修目标如下：

（1）通过课例研究与小课题研究，提升项目校教师学科育人能力及育人效果。

（2）在市－区－校协同的基础上，形成稳定可持续的校本学科教研机制及教研文化。

（3）充分发挥项目校的区域辐射作用，提升区域学科教学的质量。

此类项目以单一学科项目为主，应始终坚持将研修建在课堂的大方向，充分发挥项目校一线教师的主体作用，采用聚焦项目主题的合作式课例研究与自主行动导向的小课题研究相结合的“帮－扶－放”模式开展研修，坚持小步子多循环。在研修的每个阶段，给项目校教师提供必要的研修支架或范例。根据每轮课例研究及小课题研究效果的成熟度，采用“边实践、边提炼、边辐射”的研修逻辑。同时，在整个项目实施过程中，在理论学习、课例研究与小课题研究指导、成果提炼的各个阶段，可以在区级培训机构的协助与支持下，将高质量的研修活动内容、活动过程及活动成果及时多频次地向协同校所在区县学校甚至更大的范围内开放。

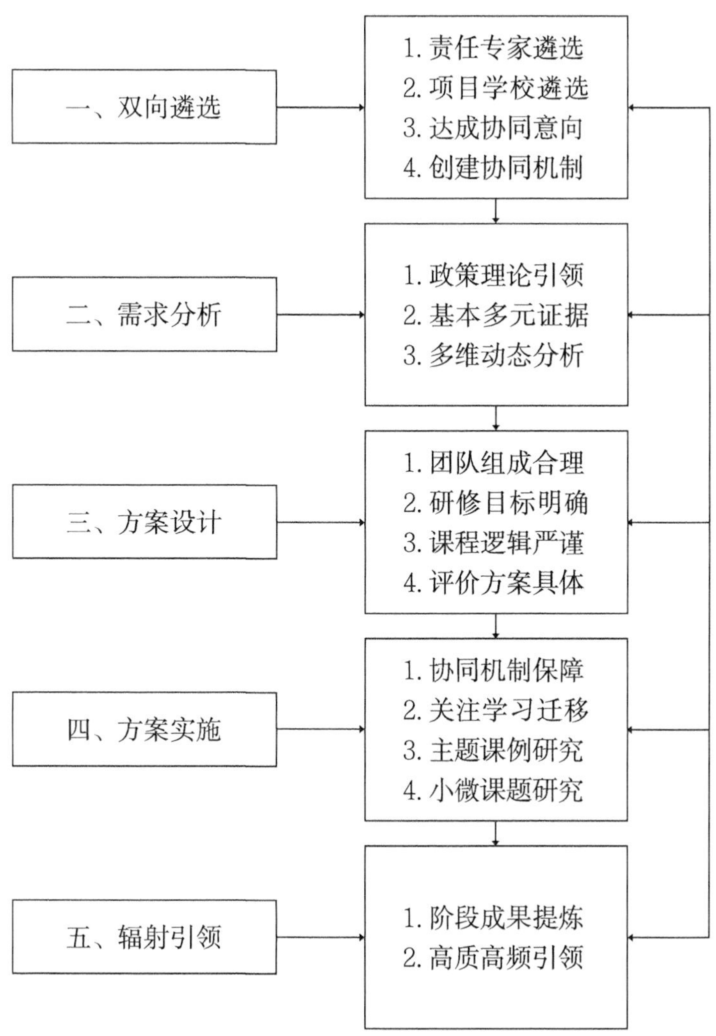

图 8-8　学科教学改进类项目实施框架图

（三）协同创新计划校本研修有效性的影响因素分析

协同创新计划中各项目组与中小学合作订制的主题式、持续性校本研修是否真的对提升学校办学质量有效，是否能最终提升教师和学生素养，主要受以下几个因素的影响：

1．项目组指导方式

根据项目组对中小学主题研修的指导方式，可以将指导类型划分为支持型指导和控制型指导，前者主要表现为项目组在帮助学校解决问题或推行某种新教学策略的过程中关注学校的需求和教师的感受，当教师在行动研究中遇到问题时，项目组会及时给予帮助；后者主要指项目组按照需求调研制定行动研究方案之后，按照既定授课或培训计划按时推进，基于与项目学校沟通的变通较少。学校在受到项目组多元支持后会进一步激发自身创造性动机，勇敢尝试项目组所倡导的教育理念或教学策略，最终提升其校本研修创新能力。通常认为，前一种支持性指导方式会有助于中小学校本研修和教师课程与教学设计与实施等方面创造力的迸发。但是，控制性指导在中小学干部、教师尚未掌握新理念、新方法之前是特别必要的。应该在项目推进的不同阶段，灵活选用不同的指导方式。在初始阶段，项目组通过提供示范性案例、导读专业文献和书籍、课题试验研究、领域最新研究动态的跟踪与把握、引导学校骨干成员制定自己的科研和学习计划等有计划的研修活动安排，带领中小学干部和教师一步步进入某个专题的科学研究之门。随着项目学校骨干教师的成长，要逐渐过渡到项目组放手、让学校和教师实践自己想法的支持性指导模式。当学校和教师在前期的学习中打下坚实的基础后，项目组应尊重一些教师的研究兴趣，细化其研究主题，并促使其将兴趣转化为内在的研究工作驱动力，激发教师的创造力。简而言之，具备一定的独立从事行动研究能力的骨干教师需要一定的学术自主权和科研空间，项目组应根据研究推进阶段灵活调整指导方式。例如，“粉笔画在中小学教学中校本实践的研究”项目针对研修过程中有可能出现的问题提供了一揽子问题解决方案：1. 研学改相结合：项目将项目组的专题研究、成员的小课题研究、嵌入性专题学习、教学问题改进结合起来，注重学教研的结合，强调学做结合、学改互促；2. 学用创相结合：项目把即时性问题解决、嵌入式专题学习、教学实施使用和改进创新结合起来，注重问题链与实践解决的结合，强调学用结合、用创互促；3. 观听磨相结合：项目将以课堂观察、活动观察、学生观察、优秀校观摩、听评课指导和磨教记录结合起来，注重培训者和学校教师的综合分析能力，强调多元互促；4. 思记研相结合：项目将问题反思、教学反思、活动反思、学生反思、改进反思、随笔记录、案例撰写与网络研讨结合，注重培训者和学校教师的研究能力，强调过程生成。

2. 中小学投入程度

由于协同创新计划本质上是高校引领下中小学开展的行动研究，因此，效果最终还是取决于中小学在项目进程中的投入程度，主要体现在以下几个方面的投入：一是学校高组织行为。管理层高度重视，组建团队，建立相应的研修管理和激励机制，并由校长亲自推动研究进程；二是教师更多展现主动性人格。具有该人格特质的个体较少受情境压力的限制，能够通过发挥自身主动性对环境做出改变；同时，高主动性人格的个体，还具有高角色广度自我效能感，更倾向于表现出一些积极的、人际的和综合性的利组织行为（如知识共享）[①]。参与项目的学校教师团队，能够发挥自身主动性，热爱学习，敢于走出舒适区，积极尝试新理念、新策略，并能够与领导和同事互动分享。

3．知识创造场的丰富性

组织与内外部知识转移主体的联系强度越强，隐性知识转化越明显，知识创造“场”越多样化，知识创造强度越大。知识转化和创造是在一定的场所里进行的，因此野中郁次郎和同事提出了“场（Ba）理论”。“场”是知识分享、创造和使用的背景环境，既指物质空间，也指虚拟空间（电子邮件、电话会议）和精神空间（共享的经验、观念和理想），或是这三类空间的组合，可分为创始场、对话场、整合场和练习场[②]。跨边界组织都为学校带来了不同的知识资源、促进了知识创造和转化，但由于协同组织中各主体之间联系强度的差异，知识创造场的丰富性不同，其知识创造的形式和结果是不一样的。项目组只有与学校密切合作，根据其自身特点、文化氛围、管理倾向等创造不同的知识创造场，调整或拓展知识创造个体的联系节点和联系强度，从而更有效地利用“场”的力量，为学校创造新知识。

① 转引自：郑建君，高妍春，付晓洁：《主动性人格对中小学教师知识共享的影响机制——基于工作投入和组织创新气氛的作用分析》，载《教师教育研究》，2023，35（3）。

② 徐笑君，周瑛：《“场”的力量：让新型组织的知识创造卓有成效》，载《清华管理评论》2017（Z1）。

参考文献

1. 白文昊 . 教师发展共同体建构的逻辑机理与实践进路：基于分布式领导理论的视角 [J]. 现代教育科学，2022（2）.

2. 本刊记者 . 国家教委师范司负责人就加快中学教师学历培训步伐工作答《中小学教师培训》杂志社记者问 [J]. 中小学教师培训，1993（6）.

3. 本刊评论员 . 把继续教育作为今后中小学教师培训工作的重点 [J]. 人民教育，1990（12）.

4. 白益民 . 教师的自我更新：背景、机制与建议 [J]. 华东师范大学学报（教育科学版），2002（12）.

5. 曹树 . 研训一体：一条教师培训改革之路 [J]. 中小学教师培训，2009（10）.

6. 陈飞 . 教育现代化视域下基础教育教师队伍建设政策论析 [J]. 教师发展研究，2022（4）.

7. 陈江华 . 学习型组织理论研究综述与评价 [J]. 北京交通大学学报，2014（2）.

8. 陈丽 . “四精”培训模式：提升教育扶贫培训的精准性 [J]. 中小学教师培训，2020（9）.

9. 陈鹏 . 培根铸魂育新人——党的十八大以来教师队伍建设成效显著 [N]. 光明日报，2022-09-07（1）。

10. 陈梅香，连榕 . 情境学习理论在教育中的应用 [J]. 当代教育论坛，2005（4）.

11. 陈霞 . 教师培训转型的理论、内涵与实践路径 [J]. 上海教师，2023（2）.

12. 陈向明 . 搭建实践与理论之桥：教师实践性知识研究 [M]. 北京：教育科学出版社，2011.

13. 陈向明 . 参与式行动研究与教师专业发展 [J]. 教育科学研究，2006（5）.

14. 陈向明 . 对教师实践性知识构成要素的探讨 [J]. 教育研究，2009（10）.

15. 陈向明 . 教育研究方法 [M]. 北京：教育科学出版社，2013.

16. 陈阳 . 当前国际教育发展主要特点和趋势综述 [J]. 世界教育信息，2016（24）.

17. 陈雁飞，张庆新 . 精准 · 精细：农村中小学体育教师教学能力培训指南 [M]. 北京：北京教育出版社，2020.

18. 程振响 . 教师职业生涯规划与发展设计 [M]. 南京：南京师范大学出版社，2006.

19. 崔铭香、蓝俊晴 . 论成人学习理论视域下的教师专业发展 [J]. 职教论坛，2018（2）.

20.D.A. 库伯 . 体验学习：让体验成为学习和发展的源泉 [M]. 王灿明，朱水萍，译 . 上海：华东师范大学出版社，2008.

21. 董伊苇，宁波 . 转型社会呼吁教师教育实现发展转型：联合国教科文组织教师教育中心全球教师专业发展论坛综述 [J]. 比较教育学报，2022（1）.

22. 窦桂梅 . 成为具备“新时代教育家精神”的大国良师：再谈“做精神上气象万千的教师”[J]. 人民教育，2022（18）.

23. 杜静 . 英国教师在职教育发展研究 [D]. 重庆：西南大学，2007.

24. 段冰，施春阳 . 新教师成长研究综述 [J]. 天津师范大学学报（基础教育版），2007（12）.

25. 樊未晨 . 一群农村中学校长正在负重突围 [N]. 中国青年报，2021-02-22（5）.

26. 傅树京 . 构建与教师专业发展阶段相适应的培训模式 [J]. 教育理论与实践，2003（6）.

27. 高庆华 . 契约式学习与行为层评估 [J]. 中国培训，2016（11）.

28. 顾明远 . 教师培训：从规模发展向质量提升转型 [N]. 中国教育报，2013-05-15（10）.

29. 顾咸霜，肖其勇 . 诺尔斯成人学习理论视域下优化名师工作室运行效能的路径探析 [J]. 继续教育研究，2021（10）.

30. 管培俊，朱旭东 . 中小学教师队伍质量建设研究 [M]. 北京：北京师范大学出版社，2014.

31. 郭平、熊艳 . 教师专业发展概论 [M]. 成都：西南交通大学出版社，2017.

32. 郭瑞迎 . 从“伙伴关系”到“第三空间”：职前教师教育的范式转换与实践进路 [J]. 教师教育研究，2022（6）.

33. 郝琦蕾，董新良，姜晋国 . 师范生实践教学技能存在的问题及对策研究：以某省属高师院校为例 [J]. 教育理论与实践，2017（37）.

34. 何劲松 . 新时代教师专业发展实践：教师培训之全景篇 [M]. 北京：北京理工大学出版社，2020-11.

35. 胡春梅 . 基于核心能力发展的新教师培训模式初探：以初中语文学科为例 [J]. 教育理论与实践，2016（8）.

36. 胡春梅 . 新教师教学模仿的主要特征、关键内容与认知过程 [J]. 教育科学研究，2021（1）.

37. 胡春梅 . 新教师实践情境学习：特征、困境及破解 [J]. 北京教育学院学报，2023（3）.

38. 胡春梅，邸磊 . 以公开课为关键事件：探索促进新教师专业成长的有效路径 [J]. 中小学管理，2022（6）.

39. 皇甫凤华 .H 市城郊小学教师职业高原现象研究 [D]. 聊城：聊城大学，2021。

40. 黄庭满 . 深入理解守正创新的丰富内涵 [J]. 理论导报，2021（4）.

41. 黄伟，张建芳 . 探索新教师成长规律，构建新教师培训模式 [J]. 中小学教师培训，1998（5）.

42. 黄兆有．把中学校办成师资培训的基地 [J]. 中学教师培训，1991（9）.
43. 贾立政．关于新时代主题及其本质特征的思考 [J]. 人民论坛，2019（29）.
44. 江丽云．日本近现代教师教育发展研究 [D]. 武汉：华中师范大学，2004.
45. 靳伟，廖伟．论教育家型教师的内涵和成长路径 [J]. 教师教育研究，2019（4）.
46. 鞠光宇．信息时代的世界教育七大趋势 [N]. 中国教师报，2020-12-16（3）.
47. 康晓伟．论康纳利和克兰迪宁的教师个人实践性知识思想 [J]. 外国教育研究，2016（5）.
48. 库伯．体验学习：让体验成为学习和发展的源泉 [M]. 王灿明，等，译．上海：华东师范大学出版社，2008.
49. 劳伦斯·A. 克雷明．公共教育 [M]. 北京：中国人民大学出版社，2016.
50. 雷灵，苏珊．“十三五”北京这样培养好老师 [N]. 现代教育报，2020-12-02（2）.
51. 理查德E. 梅耶．应用学习科学 [M]. 盛群力，丁旭，钟丽佳，译．北京：中国轻工业出版社，2016.
52. 李德明，邢玮，李蕴礞，等．近二十年国外基础教育改革热点及未来趋势的研究图谱 [J]. 比较教育学报，2023（2）.
53. 李贵安，白玉．聚焦未来教育家型教师培养：基点、特质与路径 [J]. 中国大学教学，2022（5）.
54. 李继峰．“专家型教师”的理念与成长 [J]. 当代教师教育，2008（3）.
55. 李平，杨政银，曹仰锋．再论案例研究方法：理论与范例 [M]. 北京：北京大学出版社，2019.
56. 李新翠．学习共同体：激发教师专业自觉的发展模式 [J]. 教师发展研究，2022（3）.
57. 李旭．中小学教师队伍建设全球展望 [J]. 新课程评论，2020（12）.
58. 李雪．中小学教师培训模式变革探析 [J]. 科教文汇，2008（8）.
59. 李中国．两种“三位一体”教师教育模式比较研究 [J]. 教育研究，2014（8）.
60. 联合国教科文组织．一起重新构想我们的未来：为教育打造新的社会契约 [M]. 北京：教育科学出版社，2022.
61. 联合国教科文组织国际教育发展委员会．学会生存：教育世界的今天和明天 [M]. 华东师范大学比较教育研究所，译．北京：教育科学出版社，2000.
62. 林崇德，申继亮，辛涛．教师素质的构成及其培养途径 [J]. 中国教育学刊，1996（6）.
63. 廖美玲．新手—熟手—专家型教师成就目标定向与人格特征的研究 [J]. 福建师范大学，2002.

64. 刘赣洪，张希丽．近三十年来我国教师培训模式变迁之知识图谱分析 [J]. 现代中小学教育，2018（8）.
65. 刘加霞．标准导向下任务驱动的新教师发展机制研究 [J]. 中国教育学刊，2020（10）.
66. 刘徽．大概念教学：素养导向的单元整体设计 [M]. 北京：教育科学出版社，2022.
67. 刘坚．推动教育创新发展的供给侧结构性改革：谈教育创新成果的发现、遴选与应用、推广 [J]. 新课程评论，2016（4）.
68. 刘剑虹．我国教师培训工作的特点及其变化 [J]. 科技导报，1994（12）.
69. 刘锴，孙燕芳．基于 OBE 教育理念的高校教师培养研究 [J]. 黑龙江高教研究，2017（6）.
70. 刘丽俐．中小学教师继续教育培训模式研究 [M]. 北京：中国人事出版社，2003.
71. 刘普照．谈如何搞好"继续教育"工作 [J]. 潍坊工程职业学院学报，1998（Z1）.
72. 刘微．教师专业化：世界教师教育发展的潮流 [N]. 中国教育报，2002-01-03（4）.
73. 刘晓峰．中小学教师专业发展培训模式研究与实践 [D]. 上海：上海师范大学，2007.
74. 刘新娜，江静文，赵美荣．质性研究下教师实践性知识的形成与发展案例分析 [J]. 赤峰学院学报：自然科学版，2022（6）.
75. 刘耀明．反思性教学与教师的专业发展 [J]. 北京教育：普教版，2003（10）.
76. 刘一星．众筹式教师培训模式的构建与实施 [J]. 辽宁教育，2023（8）.
77. 刘益春、李广、高夯．"U-G-S" 教师教育模式建构研究：基于教师教育创新东北实验区建设的实践与思考 [J]. 教师教育研究，2013（1）.
78. 罗双平．青年职业生涯规划的基本步骤 [J]. 中国青年研究，2003（8）.
79. 吕进，史仁民．教师学习共同体：专家型教师专业发展的路径 [J]. 教师教育论坛，2023（4）.
80. 孟迎芳，连榕，郭春彦．专家—熟手—新手型教师教学策略的比较研究 [J]. 心理发展与教育，2004（4）.
81. 庞维国．论体验式学习 [J]. 全球教育展望，2011（6）.
82. 彭雪红．三维治理：关系治理、网络治理与知识治理——知识网络组织间合作伙伴关系的治理研究 [J]. 图书情报工作，2010（6）.
83. 曲青山．新时代在党史、新中国史上的重要地位和意义 [J]. 世界社会主义研究，2019（11）.
84. 曲铁华，龚旭凌．新中国成立 70 年中小学教师培训政策的回顾与展望 [J]. 河北师范大学学报：教育科学版，2019（3）.
85. 冉玉霞．新课程背景下的教师专业情意体现探析 [J]. 牡丹江教育学院学报，2006（5）.

86. 任淑琦，李克军 . 基于教师发展阶段理论的高校新教师专业发展探微 [J]. 河北教育：综合版，2023（1）.

87. 申军红，等 . 中小学新任教师培训指南 [M]. 北京：教育科学出版社，2018.

88. 申军红，等 . 中小学骨干教师研修指南 [M]. 北京：教育科学出版社，2021.

89. 申军红，王永祥，郝国强 . 教师培训需求分析模型建构研究：以海淀区中小学新任班主任为例 [J]. 教师教育研究，2016（6）.

90. 沈中宇，刘思璐，汪晓勤 . 国外专家型数学教师研究评述 [J]. 数学教育学报，2022（1）.

91. 施良方 . 学习论 [M]. 北京：人民教育出版社，2001.

92. 史红亮，张庆新 . 基于“案例研究”的小学体育优秀青年骨干教师培养路径探索 [J]. 体育教学，2023（3）.

93. 师蓓 . 培训教师要“雪中送炭”[J]. 人民教育，1981（1）.

94. 石义堂 . 以需为本的教师培训模式创新刍议 [J]. 中小学教师培训，2008（5）.

95. 苏红 . 关键事件：抵及教师专业发展的核心 [J]. 教育科学研究，2011（11）.

96. 苏式冬 . 义务教育教师的素质与培训课程 [J]. 中学教师培训，1989（3）.

97. 孙华，张志红 . 反思性实践认识论引领下的人工智能科技教师培训模式创新 [J]. 未来与发展，2022（4）.

98. 汤丰林 . 教师培训：理性与实践的核心关注 [M]. 北京：北京师范大学出版社，2018.

99. 汤丰林 . 教师培训如何突破经验的藩篱：关于教师培训理论建构的哲学省思 [J]. 北京教育学院学报，2023（4）.

100. 唐莉蓉 . 美国成人转化学习理论发展研究 [D]. 重庆：西南大学，2015.

101. 唐纳德·A. 舍恩 . 培养反映的实践者：专业领域中关于教与学的一项全新设计 [M]. 郝彩虹，张玉荣，雷月梅，王志明，译 . 北京：教育科学出版社，2008.

102. 唐青才，卢婧雯 . 大学化与专业化：法国教师教育发展——从 IUFMs 到 ESPEs[J]. 大学：研究版，2017（9）.

103. 唐义丹，罗佳 . 研修共同体中英语教师转化性学习过程的个案研究 [J]. 中小学外语教学（中学篇），2022（3）.

104. 田璐 . 成人学习理论下教师教育与教师专业发展再思考 [J]. 继续教育研究，2022（1）.

105. 屠明将 . 关系性建构：教师实践性知识的生成机制与优化策略 [J]. 教育理论与实践，2023（7）.

106. 汪文华 . 教师研训，做实做深也要“做新”[J]. 中国教师报，2023-03-08（13）.

107. 汪正贵 . 教育思想的凝练与表达 [J]. 教学管理与教育研究，2023（1）.

108. 王北生 . 教师培训模式创新研究：基于“国培计划”的实践探索 [M]. 北京：人民教育出版社，2019.
109. 王炳林，郝清杰 . 创新是引领发展的第一动力 [N]. 经济日报，2015-12-18.
110. 王道福，蔡其勇 .“国培计划”教师培训“知识—能力—实践—体验”模式建构 [J]. 课程·教材·教法，2013（7）.
111. 王定华 . 新时代我国教师队伍建设的形势与任务 [J]. 教育研究，2018（3）.
112. 王冬凌 . 构建高效教师培训模式：内涵与策略 [J]. 教育研究，2011（5）.
113. 王鉴，张盈盈 . 新时代我国教师教育高质量发展的逻辑与路径 [J]. 重庆高教研究，2023（1）.
114. 王凯 . 教育家型教师专业发展的有效路径初探 [J]. 齐鲁师范学院学报， 2020（4）.
115. 王明平 . 案例研究实践反思与教师实践性智慧发展 [J]. 中小学教师培训，2003（10）.
116. 王帅 . 教师专业发展：标准、内容与向度 [M]. 北京：科学出版社，2018.
117. 王晔，李津 . 构建多维需求调研模型，服务教师精准培训实施：基于人工智能的 TSDS 多维需求调研分析建模创新实践 [J]. 河南教育（教师教育），2023（3）.
118. 王雁飞，方俐洛，凌文辁 . 成就目标定向与社会认知的关系 [J]. 心理学动态，2001（3）.
119. 王燕子，辛思娜，欧阳忠明 . 构建响应型成人学习系统：有效获得可持续发展的技能——OECD《有效获得技能：为未来做准备的成人学习系统》报告解读 [J]. 远程教育杂志，2019（5）.
120. 王中男，崔允漷 . 教师专业发展为什么要学校本位：情境学习理论的视角 [J]. 上海教育科研，2011（7）.
121. 王栴 . 论教师职业的内在价值 [J]. 教育研究，2000（9）.
122. 魏戈 . 西方教师实践性知识研究的旨趣变迁 [J]. 比较教育研究，2019（10）.
123. 吴刚平 . 教育经验的意义及其表达与分享 [J]. 全球教育展望，2004（8）.
124. 吴伦敦，葛吉雪 . 中小学教师主题式培训模式：内涵与结构 [J]. 教师教育论坛，2016（1）.
125. 吴秀娟 . 新教师培训评价研究——以 Y 市 H 区为例 [D]. 扬州：扬州大学，2015.
126. 吴振利 . 中小学骨干教师培训理论与实践 [M]. 北京：人民出版社，2019.
127. 习近平 . 高举中国特色社会主义伟大旗帜 为全面建设社会主义现代化国家而团结奋斗——在中国共产党第二十次全国代表大会上的报告 [J]. 求是，2022（21）.
128. 习近平 . 决胜全面建成小康社会 夺取新时代中国特色社会主义伟大胜利——在中国共

产党第十九次全国代表大会上的报告 [J]. 求是，2017（12）.
129. 习近平 . 在党的十八届五中全会第二次全体会议上的讲话（节选）[J]. 求是，2016（1）.
130. 肖月 . 通州区中小学教师专业发展需求及培训策略研究 [C]//2020 全国教育教学创新与发展高端论坛会议论文集（卷四），2020（7）.
131. 肖韵竹，张永凯 . 赓续奋进七十载：北京教育学院干部教师培训历史、经验与未来发展 [J]. 北京教育学院学报，2023（4）.
132. 谢丽，李念 . 情境学习理论对教师培训的启示 [J]. 中小学教师培训，2006（11）.
133. 新媒体联盟（NMC）. 新媒体联盟地平线报告（2015 基础教育版）[J]. 北京广播电视大学学报，2015（S1）.
134. 熊建辉，赵丽 . 全球视野中的教师专业发展与能力建设 [J]. 开放教育研究，2007（1）.
135. 徐碧美（Amy B.M.Tsui）. 追求卓越：教师专业发展案例研究 [M]. 陈静，李忠如，译 . 北京：人民教育出版社，2003.
136. 徐红，董泽芳 . 我国专家型教师研究的回顾与展望 [J]. 课程 • 教材 • 教法，2011（7）.
137. 徐笑君、周瑛 . "场"的力量：让新型组织的知识创造卓有成效 [J]. 清华管理评论，2017（Z1）.
138. 徐新民，缪爱明 . 名师工作室的长效管理运行机制 [J]. 教育理论与实践，2012（26）.
139. 徐雄伟 . 国际比较视野中的在职教师培训模式探索 [J]. 外国中小学教育，2013（5）.
140. 许蕾 . 协同创新项目知识网络治理研究 [D]. 济南：山东大学，2022.
141. 闫寒冰，陈怡 . 何以实现高质量在线教学？——基于 2021、2022、2023 年地平线报告（教与学版）的多案例研究 [J]. 现代教育技术，2023（7）.
142. 严运锦，赵明仁 . 教师学习的内在机制解析 [J]. 教育理论与实践，2017（4）.
143. 杨彩霞 . 教师学科教学知识：本质、特征与结构 [J]. 教育科学，2006（2）.
144. 杨帆，陈向明 . "去情境化"和"再情境化"——教师理解变革性实践的话语表征机制 [J]. 北京大学教育评论，2013（2）.
145. 杨红艳 . 小学教师职业高原现状研究 [D]. 福州：福建师范大学，2015.
146. 杨克勤 . 创新培训方式 体现教学特色：国家行政学院推进教学培训方式创新的探索实践 [N]. 学习时报，2017-09-15.
147. 姚琳，彭泽平 . 当前法国中小学教师继续教育的特点 [J]. 继续教育，2004（3）.
148. 叶澜，白益民，王枬，陶志琼 . 教师角色与教师发展新探 [M]. 北京，教育科学出版社，2001.

149. 叶水涛．试论教师进修学校的办学模式[J]. 教育论丛，1990（2）.
150. 尹坚勤，田燕，陈华．“反思性实践者”：新时期学前教师教育特征解构与路径探讨[J]. 江苏高教，2019（12）.
151. 殷赪宇．浅论名教师工作室对教师培训模式的创新[J]. 江苏教育研究，2011（25）.
152. 于建川．国外教师校本培训经验及其启示[D]. 上海：华东师范大学，2003.
153. 于洋．思想品德学科教师培训目标研究：以新疆“国培计划”为例[D]. 乌鲁木齐：新疆师范大学，2013。
154. 余慧娟，钱丽欣．教育需要虔诚以对：李吉林谈什么是教育家型教师[J]. 人民教育，2009（11）.
155. 余新．教师培训内容的五大核心要素[J]. 北京教育学院学报，2012（4）.
156. 余新．教师培训师专业修炼（第2版）[M]. 北京：教育科学出版社，2022.
157. 余新．教师培训一体化设计的模型建构与“国培”实践[J]. 中小学管理，2021（6）.
158. 余新．教师培训师专业修炼[M]. 北京：教育科学出版社，2012.
159. 袁锐锷．世界师范教育的过去和未来[J]. 高等师范教育研究，1997（1）.
160. 约翰·哈蒂．可见的学习：对800多项关于学业成就的元分析的综合报告[M]. 彭正梅，邓莉，高原，方补课，译．北京：教育科学出版社，2015.
161. 张光宇，曹会会，刘贻新，曹阳春．基于知识转化模型的颠覆性创新过程解构：知识创造视角[J]. 科技管理研究，2022（7）.
162. 张宏祥．高中英语支架式教学的策略探究[J]. 山西教育：教学，2021（9）.
163. 张华．“名师工作室”：困境与出路[J]. 江苏教育，2012（3）.
164. 张奎明．建构主义视域下的教师专业发展研究[M]. 北京：北京师范大学出版社，2017.
165. 张妮，李玲玲，杨琳，刘绘绘．CDIO框架下的教师工作坊研修模式构建与应用[J]. 现代教育技术，2022（9）.
166. 张蕊．关心伦理视角下经验型教师专业发展的困境与突破[J]. 教学研究，2023（1）.
167. 张义兵，陈伯栋，Marlene Scardamalia，等．从浅层建构走向深层建构：知识建构理论的发展及其在中国的应用分析[J]. 电化教育研究，2012（9）.
168. 张志勇，张广斌．义务教育课程改革的政策逻辑与生态构建[J]. 中国教育学刊，2022（5）.
169. 赵德成，梁永正．教师培训需求分析[M]. 北京：北京师范大学出版社，2012.
170. 赵冬梅．场域理论下教师专业发展机制研究[D]. 上海师范大学，2017.

171. 赵继红 . 初职教师 20 个怎么办 [M]. 北京：中国人民大学出版社，2017.

172. 赵杰志 . 中小学骨干教师“众筹工作坊”研修模式的建构与应用：以北京市海淀区骨干教师研修为例 [J]. 中国教师，2023（5）.

173. 郑旭东，杨九民，苗浩 . 反思性实践的认识论：教学设计实践审视与教学设计人员成长的新视角 [J]. 中国电化教育，2015（5）.

174. 中小学教师专业发展标准及指导课题组 . 中小学教师专业发展标准及指导 • 体育与健康 [M]. 北京：北京师范大学出版社，2012.

175. 中小学教师专业发展标准及指导课题组 . 中小学教师专业发展标准及指导 • 社会科 [M]. 北京：北京师范大学出版社，2012.

176. 钟启泉 . 概念重建与我国课程创新 [J]. 北京大学教育评论，2005（1）.

177. 钟正，陈卫东 . 基于 VR 技术的体验式学习环境设计策略与案例实现 [J]. 中国电化教育，2018（2）.

178. 钟志贤 . 面向知识时代的教学设计框架：促进学习者发展 [M]. 北京：中国社会科学出版社，2006.

179. 钟祖荣，张莉娜 . 教师专业发展阶段的调查研究及其对职后教师教育的启示 [J]. 教师教育研究，2012（6）.

180. 钟祖荣 . 校长教师专业发展与培训研究 [M]. 北京：高等教育出版社，2016.

181. 周成海 . 客观主义—主观主义连续统观点下的教师教育范式：理论基础与结构特征 [D]. 东北师范大学，2007.

182. 周洪波，周平，黄贤立 . 基于 OBE 理念的应用型人才培养策略 [J]. 中国成人教育，2018（14）.

183. 周洪宇，王会波 .70 年教师教育发展历程与历史性成就 [N]. 中国教师报，2019-10-02.

184. 周靖毅 . 情境学习理论视角下教师培训模式的变革 [J]. 教育理论与实践，2017(4).

185. 周满生，诸艾晶 .21 世纪国家教育战略规划与重大政策的比较研究 [J]. 全球教育展望，2009（2）.

186. 朱国河 . 从胜任型教师到骨干型教师的培养路径 [J]. 中国民族教育，2020（6）.

187. 朱培元 . 骨干教师培训是师资工作的一项战略任务 [J]. 中小学教师培训，1991（12）.

188. 朱旭东，黄蓝紫 . 一流大学建设高校的教师教育体系构建：困境与路径 [J]. 清华大学教育研究，2023（2）.

189. 朱旭东，裴森 . 教师学习模式研究：中国的经验 [M]. 北京：北京师范大学出版社，

2017.

190. 朱勇勇 . 浅谈抛锚式教学模式的实施 [J]. 亚太教育，2016（25）.

191. 朱丽雅 . 大学生成就动机、成就目标定向、学业自我效能对成绩的影响模式探析 [J]. 吉林大学，2012.

192. 朱旭东 . 论教师专业发展的理论模型建构 [J]. 教育研究，2014（6）.

193. 郑建君、高妍春、付晓洁 . 主动性人格对中小学教师知识共享的影响机制——基于工作投入和组织创新气氛的作用分析 [J]. 教师教育研究，2023（3）.

194. 邹军 . 教师变革型领导与青少年领导力的关系：自我效能感与成就目标定向的中介作用 [J]. 湖南师范大学，2019.

195. 邹晓明 . 从经验走向理论：新时代教育家型教师发展的自我超越 [J]. 现代中小学教育，2021（2）.

196.J·莱夫，E·温格 . 情景学习：合法的边缘性参与 [M]. 王文静，译. 上海：华东师范大学出版社，2004.

197.Norman E. Gron lond，Susan M. Brookhart. 设计与编写教学目标（第八版）[M]. 盛群力，郑淑贞，冯丽婷，译 . 北京：中国轻工业出版社，2017.

198.Ralph Fessler，Judith C.Christensen. 教师职业生涯周期：教师专业发展指导 [M]. 董丽敏，高耀明，等，译 . 北京：中国轻工业出版社，2005.

199.Ames，C. Classroom : goal, structures, and motivation [J]. Journal of education psychology, 1992，84.

200.Dweck，C.S.Motivational processes affecting learning[J].American Psychologist.1986，41(10).

201.Greeno，J. G. On Claims that Answer the Wrong Questions[J].Educational Researcher，1997，26（1）.

202.Itin C.M.Reasserting the philosophy of experiential education as a vehicle for change in the 21st century[J]. The journal of Experiential Education 1999（2）.

203.Rogers， C.R.. Freedom to Learn. Columbus [M]. OH： Merrill，1969.

204.SCHON D A. Educating the reflective practitioner:towards a new design for teaching and learning in the professions [J].Australian Journal of Adult Learning，2010，50（2）.

205.SchoN,D.A. Knowing −in −action:The new scholarship requires a new epistemology[J]. Change:The Magazine of Higher Learning，1995，27（6）.

后 记

强国建设，教育优先；教育发展，教师优先。教师是教育发展的第一资源，是推动教育发展的第一动力。有高质量教师队伍，才有高质量教育体系，才能为建设教育强国、建成社会主义现代化强国提供坚实支撑。而高质量的教师队伍，需要有高质量的教师培训支撑引领、保驾护航。北京教育学院全面贯彻党的教育方针，将高质量教师队伍建设作为教育强国建设的基础工程，以70年深厚的教师培训实践为基础，持续探索高质量教师培训体系理论与实践建设新路径，形成了“新时代高质量教师培训研究丛书”研究新成果，本书是系列成果之一。

全书分为序（总序、序）、前言、正文、参考文献与后记五部分，主要从教师培训模式创新的时代背景、理论模型，以及从新教师到专家型教师五个教师主要专业发展阶段的分层培训模式、协同创新型校本研修模式等方面进行了理论建构，用于指导教师培训工作者推进教师培训转型升级发展，深化精准培训改革取得实效。其中，总序由北京教育学院党委书记肖韵竹、党委副书记／院长张永凯、副院长汤丰林撰写；序由北京外国语大学党委书记王定华撰写。前言和后记由北京教育学院学院张金秀教授撰写；第一章由海淀区教师进修学校谭文明老师、北京教育学院丰台分院刘勇霞老师撰写；第二章第一节至第三节依次由北京教育学院教务处王丁老师、北京教育学院王淑娟副教授、北京教育学院胡春梅副教授撰写，第三章由北京教育学院胡春梅副教授撰写；第四章由北京教育学院张庆新副教授撰写；第五章由北京教育学院丰台分院刘勇霞老师、北京教育学院李怀源副教授撰写；第六章由北京教育学院潘建芬教授撰写；第七章由北京教育学院张金秀教授撰写；第八章由北京教育学院王淑娟副教授撰写。张金秀、胡春梅、谭文明对全书进行了统稿修订工作。

感谢北京教育出版社将此研究成果列入出版计划，同时，特别向本书的编辑们致以深深的谢意，他们出色的工作保证了本书内容的流畅和清晰，极大地提升了本书的品质。在本书撰写过程中，作者还得到了来自北京师范大学教育学部、北京开放大学、全国中小学教师继续教育网、西城区教育研修学院、海淀区教育科学研究院等机构的相关领导与专家的指导和帮助。关于本书在研究内容中所存在的不足之处，希望专家和读者不吝赐教。

本书系北京教育学院“十四五”学科创新平台“教师培训学”的研究成果，以及北京市教育科学“十四五”规划2023年度优先关注课题“首都基础教育教师培训体系构建研究”（课题编号：BFEA23017）阶段性研究成果。

著者

2023年9月10日